Antispeziesismus

Matthias Rude

Antispeziesismus

Vegetarismus, Veganismus, Tierbefreiung und die Linke

Reihe
theorie.org

Schmetterling Verlag

Bibliografische Informationen der Deutschen Nationalbibliothek
Die Deutsche Nationalbibliothek verzeichnet diese Publikation in der Deutschen Nationalbibliografie; detaillierte bibliografische Daten sind im Internet über http://dnb.d-nb.de abrufbar.

Schmetterling Verlag GmbH
Libanonstr. 72A
70184 Stuttgart
www.schmetterling-verlag.de
https://www.facebook.com/Antispeziesismusbuch
Der Schmetterling Verlag ist Mitglied von aLiVe,
der assoziation Linker Verlage

ISBN 3-89657-642-9
2., erweiterte Auflage 2024
Printed in Poland

Satz und Reproduktionen: Schmetterling Verlag
Druck: sowa, Warschau

Inhalt

Ein Querschnitt durch den Gesellschaftsbau der Gegenwart hätte ungefähr folgendes darzustellen: Obenauf die leitenden, aber sich untereinander bekämpfenden Trustmagnaten der verschiedenen kapitalistischen Mächtegruppen; darunter die kleineren Magnaten, die Großgrundherren und der ganze Stab der wichtigen Mitarbeiter; darunter – in einzelne Schichten aufgeteilt – die Massen der freien Berufe und kleineren Angestellten, der politischen Handlanger, der Militärs und Professoren, der Ingenieure und Bürochefs bis zu den Tippfräuleins; noch darunter die Reste der selbständigen kleinen Existenzen, die Handwerker, Krämer, und Bauern e tutti quanti, dann das Proletariat, von den höchst bezahlten gelernten Arbeiterschichten über die ungelernten bis zu den dauernd Erwerbslosen, Armen, Alten und Kranken. Darunter beginnt erst das eigentliche Fundament des Elends, auf dem sich dieser Bau erhebt, denn wir haben bisher nur von den hochkapitalistischen Ländern gesprochen, und ihr ganzes Leben ist ja getragen von dem furchtbaren Ausbeutungsapparat, der in den halb und ganz kolonialen Territorien, also in dem weitaus größten Teil der Erde funktioniert. Weite Gebiete des Balkans sind ein Folterhaus, das Massenelend in Indien, China, Afrika übersteigt alle Begriffe. Unterhalb der Räume, in denen millionenweise die Kulis der Erde krepieren, wäre dann das unbeschreibliche, unausdenkliche Leiden der Tiere, die Tierhölle in der menschlichen Gesellschaft darzustellen, der Schweiß, das Blut, die Verzweiflung der Tiere.

Man spricht gegenwärtig viel von «Wesensschau». Wer ein einziges Mal das «Wesen» des Wolkenkratzers «erschaut» hat, in dessen höchsten Etagen unsere Philosophen philosophieren dürfen, der wundert sich nicht mehr, daß sie [...] lieber «vom Menschen überhaupt» als von den Menschen im besonderen, vom Sein schlechthin als von ihrem eigenen Sein handeln: sie könnten sonst zur Strafe in ein tieferes Stockwerk ziehen müssen. Er wundert sich nicht mehr, daß sie vom «Ewigen» schwatzen, denn ihr Geschwätz hält, als ein Bestandteil seines Mörtels, dieses Haus der gegenwärtigen Menschheit zusammen. Dieses Haus, dessen Keller ein Schlachthof und dessen Dach eine Kathedrale ist, gewährt in der Tat aus den Fenstern der oberen Stockwerke eine schöne Aussicht auf den gestirnten Himmel.
Max Horkheimer: Der Wolkenkratzer (1934).

Hinführung: Die Befreiung von Mensch und Tier – ein und dasselbe Ziel

Die Seele führt über den Leib, der Verstand über das Emotionale ein despotisches Regiment, wobei offensichtlich ist, dass dies naturgemäß und nützlich ist. Männliches und Weibliches verhalten sich von Natur aus so zueinander, dass das eine das Bessere, Herrschende, das andere das Schlechtere, Dienende ist. Die niedrigere Art ist von Natur aus sklavisch, und es ist besser für sie, wie für alle Unterlegenen, dass sie sich in die Gewalt eines Herrschers begibt. Die Nutzung von Sklaven und gezähmten Tieren ist nicht sehr verschieden; beide dienen mit ihren Körpern den Bedürfnissen unseres Lebens. So wie die Pflanzen der Tiere wegen da sind, sind die Tiere der Menschen wegen da, zur Dienstleistung, zur Nahrung und um Kleidung und Gerätschaften aus ihnen zu gewinnen. Kriegsführung ist eine natürliche Kunst und die Jagd ein Teil von ihr; sie soll teils gegen Tiere praktiziert werden, teils gegen solche Menschen, die von Natur aus dazu bestimmt sind beherrscht zu werden, sich aber nicht unterwerfen; ein solcher Krieg ist ein natürlicher und gerechter Krieg.
Aristoteles.

Die Reihe, in die der vorliegende Band eingegliedert ist, soll, um nach einer Zeit des Niedergangs linker Bewegungen dem Denken überhaupt erneute Ausgangspunkte für eine kritische Sicht der Gesellschaft zu bieten, Zugänge zu verschüttet liegenden Teilen der linken Theorietradition eröffnen. Kaum eine andere emanzipatorische Forderung verhallte im Gang der Geschichte immer wieder derart ungehört wie der Ruf nach der Befreiung der Tiere. So gab es selbst in den Kreisen der sozialen Protestbewegungen und der linken Subkultur, aus denen heraus sich im letzten Drittel des 20. Jahrhunderts erneut eine Tierbefreiungsbewegung zu formieren begann, nur mehr ein schwaches Bewusstsein darüber, dass zur Thematik bereits eine weit zurückreichende, genuin linke theoretische – und auch praktische – Tradition existierte. Dass die Solidarität mit Arbeitstieren als ebenfalls Ausgebeutete, dass der Verzicht auf Lebensmittel und Rohstoffe, die durch sie oder aus ihren Körpern hergestellt werden, als bewusste Zurückweisung des Status von Tieren als Produktionsmittel und Ware bereits seit den Anfängen der Entwicklung kapitalistischer Gesellschaftsformen als integrales Element revolutionärer Theorie und Praxis fungieren konnte, ist weitgehend unbekannt. Ebenso unbekannt ist, dass zahlreiche Verbindungen und Wechselwirkungen zwischen der ersten Tierrechtsbewegung[1] und etwa der Arbeiter-, Frauen- und Friedensbewegung bestanden, sowie dass es Thematisierungen des Ausbeutungsverhältnisses gegenüber den Tieren im klassischen linken Literaturkanon gibt, auf welche die moderne Bewegung sich zum Zweck ihrer Theoriebildung reflexiv beziehen kann. Das alles wird erst seit verhältnismäßig kurzer Zeit thematisiert und ist noch lange nicht historisch aufgearbeitet. Die moderne Tierbefreiungsbewegung muss aber als geistige Erbin früherer Bewegungen betrachtet werden, auf deren Wirken sie teils unbewusst, teils bewusst aufbaut; um dieser Befreiungsbewegung ein theoretisches Fundament zu geben, und um überhaupt eine kritische Theorie der Gesellschaft zu entwickeln, in welcher die Tiere nicht außen vorgelassen werden, ist die Erforschung jener Vergangenheit also unerlässlich. In einem Streifzug durch die Geschichte modernen emanzipatorischen Denkens werden deshalb hier einige Schlaglichter auf diese Tradition geworfen – um sie aus ihrem Schattendasein zu holen, und um schon einmal gemachte Ansätze zur theoretischen Begründung einer Bewegung zur Befreiung von Mensch und Tier heutigem kritischen Denken zugänglich zu machen und sie zur Diskussion zu stellen.

Dabei soll klar sein, dass manche der aufgeführten Ansätze aus heutiger Sicht als verfehlt angesehen werden müssen, erwähnte Personen in verschiedenen ihrer Überzeugungen falsch lagen. Außerdem wäre eine ausführlichere Kritik an manchen ihrer Positionen und Einstellungen nötig, als sie dieses Einführungswerk leisten kann. Dennoch gilt, und das zeigt dieser Band auf: Die Bewegung zur Befreiung der Tiere sieht ihre Forderungen traditionell als logische Fortsetzung und Konsequenz der

1 Mieke Roscher hat in ihrem Werk zur Geschichte der britischen Tierrechtsbewegung (2009) die Unterscheidung zwischen einer ersten Tierrechtsbewegung im 19. und frühen 20. Jahrhundert und einer zweiten, die seit den 60er Jahren des 20. Jahrhunderts besteht, eingeführt.

großen emanzipatorischen Imperative. Die Geschichte zeigt, dass diejenigen Menschen, die sich organisierten, um eine Verbesserung der elenden Situation der Tiere in der menschlichen Gesellschaft zu bewirken, auch Teil anderer Befreiungskämpfe waren – sie stritten etwa gegen monarchistische Willkürherrschaft, für Menschenrechte, gegen die Sklaverei, für die Emanzipation der Frauen, für die Belange der lohnabhängigen Massen oder waren im antifaschistischen Widerstand aktiv. Aber sie gingen weiter, für sie war klar: Befreiung hört nicht beim Menschen auf. Das Engagement in linkspolitischen Strömungen, das Bestreben, diese miteinander in Verbindung zu bringen, sowie die dahinterstehende Absicht, die Forderung nach Befreiung nicht auf eine willkürliche Auswahl aus dem Kreis leidensfähiger Wesen zu beschränken, macht diese Menschen zu Vorläufern heutiger, sich als antispeziesistisch verstehender Strömungen. Denn ist die Begriffsbildung auch eine neue, so hat doch das, was mit ihr ausgedrückt wird, eine weit zurückreichende und tief in der Geschichte linker Bewegungen verwurzelte Tradition.

Beim Begriff «Speziesismus» handelt es sich um einen Neologismus, der in Analogie zur Benennung anderer Ideologien zur Legitimation von Ausbeutung, Gewalt und Unterdrückung – wie Rassismus oder Sexismus – gebildet wurde: Durch Speziesismus wird die Ausbeutung der Tiere in der menschlichen Gesellschaft ideologisch gerechtfertigt und verschleiert.[2] Erstmals benutzt wurde das Wort 1970 vom britischen Psychologen Richard Ryder in einem Flugblatt gegen Tierversuche – damals, um einen anthropozentrischen Spezieszentrismus, einen «Artegoismus» von Menschen zu beschreiben. Ryder fordert – so der Titel eines seiner Bücher – eine *Animal Revolution*, welche die Befreiung der Tiere zum Ergebnis haben soll. Letztere ist für ihn gegenüber anderen Befreiungskämpfen kein Nebenschauplatz, im Gegenteil: «Wir diskutieren, wie ich glaube, eine Thematik, die für die Zukunft unseres Planeten von grundsätzlicher Wichtigkeit ist.»

---

2 Der Begriff der Ideologie wird hier stets im Sinne von Marx (Ideologie als «notwendig falsches Bewusstsein») und Gramsci (Ideologie als «gelebte, habituelle gesellschaftliche Praxis») verwendet. Bei einem ideologischen System handelt es sich um einen Verblendungszusammenhang zwischen dem falschen gesellschaftlichen Sein und daraus sich bildenden falschen Vorstellungen, die der Rechtfertigung und Verschleierung von Herrschafts-, Ausbeutungs- und Unterdrückungsverhältnissen dienen (vgl. RUDE 2015).

Antispeziesismus, also der Kampf gegen die Ausbeutung der Tiere in der menschlichen Gesellschaft und gegen jede Ideologie, mit der sie legitimiert wird, ist für Ryder «Teil einer neuen und erweiterten Vision von Frieden und Glück». Im Gegensatz zu vielen visionären Kämpfern früherer Generationen wären wir heute in der Lage, diese Utopie zur gesellschaftlichen Wirklichkeit zu machen: «Unsere in Höhlen wohnenden Vorfahren waren auf andere zur Empfindung fähige Lebewesen als Nahrung angewiesen, sie brauchten ihre Häute als Bekleidung, ihre Knochen als Werkzeug. Aber die Ausbeutung und Herrschaft der Menschen über nichtmenschliche Tiere entbehrt heute dieser Notwendigkeit; wir haben alternative Nahrung und Kleidung sowie Transportmöglichkeiten und Energiequellen. Dennoch hören wir nicht damit auf, unsere evolutionären Verwandten einzufangen, sie zu vergiften und zu erschießen, ihnen im Namen der Wissenschaft Leiden zuzufügen, sie in Tierfabriken einzusperren um sie, gänzlich unnötig, zu vertilgen, millionenfach.»[3] Obwohl also die Entwicklung der Produktivkräfte inzwischen einen Stand erreicht hat, der es ermöglichen würde, auf die traditionell in der westlichen Kultur verankerte Tierausbeutung und das damit verbundene Leid zu verzichten, wird sie fortgesetzt. Gerechtfertigt wird das obsolet gewordene Ausbeutungsverhältnis mit speziesistischer Ideologie. Der Begriff erfasst «den gesamten Komplex von Vorurteilen gegenüber Tieren; er meint den menschlichen Chauvinismus, den hemmungslosen Artegoismus, die Gewaltideologie, die Tiere der Verdinglichung, Verachtung und grenzenlosen Ausbeutung ausliefern»[4] – das ist zumindest das, was die linke Tierbefreiungsbewegung darunter versteht.[5]

---

3 RYDER 2000, 1, 5. – Englischsprachige Originalzitate werden teilweise vom Autor übersetzt wiedergegeben, ohne dass dies im weiteren Verlauf des Textes speziell gekennzeichnet wird.

4 WITT-STAHL 1999, 46.

5 Der Gesamtstrom an sozialer Bewegung für die Tiere setzt sich aus Einzelströmungen mit voneinander unterscheidbaren Profilen zusammen (FRANZINELLI 2012). Oft zu wenig abgegrenzt wird zwischen der Tierrechts- und der Tierbefreiungsbewegung. Aiyana Rosen sieht in ihnen nicht zwei verschiedene Bewegungen, sondern zwei Strömungen einer Bewegung und zieht einen Vergleich mit der Frauenbewegung, bei der ebenfalls zwei Strömungen unterschieden werden könnten: Das radikalere Ansätze vertretende *women's liberation movement* sowie das eher reformistische *women's rights movement* (ROSEN 2011, 284). Es macht allerdings einen grundsätzlichen Unterschied, ob eine Bewe-

Mitunter wird die Frage aufgeworfen, ob man denn nicht hinsichtlich der Befreiung den Menschen absolute Priorität einräumen müsse. Selbst Herbert Marcuse hat, obschon er sich keine freie Gesellschaft vorstellen konnte, «zu deren ‹regulativen Ideen der Vernunft› nicht der gemeinsame Versuch gehörte, die Leiden, welche die Menschen den Tieren zufügen, folgerichtig zu verringern», im Jahr 1972 geschrieben: «Angesichts des Leids, das Menschen von Menschen zugefügt wird, erscheint es unverantwortlich ‹verfrüht›, sich für universellen Vegetarismus oder synthetische Nahrungsmittel einzusetzen; angesichts der gegenwärtigen Welt hat menschliche Solidarität unter Menschen unbedingten Vorrang.»[6] Bereits 1965 meinte er allerdings: «Daß die Gewalt beseitigt und die Unterdrückung so weit verringert wird, als erforderlich ist, um Mensch und Tier vor Grausamkeit und Aggression zu schützen, sind die Vorbedingungen einer humanen Gesellschaft.»[7] Es zeigt sich also: Das Streben nach der Befreiung der Tiere und der Wunsch, die Menschheit zu emanzipieren, verfolgen gar keine unterschiedlichen Ziele oder Interessen; sie lassen sich nicht gegeneinander ausspielen, im Gegenteil gilt: Tierbefreiung ist Voraussetzung und Resultat der Emanzipation des Menschen. Wenn sie kein anderes Verhältnis zur unterdrückten Natur und zu den Tieren entwickeln, können die menschlichen Emanzipationsbewegungen nicht zum Erfolg führen. Dies wird deutlich, wenn man eine historische Perspektive einnimmt und sieht, dass die Geschichte der Anstrengungen des Menschen, über die Natur und die Tiere zu herrschen, auch die Geschichte der Herrschaft des Menschen über den Menschen ist[8] – oder, wie

---

gung Rechte für Tiere im Rahmen des bürgerlichen Staates fordert oder ob sie anstrebt, die Herrschaft des Kapitals und damit den ihr korrelierenden bürgerlichen Staat selbst zu überwinden, um eine befreite Gesellschaft zu schaffen, deren Verwirklichung die Beendigung des Ausbeutungsverhältnisses gegenüber den Tieren miteinschließt. Dies sieht auch Klaus Petrus als die «entscheidende Differenz zwischen der Tierrechts- und Tierbefreiungsbewegung: Während Letztere in unserem hierarchischen Gesellschaftssystem die Basis der Unterdrückung der Tiere sieht, die es zu überwinden gilt, versucht die Tierrechtsbewegung, innerhalb des bestehenden Systems für nichtmenschliche Tiere (moralische) Grundrechte einzufordern» (PETRUS 2013, 34).

6 MARCUSE 2004-9, 63, 71f.

7 MARCUSE 2004-8, 136.

8 «Der Mensch teilt im Prozeß seiner Emanzipation das Schicksal seiner übrigen Welt. Naturbeherrschung schließt Menschenbeherrschung

es der Soziologe und Philosoph Moshe Zuckermann ausdrückt: «Die Beherrschung der äußeren Natur geht zwangsläufig mit der Beherrschung der inneren einher, was wiederum die determinierende Grundlage für die soziale Herrschaft des Menschen über den Menschen generiert.»[9] Auch Zuckermann weist darauf hin, dass der Ideologie der gegen die Tiere verübten Gewalt, die sich noch bis in die Moderne hinein aus der unabweisbaren Realität einer unter fundamentalem Versorgungsmangel leidenden Gesellschaft erklären ließ, dieses ökonomische Strukturmoment heute objektiv abhandengekommen ist. Ähnlich wie etwa historisch der Rassismus in der westlichen Wissenschaft als ideologische Rechtfertigung für europäische Herrschaftsinteressen entstand,[10] bildete sich der Speziesismus als Legitimationsideologie für das Ausbeutungsverhältnis gegenüber Tieren. Beiden fehlt heute aus wissenschaftlicher Sicht vollkommen die Basis. Dass diese Erkenntnis, um mit Marx zu sprechen, zur «materiellen Gewalt» wird,[11] muss allerdings erst noch im Kampf gegen mächtige ökonomische Interessen herbeigeführt werden. Aus Sicht eines politisch progressiven Ansatzes von Tierbefreiung ist deshalb der Aufbau einer starken Bewegung, die dieses Ziel ver-

---

ein. Jedes Subjekt hat nicht nur an der Unterjochung der äußeren Natur, der menschlichen und der nichtmenschlichen, teilzunehmen, sondern muß, um das zu leisten, die Natur in sich selbst unterjochen. Herrschaft wird um der Herrschaft willen ‹verinnerlicht›. [...] Die Geschichte der Anstrengungen des Menschen, die Natur zu unterjochen, ist auch die Geschichte der Unterjochung des Menschen unter den Menschen» (HORKHEIMER 1991, 106, 116).

9 ZUCKERMANN 2007, 16.

10 Rassismus wiederum greift zu seiner Rechtfertigung oft auf Tierverachtung zurück. Der Soziologe Albert Memmi schrieb zu Beginn der 1980er Jahre: «Es ist leichter, dem Untergang, der Ausrottung von Tieren entgegenzusehen als der von Menschen. Die Anfänge dieser Betrachtungsweise gegenüber den Schwarzen lassen sich übrigens genau datieren, sie fallen mit dem Aufkommen des Handels mit Negersklaven zusammen» (MEMMI 1987, 119); in einer Untersuchung zum Thema Rassismus aus dem Jahr 2004 heißt es sogar, das, was der Autor als das *«Tier»-Konstrukt* bezeichnet, liege, als Tiefenstruktur und Code, «offenbar *allen* Begründungen für Ausgrenzung und Stigmatisierung zu Grunde» (PAUL 2004, 96).

11 «Die Waffe der Kritik kann allerdings die Kritik der Waffen nicht ersetzen, die materielle Gewalt muß gestürzt werden durch materielle Gewalt, allein auch die Theorie wird zur materiellen Gewalt, sobald sie die Massen ergreift» (MEW 1, 385).

folgt, unabdingbar. Ein solcher Ansatz muss darauf bestehen, dass die Fortsetzung der historischen Befreiungsbewegungen unter Einbezug der Erweiterung des Solidaritätskonzepts über die menschliche Spezies hinaus unerlässlich ist, und aufzeigen, dass eine Linke, die Tierausbeutung nicht thematisiert, nicht nur an diesem Punkt nicht an der Spitze der fortschrittlichen gesellschaftlichen Kräfte steht, sondern auch schlicht nicht radikal ist: Sie setzt nicht an der Wurzel des Problems an und blendet ein Ausbeutungsverhältnis aus, auf welchem der gesamte kapitalistische Gesellschaftsbau und die Herrschaft des Menschen über den Menschen wesentlich gründen.[12]

Antispeziesistische Linke fordern nicht, wie mitunter unterstellt wird, eine «Gleichstellung» anderer Tiere mit dem Menschen oder ähnliches;[13] hierbei handelt es sich um ein Missverständnis, das wohl daraus resultiert, dass die zur Erklärung des Begriffes «Antispeziesismus» angeführte Analogie zum Antirassismus oder Antisexismus überbetont wird. Diese unterschiedlichen Kämpfe lassen sich nicht einfach gleichsetzen. Tatsächlich stehen aber die Ideologien und Herrschaftsverhältnisse, gegen die sie sich richten, derart miteinander in Verbindung, dass die Bestrebungen zur Befreiung der Menschheit ihre Ziele nicht erreichen können, wenn sie ihren Blick vor der Unterdrückung der Natur verschließen.

---

12 «Dem Gesellschaftsbau würde sein Referenzpunkt auch für menschenbezogene Werthierarchien wegfallen und mit diesem der Bau einstürzen, würden die Tiere befreit werden», schreibt die Soziologin und Aktivistin Melanie Bujok einmal, und weiter: «Die Unterscheidung vom Tier funktioniert als soziales Distinktionsmittel. Menschengruppen, die von der Gesellschaft ausgeschlossen werden, werden meist als naturhaft und tierähnlich stigmatisiert» (BUJOK 2011, 310).

13 Obiger Absatz, der sich wortgleich bereits in der 2013 erschienenen ersten Auflage findet, hat Boris Palmer nicht davon abgehalten, in seinem Buch *Erst die Fakten, dann die Moral* (2019) fälschlicherweise zu behaupten, die «Grundthese» des vorliegenden Buches beziehungsweise seines Autors laute: «Menschliches Leben sei dem Leben von Tieren gleichzusetzen», um anhand dieses Strohmann-Arguments dann «Fanatismus» und «Menschenverachtung» unterstellen zu können – man nehme schließlich mit einer solchen Gleichstellung «dem Menschen seine Würde» und bringe dadurch «Errungenschaften der menschlichen Zivilisation in Gefahr» (PALMER 2019, 148ff.). Solche Falschbehauptungen und Schauermärchen finden sich ausgerechnet in einem Buch, in dem bereits im Titel von «Fakten» die Rede ist und das dafür plädiert, dass die Wirklichkeit Grundlage politischen Handelns sein sollte.

Auf diesen Zusammenhang haben bedeutende linke Theoretiker schon lange hingewiesen. Vor allem Vertreter der Kritischen Theorie rückten die unterdrückte menschliche und nichtmenschliche Natur ins Zentrum ihrer Überlegungen – was sich mitunter auch ganz konkret in persönlichem Engagement gegen Tierausbeutung äußerte. Ein Brief aus dem Jahr 1945 etwa, in dem Max Horkheimer seiner Überzeugung Ausdruck gibt, die Nazi-Verbrechen seien unter anderem auf die Tendenz moderner Gesellschaften zurückzuführen, Menschen «fühllos gegen die Natur und speziell gegen die uns ausgelieferten Geschöpfe zu machen», setzt sich für ein Gesetz ein, das die Vivisektion an lebenden Hunden verbieten sollte. In dem Brief an einen Politiker, der den Bundesstaat Kalifornien im US-Repräsentantenhaus vertrat, heißt es: «Der Impuls totalitärer Sadisten, ihre künftigen Opfer als Mitglieder fremder Rassen zu etikettieren, war dadurch motiviert, daß Rasse als eine natürliche statt soziale Kategorie galt. Da der moderne Mensch es gewohnt ist, sich alles Natürliche zu unterwerfen, als bloßes Mittel für seine Zwecke zu behandeln, da die Natur sozusagen rechtlos ist, werden auch Menschen, die man einer fremden Rasse zuordnet, aller Rechte beraubt. Diese Doktrin resultiert letzten Endes darin, daß sich die Menschheit selber ausrottet, und die Doktrin folgt zwingend aus der menschlichen Blindheit gegenüber der Natur. Daher ist der Kampf gegen die Vivisektion, der Kampf für das Tier, auch ein Kampf für den Menschen.»[14]

Gerechtfertigte Argumente für die Aufrechterhaltung der Ausbeutung der Tiere in der Industriegesellschaft kann es also von linker Seite aus nicht geben, so wie es keine gerechtfertigten Argumente gegen die Befreiung der Sklaven gibt. Man kann davon ausgehen, dass jene Kräfte, die sich angesichts der wissenschaftlichen Erkenntnisse über Tiere, die wir heute haben, noch gegen deren Befreiung stellen, nachfolgenden Generationen einmal als regressiv gelten und mit ähnlichen Augen angesehen werden, mit denen wir heute auf die Verteidiger der Sklaverei zurückblicken. Die Linke muss sich daher jetzt der Frage stellen, ob sie auch auf diesem Feld den Kampf aufnimmt oder es bürgerlichen Bewegungen überlässt, womit sie hinter diese zurückfallen und die Chance preisgegeben würde, eine wahrhaft befreite Gesellschaft zu erreichen.

---

14 HORKHEIMER 1996, 629.

Einleitung

Damnatio memoriae: Die geheime Geschichte der Tierbefreiung

In der Geschichte ist viel zu wenig von Tieren die Rede.
Elias Canetti.

Die Solidarität mit Tieren und der Gedanke, dass zur Verwirklichung einer emanzipierten Gesellschaft auch sie aus den Ausbeutungsverhältnissen zu befreien sind, in denen sie zu leben gezwungen werden, hat eine gewisse Tradition, die viel weiter zurückreicht als gemeinhin angenommen; allerdings handelt es sich bei dieser Geschichte der Tierbefreiung bislang um ein Stück «geheime»[15] – vergessene, verdrängte – Geschichte. Die Stimmen jener Menschen, die innerhalb linker Bewegungen für die Sache der Tiere eingetreten sind, wurden in einem doppelten Sinne nicht gehört: Wie Marx und Engels in *Die deutsche Ideologie* (1845/46) treffend bemerkten, ist das, was als die herrschenden Gedanken einer Epoche erinnert wird, in erster Linie ein Widerschein der Gedanken der in ihr herrschenden Klasse, da diese mit den Mitteln zur materiellen auch über jene zur geistigen Produktion verfügt und also damit die spätere Erinnerungskultur bestimmt,[16] so dass die Rekonstruktion widerständiger Geschichte sich ohnehin schon in weiten Teilen als

15 Von einer «geheimen Geschichte der Tierbefreiung» sprechen die Autoren eines erstmals im Oktober 1999 unter dem Titel *Beasts of Burden: Capitalism – Animals – Communism* in London herausgegebenen Textes. Darin heißt es: «Wir haben unsere eigene geheime Geschichte, um uns zu inspirieren. Wir können zwar vielleicht nicht zu Legitimationszwecken auf die ‹Gründungsväter des Kommunismus› zurückkommen, aber über die Jahrhunderte gab es viele RebellInnen, die für ihre eigene Befreiung und die anderer gekämpft haben und gleichzeitig Tierausbeutung ablehnten» (OFT 2000, 20).

16 «Die Gedanken der herrschenden Klasse sind in jeder Epoche die herrschenden Gedanken, d. h. die Klasse, welche die herrschende *materielle* Macht der Gesellschaft ist, ist zugleich ihre herrschende *geistige* Macht. Die Klasse, die die Mittel zur materiellen Produktion zu ihrer Verfügung hat, disponiert damit zugleich über die Mittel zur geistigen Produktion, so daß ihr damit zugleich im Durchschnitt die Gedanken

schwierig erweist. Hinzu kommt, dass meist ein Großteil derjenigen, die in den verschiedenen emanzipatorischen Bewegungen an der Seite von Persönlichkeiten aktiv waren, welche auch für die gesellschaftliche Befreiung der Tiere eintraten, die Tiere in der menschlichen Gesellschaft nicht als Leidensgenossen an- oder auch nur erkannt haben. Nicht ohne Grund liegt in der von Max Horkheimer mit der Metapher eines Wolkenkratzers aphoristisch beschriebenen kapitalistischen Gesellschaftspyramide die «Tierhölle» im Keller – an anderer Stelle spricht er von den «Verliesen des Gesellschaftsbaus»[17] – und befindet sich damit unterhalb des gesamtgesellschaftlichen Bewusstseins.[18]

Die Bedingungen, unter denen Tiere in der kapitalistischen Gesellschaft ausgebeutet werden, wurden im Zuge ihrer historischen Entwicklung zunehmend vor der Öffentlichkeit verborgen und systematisch unsichtbar gemacht; Texte, die das Ausbeutungsverhältnis thematisierten, fanden in unserer Kultur keinen Eingang in die vorherrschenden Diskurse – dies zeigt beispielsweise der Umstand, dass lediglich zwei von 60 Biografien über Leonardo da Vinci dessen Vegetarismus überhaupt erwähnen[19] – oder wurden verächtlich gemacht: So gilt das letzte Buch des englischen Gelehrten Joseph Ritson, das er als Manuskript hinterlassen hat und welches 22 Jahre nach seinem Tod unter dem Titel *Life of King Arthur from Ancient Historians and Authentic Documents* (1825) veröffentlicht wurde, als ein frühes und herausragendes Beispiel moderner Wissenschaft, sein vorletztes Werk, *An Essay on Abstinence from Ani-*

derer, denen die Mittel zur geistigen Produktion abgehen, unterworfen sind» (MEW 3, 46).

17 HORKHEIMER 1985,106.

18 «Damit, dass er sie in seiner Metapher nicht nur ganz unten im kapitalistischen Wolkenkratzer verortete, sondern eingesperrt in seinem dunklen Kellerverlies, erinnerte er auch an das evolutionsgeschichtliche factum brutum, dass die Tiere noch vom Licht revolutionärer Vernunft und damit auch von der Bedingung der Möglichkeit der kollektiven Selbstbefreiung abgeschottet sind. Sie bedürfen also unserer Hilfe. Sie brauchen Menschen, die sich weigern, eine Welt aushalten zu lernen, die nicht auszuhalten ist. Und sie brauchen Menschen, die ihre Entfremdung von der eigenen tierlichen Natur endlich überwinden und als Subjekte der Befreiung der Tiere und ihrer selbst in die Geschichte eintreten» (WITT-STAHL 2012).

19 SPENCER 1995, xii. – Leonardo da Vinci soll auch dafür bekannt gewesen sein, auf den Märkten von Florenz für Vögel zu bezahlen, um sie dann freizulassen (BARKAS 1975, 70).

mal Food, as a Moral Duty (1802), war dagegen als angeblicher Ausdruck einer degenerativen Geisteskrankheit verunglimpft worden.[20] Carol J. Adams, die den Hinweisen auf eine feministisch-vegetarische Theorietradition in der westlichen Moderne nachgegangen ist und diesbezüglich von einer doppelt verschwiegenen Geschichte spricht, konstatiert eine verzerrende Perspektive der herrschenden Kultur und fordert: «Es sollte eine Geschichte der Entstellung geben, um die Probleme bei unserer Beurteilung von sozialem Engagement für Tiere analysieren zu können.» Viele der gängigen Betrachtungsweisen sollen, so das Urteil der Autorin, «die Kritik an der herrschenden Kultur offensichtlich ihrer Substanz berauben, indem sie jenen, die gegen die herrschende Kultur protestieren, psychologische und nicht politische Motive unterstellen».[21] Eine umfassende «Geschichte der Entstellung», wie sie von Adams gefordert wird, kann diese Einführung natürlich nicht leisten – sie kann lediglich Schlaglichter auf einige wenige Persönlichkeiten und politische Strömungen werfen, deren Kampf für die Befreiung der Tiere nicht erinnert wird, und diese so aus der «Verdammung des Andenkens» erlösen.

20 ADAMS 2002, 121. Die Sympathien des Atheisten galten der Gleichheitsmaxime, die er in den Proklamationen der französischen Revolutionäre entdeckte, als er 1791 Paris besuchte. Richard Phillips, der Ritsons Werk verlegte, war für den Verkauf von Thomas Paines *Rights of Man* zu einer 18-monatigen Gefängnisstrafe verurteilt worden. Auch für Phillips brachte der Vegetarismus – sein eigener basierte auf der Beobachtung der Vorgänge in einem Londoner Schlachthaus, als er zwölf Jahre alt war – eindeutig soziale Implikationen zum Ausdruck (vgl. ROSCHER 2009, 57).

21 ADAMS 2002, 181.

Vegetarismus: Im Westen nichts Neues

Jene vergangene Zeit, die wir doch die «Goldene» nennen, ist mit den Früchten der Bäume und dem, was der Boden hervorbringt, glücklich gewesen und hat ihren Mund nicht mit Blute besudelt. Als dann ein Unnützer, wer auch immer es war, an der früheren Kost kein Genüge mehr fand und Fleisch von Leibern als Speise versenkt in den gierigen Bauch, da schuf dem Verbrechen er Bahn. Wenn euren Gaumen ihr letzt an den Gliedern erschlagener Rinder, wisset und fühlt: ihr zerkaut den eigenen Arbeitsgefährten!
Ovid.

Allgemein bekannt ist die Existenz weit zurückreichender vegetarischer Traditionen in Strömungen von Hinduismus, Buddhismus und Jainismus, die sich aus dem religiös begründeten Prinzip des «Nicht-Verletzens» – *Ahimsa* – herleiten. Wer auf Fleisch verzichte, dessen Verdienst sei so groß, als würde er jeden Monat ein Pferdeopfer durchführen, heißt es beispielsweise im altindischen Epos *Mahabharata*. In diesen Worten spiegelt sich ein historischer Prozess wider, im Zuge dessen die rituellen Tieropfer mit anschließendem Verzehr des Fleisches zunehmend abgelehnt wurden. Dies hatte durchaus auch einen sozialpolitischen Hintergrund: Im Laufe der Zeit war das Opferwesen so kompliziert geworden, dass sich ein Priesterstand herausgebildet hatte, die Brahmanen, deren Ritualwesen ihnen eine außerordentlich privilegierte Monopolstellung verschaffte. Die religiösen Reformbewegungen, die sich gegen das Opfer- und das Kastenwesen richteten, waren auch eine Kritik an dieser mächtigen Position und ergriffen daher schnell die Massen. Die Priester mussten sich anpassen. Die Historikerin Reay Tannahill merkte dazu einmal an: «Diese neue Auffassung setzte sich so erfolgreich durch, dass im ersten vorchristlichen Jahrhundert sogar die Brahmanen, das heißt die Priester des orthodoxen vedischen Glaubens, Rituale entwickelt hatten, bei denen keine Tieropfer mehr vollzogen wurden. Alle drei großen Religionen Indiens – die vedische, der Buddhismus und der Jainismus – bekundeten nun übereinstimmend, und zwar entweder ausdrücklich oder durch ihr Verhalten, dass die Kuh heilig sei.»[22]

---

22 TANNAHILL 1973, 160f.

Weniger verbreitet ist das Wissen darum, dass ungefähr zur selben Zeit auch in Europa Forderungen nach einem Verzicht an Gewalt gegenüber Tieren formuliert wurden. Nicht nur kannte die griechische Mythologie ein «goldenes Zeitalter» am Anfang der Menschheitsgeschichte, in dem die Erde alles zur Ernährung Nötige zur Verfügung stellte und in dem zwischen Menschen und anderen Tieren Frieden herrschte, sowie Sagen von vegetarisch lebenden, friedlichen Völkern in fremden Gegenden – es wurde auch ganz konkret Kritik am gesellschaftlichen Umgang mit Tieren geübt. Fleisch wurde in der Antike zwar vor allem von reicheren Menschen gegessen, während die Masse des Volkes sich überwiegend vegetarisch ernährte, jedoch hatte das Tieropfer eine enorme gesellschaftliche Bedeutung. Bei den staatlichen Opfern wurden Tiere geschlachtet, dann wurden den Anwesenden je nach sozialem Status Fleischstücke zugeteilt. Es waren zunächst nicht einzelne Personen, sondern ganze Gruppen, die im sechsten vorchristlichen Jahrhundert den blutigen Opferkult ablehnten und Vegetarismus praktizierten. Als früheste Strömungen sind die Gemeinschaften der Orphiker und Pythagoreer zu nennen. Im Zentrum der Orphik steht der mythische Sänger und Dichter Orpheus, der mit seinem Gesang Menschen, Tiere und Natur besänftigt;[23] nach dem Philosophen Pythagoras wurden vegetarisch lebende Menschen, bevor der Begriff Vegetarismus gebildet wurde, also noch im 19. Jahrhundert, *Pythagoreer* genannt. Die Anhänger des Philosophen lebten in einem gemeinsamen Haus in einer Art Kommune zusammen; wie die Orphiker lehnten sie auch Wolle ab und trugen daher Kleidung aus Leinenstoff. Allerdings wurden ihre Ansichten als Kritik an der herrschenden Politik angesehen, so dass sie politisch verfolgt wurden. Im süditalienischen Tarent konnte Pythagoras seine Schule zwar zur abermaligen Blüte bringen,

23 Herbert Marcuse band übrigens die Gestalt des Orpheus als Symbol in seine Reflexionen über gesellschaftliche Befreiung mit ein. In *Triebstruktur und Gesellschaft* (1955) heißt es, im Gegensatz zu Prometheus als «Kulturheld der Mühsal, der Produktivität und des Fortschritts durch Unterdrückung» stehe Orpheus «für eine sehr andere Wirklichkeit»: «Orpheus' Gesang befriedet die tierische Welt, versöhnt den Löwen mit dem Lamm und mit dem Menschen. Die Welt der Natur ist eine Welt der Bedrückung, der Grausamkeit und Schmerzen, wie es die menschliche ist: und wie diese wartet sie auf Befreiung» (MARCUSE 2004–5, 141, 144f.). Bei Marcuse ist die Gestalt des Orpheus «ein Urbild nichtherrschaftlicher Naturbegegnung» (SCHWANDT 2010, 136).

dann aber wurden die Pythagoreer auch von dort verbannt. Dennoch hielten sich in Italien und Griechenland orphische und pythagoreische Zirkel bis in frühchristliche Zeiten.

Wie antike Autoren berichten, spielte neben der religiösen Motivation, sich der Tötung und des Verzehrs von «Beseeltem» zu enthalten, bei Pythagoras wohl auch bereits die Überzeugung eine Rolle, dass die Ausnutzung von Tieren aufgrund ihrer physiologischen Verwandtschaft zum Menschen ein Unrecht darstelle: Sie bestünden «aus denselben Elementen wie wir».[24] Ähnliche Begründungen finden sich auch bei anderen antiken Autoren. Theophrast etwa, der nach dem Tod von Aristoteles die Leitung der peripatetischen Schule übernahm, argumentierte mit Verweisen auf die Entwicklungsgeschichte gegen die Tötung von Tieren – diese seien später entstanden als die Pflanzen und zeichneten sich im Gegensatz zu ihnen durch Charaktereigenschaften und die Fähigkeit zum Handeln aus. Des Weiteren gebrauchte er den Begriff der Verwandtschaft, welche nicht nur hinsichtlich der Physis, sondern auch hinsichtlich der Psyche bestehe. Um wieder zur Einsicht eines Theophrast zu gelangen, dass Unterschiede zwischen Menschen und anderen Tieren lediglich gradueller, aber nicht wesentlicher Natur sind und das Ausbeutungsverhältnis gegenüber Tieren daher nicht durch Vernunftgründe legitimiert werden kann,[25] hat die (in dieser Hinsicht vom in erster Linie religiös begründeten Vorurteil gehemmte) moderne Wissenschaft Jahrhunderte gebraucht.[26]

Überhaupt muten manche der bereits in der Antike vorgebrachten Argumente für den Vegetarismus recht modern an. Als Beispiel sei an dieser Stelle noch auf den Griechen Plutarch hingewiesen, der im Römischen Imperium zum Zeitpunkt dessen maximaler Ausdehnung, im ersten Jahrhundert, lebte. In

24 HAUSSLEITER 1935, 101.

25 «Der physiologischen Gleichartigkeit der Wahrnehmungsvorgänge bei allen Lebewesen scheint er große Bedeutung beigelegt zu haben. So sind für ihn die natürlich nicht wegzuleugnenden seelischen Unterschiede in größerer oder geringerer Vollkommenheit, nicht aber in verschiedenem Wesen begründet» (ebd., 238).

26 Volker Sommer, Inhaber des Lehrstuhls für evolutionäre Anthropologie am University College in London und einer der renommiertesten Primatenforscher weltweit, fordert Grundrechte für unsere nächsten evolutionären Verwandten und spricht in Interviews davon, dass der historische Moment gekommen sei, um nach Nationalismus, Rassismus und Sexismus auch den Speziesismus zu überwinden.

seinen Traktaten *Über das Essen von Fleisch*[27] heißt es: «Vielleicht zwar lassen sich jene Menschen, welche zuerst sich entschlossen haben Fleisch zu essen, mit der Noth entschuldigen» – das Töten von Tieren durch seine Zeitgenossen aber prangerte er aufs Schärfste an: «Da stoßen sie den Schweinen glühende Bratspieße in die Kehle, damit das durch die Eintauchung des Eisens gelöschte und in den Körper verschüttete Blut das Fleisch zarter und weicher mache; oder springen und treten sie Schweinen, die an der Geburt sind, auf die Euter, um Blut und Milch mit dem Brei der zerquetschten Jungen unter der Geburt in einander zu mischen und – o Gräuel vor Zeus! – die aufs Höchste entzündeten Theile des Thieres zu verzehren; oder nähen sie Kranichen und Schwänen die Augen zu und mästen sie in dunklen Käfigen, um ihr Fleisch durch seltsame Mischungen und Würzen zu Leckerbissen zu machen.» Der reisende Philosoph und Chronist machte seine Mitmenschen darauf aufmerksam, dass diese Tiere gleich ihnen mit Empfindung, Gesicht, Gehör, Vorstellung und Verstand begabt seien und forderte Gerechtigkeit auch gegenüber anderen Gattungen lebender Wesen; er war außerdem davon überzeugt, dass die an Tieren «eingeübte Mordlust» Menschen zum «Schlachten und Würgen ihrer Mitmenschen im Kriege» führe[28] – eine Überzeugung, die so ähnlich immer wieder angeführt wurde. «Denn, sagt Diogenes, nicht aus den Fruchtessern werden Räuber und Feinde, aber aus den Fleischessern werden Chikaneure und Tyrannen», lesen wir etwa beim Neuplatoniker Porphyrios, der im dritten Jahrhundert lebte und in seiner Schrift *Von der Enthaltsamkeit beseelter Wesen* auch die Frage aufwarf: «Wenn Hunger und Krieg zum Essen der Thiere zwang, was bedarf es jetzt noch der blutigen Opfer, wenn wir Früchte im Ueberfluss haben?»[29]

Innerhalb der ersten Christengemeinden existierte noch eine asketisch-vegetarische Strömung, die neu-pythagoreischen Idealen nahegestanden haben soll. Im Jahr 380 wurde das Christentum in einer Form, die das Fleischessen ausdrücklich billigte, zur Staatsreligion im Römischen Reich erklärt. Im Jahr 561

---

27 Bezeichnend ist, dass die erste vollständige deutsche Übersetzung der beiden Traktate erst im Jahr 2000 erschien; in: BARANZKE, GOTTWALD, INGENSIEP 2000, 138–149.

28 LINNEMANN 2000, 27ff.

29 BARANZKE, GOTTWALD, INGENSIEP 2000, 154.

wurden Vegetarier sogar mit einem päpstlichen «Bannfluch» belegt. Im mittelalterlichen Europa unter der Dominanz der katholischen Kirche spielten vegetarische Gedanken noch in Sekten und Laienbewegungen wie den Bogomilen, Katharern oder Waldensern eine Rolle, die aber als Häretiker verfolgt und ausgerottet wurden. «Welche Rolle spielt der Vegetarismus im Christentum? Im amtlichen Kirchenchristentum gar keine. In allem häretischen Christentum dagegen eine große», schrieb Carl Anders Skriver, einer der wenigen Veganer in der frühen Bundesrepublik.[30]

Mit den Katharern erschien um 1140 ein ernstzunehmender Konkurrent für die katholische Kirche des Westens. Von einer ersten Gruppe in Köln wird berichtet, dass «Milch und Milchprodukte ebenso wie Fleisch verboten» gewesen seien.[31] Im Verlauf von sieben Jahren gab es Nachrichten über weitere Katharer in Bonn, Lüttich, in der Champagne und im Périgord. Die Verbindung dieser Punkte ergibt eine etwa 1000 Kilometer lange Linie: Das Phänomen hatte europäische Dimensionen erreicht, und für den Klerus war es Zeit, Gegenmaßnahmen zu ergreifen. 1147 zog ein Kreuzzug gegen die Katharer nach Südfrankreich. Diese waren meist einfache Weber, verstanden sich als bessere Kirche, als «wahre Christen», und kritisierten die Dekadenz des katholischen Klerus. Dieser wiederum diffamierte sie als Teufelsanbeter: Die im Mittelalter bekannte Deutung ihres Namens war nicht etwa «die Reinen», sondern wurde von *cattus* abgeleitet: Die Katharer würden angeblich bei ihren geheimen Zusammenkünften einer Katze oder einem Kater den Anus küssen; das Tier sei dabei eine Erscheinungsform des Teufels. Dieses Motiv, so absurd es auch war, sollte sich bis zum Hexenwahn der Frühen Neuzeit halten. Liest man entsprechende Quellen, erfährt man Erschreckendes, zum Teil auch Erstaunliches – zum Beispiel, dass es das Klischee vom blassen Veganer bereits vor 1000 Jahren gab. So heißt es etwa in einem historischen Werk über das Papsttum: «Durch die Bischofsversammlung in Goslar im Jahre 1051 wurden mehrere als Ketzer zum Tode verurteilt, weil sie sich geweigert hatten, Hühner zu töten: Denn es entspräche den Anschauungen der Katharer, keine Tiere zu töten. Ja selbst das Aussehen der Angeschuldigten genüge, sie als Ketzer zu verurteilen, weil

30 SKRIVER 1977, 9.

31 FICHTENAU 1992, 79.

ihre Blässe zurückzuführen sei auf den der Lebensführung der Katharer entsprechenden ausschließlichen Genuss von Pflanzennahrung.»[32]

Durch die Unterdrückung und gnadenlose Verfolgung solcher Strömungen war die vielfältige antike vegetarische Tradition nach dem sechsten Jahrhundert zunehmend verblasst, so dass der Aufklärer Voltaire – der übrigens ebenfalls im Töten von Tieren letztlich die Ursache des Krieges sah – im Jahr 1775 feststellen musste: «Wir müssen bis zu dem frommen Porphyrios und zu den mitfühlenden Pythagoreern zurückgehen, um jemanden zu finden, der uns in unserer blutigen Gefräßigkeit beschämt; oder wir müssen die Brahmanen aufsuchen; denn unsere Mönche, die nach dem Willen ihrer Gründer dem Fleisch entsagt haben, sind dennoch Mörder von Seezungen und Steinbutten, wenn nicht gar von Rebhühnern und Wachteln.»[33]

Eine erste Wiederbelebung von mit dem Vegetarismus verbundenem Gedankengut fand sich allerdings bereits im Europa der Renaissance, die vor allem von den Städten Norditaliens ausging. Von dort stammt auch der mit Sicherheit herausragendste Vegetarier dieser Epoche: Der berühmte Künstler und Gelehrte Leonardo da Vinci. Dieser habe einem Menschen geglichen, der in der Finsternis zu früh erwacht wäre, während die anderen noch alle geschlafen hätten, schrieb Sigmund Freud, der Begründer der Psychoanalyse, einmal. Auch, was seine Ansichten über Tiere und die Natur angeht, war da Vinci seiner Zeit weit voraus. Aufgrund seiner anatomischen Studien kam er zum Ergebnis, dass die Menschen Lebewesen «ungefähr der gleichen Art» seien wie «Affen und andere Tiere», woraus er den Schluss zog, dass auch die Ernährung des Menschen wie die der Menschenaffen pflanzenbasiert sein sollte. Weitsichtig machte er auch bereits auf die zunehmende Umweltzerstörung aufmerksam; über das Geld notierte er einmal: «Für dich wer-

---

32 HOENSBROECH 1904, 35.

33 LINNEMANN 2000, 118f. – Keith Thomas fasst die Predigten und Pamphlete, welche sich zwischen dem 15. und dem 19. Jahrhundert gegen die Grausamkeit gegenüber Tieren richteten, folgendermaßen zusammen: «Der Mensch, so hieß es, habe das uneingeschränkte Recht, Tiere zu domestizieren und sie für Nahrung und Kleidung zu töten. Aber er dürfe sie nicht tyrannisieren oder ihnen unnötiges Leid zufügen» (THOMAS 1983, 153).

den die großen Wälder verödet, für dich müssen unzählige Tiere ihr Leben lassen.»[34]

Im Zeitalter von Renaissance und Humanismus wurden viele vergessene Werke wiederentdeckt, darunter jene der antiken und spätantiken Vegetarier. Die kirchlich induzierte Welt- und Tierverachtung verlor langsam an Bedeutung. In einem Aufsatz mit dem Titel *Zur Sozialgeschichte des Vegetarismus* heißt es hierzu: «In einer neuen Diesseitsorientierung begann man sich wieder für die Umwelt des Menschen und damit auch für Tiere und Pflanzen sowie für die Schönheiten der Natur zu interessieren. So knüpfte Michel de Montaigne in seinen ‹Essais› betont an römische Schriftsteller und besonders an Senecas Gedanken über eine rechte Lebensführung an und entwickelte eine besondere Hochschätzung der Natur [...]. Montaigne trat sogar für einen besonderen Schutz der Tiere ein, konnte sich freilich nicht zu einer vollständigen Absage an die animalische Nahrung entschließen»[35] – im Gegensatz zum französischen Philosophen Pierre Gassendi, der sich in einer Schrift aus dem Jahr 1629 auf Autoren der römischen und griechischen Antike bezog, wenn er schrieb: «Nichts ist wohl klarer, als daß es den Menschen nicht ansteht, Thiere zu jagen, noch weniger sie zu verzehren. Cicero gemahnt uns in einem bewundernswerthen Ausspruch, der Mensch sei zu besseren Dingen bestimmt als andere Thiere zu ergreifen und ihnen die Kehle abzuschneiden», und: «Mit Recht sagt auch Epikur über das Schlachten eines unschuldigen Lebens: Es ist ein bloßer Vorwand, daß wir irgend ein gesetzliches Recht hätten, eines derjenigen Thiere zu tödten, welche dem Menschengeschlechte weder schädlich noch verderblich sind».[36]

Die genuin westliche vegetarische Tradition konnte sich also über die Jahrhunderte hinweg bis in die Moderne hinein erhalten. Im Vergleich zu den eingangs erwähnten Strömungen

---

34 FRISCHAUER 1994, 452, 244.

35 TEUTEBERG 1994, 39f. – Auch Montaigne konstatierte einen Zusammenhang zwischen der Grausamkeit gegenüber Tieren und der gegenüber Menschen, als er schrieb: «Menschen, welche gern das Blut der Thiere vergießen, zeigen dadurch, daß sie überhaupt einen Hang zur Grausamkeit haben. Nachdem man sich in Rom erst daran gewöhnt hatte, ohne Widerwillen den Thierhetzen zuzuschauen, kam die Reihe der blutigen Kämpfe an die Menschen und die Gladiatoren» (SPRINGER 1884, 357).

36 LINNEMANN 2000, 66.

im asiatischen Raum aber konnten sich Forderungen nach Tierschonung und Vegetarismus in Europa niemals als integraler Bestandteil etablierter kultureller Systeme durchsetzen – im Gegenteil: Sich wie die Orphiker und die Pythagoreer dem Brauch des Tieropfers zu verweigern, welchem eine hohe gesellschaftliche Bedeutung und Funktion zukam, hatte eine radikale Selbstausgrenzung aus der griechischen Gesellschaft zur Folge,[37] und generell ist die Geschichte des Vegetarismus, wie Colin Spencer gleich zu Beginn seines erstmals 1993 veröffentlichten Werks *The Heretic's Feast. A History of Vegetarianism* feststellt, im Westen eine Geschichte von Dissidenten-, Rebellen- und Außenseitertum.[38] Als sich im Zuge des Kolonialismus das christliche Europa mit der Sicht indischer Religionen auf Tiere und Natur konfrontierte, war die allgemeine Reaktion deshalb verständnislose Verachtung für die Hindus.[39]

Doch gleichzeitig, vor dem Hintergrund jener Umbrüche, die zur Organisierung der kapitalistischen Ausbeutung notwendig waren, bildeten sich, eingebettet in die Zusammenschlüsse der von ihr Betroffenen, abermals «pythagoreische» Strömungen mit einem neuen Blick auf die Tiere – einem Blick, der von Identifikation und Solidarität geprägt war. Denn, wie der Historiker Jason C. Hribal feststellt: «Tiere werden nicht ‹von Natur aus› zu Privateigentum, ebenso wenig wie Menschen ‹von Natur aus› ihre Arbeitskraft verkaufen müssen. Vielmehr haben wir es hier mit aktiver Geschichte zu tun – einer Geschichte von Enteignung, Ausbeutung und Widerstand.»[40] Dieser Geschichte werden wir nun nachgehen.

---

37 Vgl. DIERAUER 2001, 11f.

38 SPENCER 1995, xiii.

39 Vgl. THOMAS 1983, 21.

40 HRIBAL 2003, 436. – Ähnlich Bob Torres: «So wie wir in einer Wirtschafts- und Gesellschaftsordnung leben, die auf die Ausbeutung von Menschen ausgerichtet ist, leben wir in einer Ordnung, die auf die Ausbeutung von Tieren ausgerichtet ist. Uns wird suggeriert, dass beides natürlich und unvermeidlich ist, aber das ist es nicht. Beide Ausbeutungen haben eine lange und umstrittene Geschichte als Teil der Entwicklung unserer modernen Wirtschaftsordnung. Diese Ordnung und die Wurzeln der Herrschaft in ihr zu verstehen, ist wichtig, um zu begreifen, wie all diese unterdrückerischen Kräfte ihre Grundlagen in der wirtschaftlichen Dynamik des Kapitalismus haben» (TORRES 2007, 10f.).

1. Revolution und Tiere

1.1 Eiserne Zeiten: Ursprüngliche Akkumulation, Tierindustrie und Arbeiterklasse

Als ich eines Tages einen kleinen Jungen sah, vielleicht zehn Jahre alt, der ein riesiges Zugpferd einen schmalen Pfad entlang lenkte und es, jedesmal wenn es sich abzuwenden versuchte, peitschte, kam mir zum Bewußtsein, dass, wenn solche Tiere sich ihrer Kraft nur bewusst würden, wir keine Macht über sie hätten und dass die Menschen die Tiere in ziemlich derselben Weise ausbeuten wie die Reichen das Proletariat.
George Orwell.

Das Vorspiel der Umwälzung, welche das Fundament schuf, auf dem die kapitalistische Produktionsweise beruht – eine Masse von Besitzlosen, die nichts zu verkaufen haben außer ihrer Arbeitskraft –, ereignete sich im letzten Drittel des 15. und in den ersten Jahrzehnten des 16. Jahrhunderts. Es ist eng mit der Entstehung der Tierindustrie verbunden: In England gab den unmittelbaren Anstoß zu diesem Prozess der Aufstieg der Wollmanufaktur und das Ansteigen des Bedarfs an und der Preise für Wolle nach der Einführung der maschinellen Webstühle. Das «Losungswort» war, so heißt es im *Kapital* von Karl Marx: «Verwandlung von Ackerland in Schafweide», die Folge: «Aus ihrem goldnen Zeitalter [...] stürzte die englische Arbeiterklasse ohne alle Zwischenübergänge in das eiserne.» Zuvor bestand der Großteil der Bevölkerung aus selbst wirtschaftenden Bauern, die am Gemeindeeigentum beteiligt waren; nun wurden die Gemeingüter zu Privatbesitz gemacht, das Gemeindeland eingehegt, die Bauern gewaltsam enteignet. «Und die Geschichte dieser ihrer Expropriation ist in die Annalen der Menschheit eingeschrieben mit Zügen von Blut und Feuer», so Marx weiter.[41] Der Scheidungsprozess von Produzent und Produktionsmittel bildete die Grundlage der kapitalistischen Produktionswei-

41 MEW 23, 743, 746.

se: Die Aufhebung des Eigentums des Ackerbauers an Grund und Boden entriss ihm seine Mittel zur Selbstversorgung und machte ihn zum Proletarier. Dieses Vorgehen war eine wichtige Ursache für das Aufflammen der deutschen Bauernkriege,[42] und auch in England äußerte sich der Unmut der Bauern zunehmend in Unruhen. Oft wurden die Zäune eingerissen und ihre Wiederaufrichtung gewaltsam verhindert. Doch der Widerstand hatte keinen Erfolg, und schließlich wurde die widerrechtliche Aneignung im Nachhinein gesetzlich legitimiert. Aus der verarmten und durch das Bevölkerungswachstum zunehmenden Landbevölkerung rekrutierte sich die Arbeiterschaft in den rapide wachsenden nordenglischen Industriestädten. Auch die Arbeitskraft von Tieren wurde vermehrt in der Industrie eingesetzt, in Fabriken, auf Plantagen, im Transport- und Verkehrswesen, im Bergbau, kurz, in eigentlich allen Industriezweigen. Außerdem mussten Tiere eine zunehmende Zahl von Menschen mit ihrer Haut, ihrem Haar, ihrer Milch, ihren Eiern und ihrem Fleisch kleiden und ernähren, was Anlass für neue, effizientere Züchtungen war. Dabei ging es natürlich nicht um das Wohl und die Gesundheit der Tiere, sondern nur um deren Nützlichkeit fürs Kapital. Marx verabscheute diese Art von «Fortschritt» übrigens: «Disgusting!», notierte er dazu in seinem Studienheft. Sich auf die Intensivierung der englischen Landwirtschaft beziehend, bezeichnete er die «Stallfütterung» als «Zellengefängnissystem». In seinem Werk *Natur gegen Kapital* (2016) merkt der japanische marxistische Philosoph Kohei Saito dazu an: «Diese Aussagen müssten all jene überraschen, die Marx als naiven, anthropozentrischen Verteidiger des technologischen Fortschritts verwerfen möchten, aber diese private Notiz zeigt deutlich, welch aufrichtiges Gefühl er gegenüber der kapitalistischen Entwicklung hegte.»[43]

---

42 Laut Marx ist die Anschauung, welche unter der Herrschaft des Privateigentums und des Geldes von der Natur gewonnen wird, «die wirkliche Verachtung, die praktische Herabwürdigung der Natur»; in diesem Sinne habe der Bauernführer Thomas Müntzer es für unerträglich erklärt, dass «alle Kreatur zum Eigentum gemacht worden sei, die Fische im Wasser, die Vögel in der Luft, das Gewächs auf Erden – auch die Kreatur müsse frei werden» (MEW 1, 375).

43 SAITO 2016, 240. – Die Produktivkräfte verwandeln sich hier, ähnlich wie bei der fossilen Energieproduktion, in «Destruktivkräfte» (MEW 3, 60): «Ihre Entwicklung zieht also unter den bestehenden Ausbeutungs- und Herrschaftsverhältnissen für die Tiere nicht die Abschaffung

Angehörige der ausgebeuteten Klassen, die in den Bergwerken und Manufakturen schufteten, sahen Gemeinsamkeiten in der Ausbeutung von Tieren und ihrer eigenen. Hier liegt der Ursprung der Tierbefreiungsidee und einer Strömung des modernen Vegetarismus. Jason C. Hribal schreibt in seinem Aufsatz *Animals, Agency, and Class. Writing the History of Animals from Below*: «Diese Erfahrung eröffnete die Möglichkeit für die Entstehung einer neuen Bewegung. Alles, was dafür noch nötig war, war ein Funke, der durch Bildung ermöglicht wurde. Der Bildungsweg der Pythagoreer kann in drei historische Perioden unterteilt werden: Die erste trat während der Englischen Revolution auf, die zweite passierte während der Amerikanischen Revolution. Der dritte und finale Funke wurde während der Französischen Revolution entzündet.»[44] – Im Folgenden werden diese drei historischen Epochen hinsichtlich ihres Beitrags zur Tierbefreiungsidee kurz beleuchtet.

1.2 Go vegan and join the New Model Army: Radikale Vegetarier im englischen Bürgerkrieg

Ich werde zum vernünftigen Teil des Gesetzes in diesem Land zurückkehren, der Metzger davon ausschließt, als Geschworene über Leben und Tod zu entscheiden: Wenn sie als unfähig betrachtet werden, in einer Jury zu sein, weil sie die Kreaturen töten, können jene, die letztere mit ihrem Geld kaufen, um sie zu vertilgen, nicht als unschuldig gelten.
Roger Crab.

London, 30. Januar 1649: Ein eisiger Tag. Karl I. trägt zwei Hemden übereinander, damit er nicht vor Kälte zittert und die Zuschauer glauben, es sei Angst. Was er seinen Untertanen noch zu sagen hat? «Dass ihre Freiheit darin besteht, eine Regierung zu haben, deren Gesetze ihr Leben und ihr Eigentum schützen. Sie besteht nicht darin, an der Regierung teilzuhaben. Ein

ihrer Überausbeutung nach sich, sondern ihre Intensivierung» (STACHE 2023-2, 54).

44 HRIBAL 2007, 106.

Untertan und ein Souverän sind klar unterschiedliche Dinge.»[45] Dann muss der König, der überzeugt davon ist, als Monarch von Gottes Gnaden zu herrschen, ohne seine Macht mit einem Parlament teilen zu müssen, seinen Kopf auf den Block legen – die Axt des Henkers fällt, der englische Bürgerkrieg ist vorbei.

Die Vorgeschichte: Bereits im Jahr 1215 muss der damalige König den revoltierenden Adligen eine gewisse Teilhabe an der Regierung zugestehen. Auf Pergamenten aus Kalbshaut formulieren diese in 63 Artikeln jene Rechte, die sie für sich einfordern, und dem König bleibt nichts anderes übrig als diesen Freibrief – die *Magna Carta* – zu unterzeichnen. Das Parlament beginnt also als Adelsrat. Fünfzig Jahre später werden, durch einen aufständischen Baron, erstmals nicht nur *Lords,* sondern auch *Commons,* Vertreter der Städte, berufen. Ab 1341 tagen Ober- und Unterhaus, also das *House of Lords* und die gewählten Abgeordneten des *House of Commons,* getrennt. Der König lädt die Abgeordneten ein und löst die Versammlung meist nach wenigen Wochen wieder auf. Nur die Mitglieder des Unterhauses, in dem vor allem die Handelsbourgeoisie vertreten war, werden gewählt – um 1600 haben allerdings von etwa viereinhalb Millionen Einwohnern nur 200.000 das aktive Wahlrecht.[46]

Im Jahr 1629 löst Karl I. das Parlament auf, das zuvor alle Engländer zur Steuerverweigerung aufgerufen hat. Erst nach elf Jahren – um einen Aufstand in Schottland niederzuschlagen, will er sich die Mittel für eine stärkere Streitkraft bewilligen lassen – beruft er wieder eines ein. Als die Abgeordneten, statt der Erhebung von neuen Steuern zuzustimmen, fordern, dass die Berater des Königs, die für die Misswirtschaft der parlamentslosen Herrschaft verantwortlich seien, den Richtern übergeben werden sollen, löst er die Versammlung nach nur drei Wochen wieder auf. In London ruft dieser Willkürakt Massenerhebungen von bisher unbekanntem Ausmaß hervor. Zeitgleich flammen die Bauernrebellionen wieder auf: Ein Teil der Bauern Ostenglands klagt vor Gericht gegen die «Trockenleger» der nassen Gemeindewiesen, andere gehen zu gewalttätiger Selbsthilfe über und zerstören die Entwässerungsanlagen. Ein Konflikt nimmt seinen Lauf, der zwei Jahre später zum Bürgerkrieg eskaliert. Oliver Cromwell stellt eine von ihm geführte Reitertruppe auf. In Cambridge und Umgebung, einem Hauptgebiet revolutionärer Bau-

45 RÜCKERT 2011, 157.

46 SCHILFERT 1989, 25.

ernerhebungen, wirbt er Männer aus der Mitte der kleinen und mittleren Bauern sowie der Handwerker an und bildet aus ihnen eine Kavallerieeinheit, die *Ironsides*. Im Januar 1645 entscheidet das Unterhaus über den Plan der Heeresreform, demzufolge die alte Armee aufzulösen und an deren Stelle eine neue, die *New Model Army*, zu schaffen ist, nach ähnlichen Prinzipien, wie sie Cromwell mit seiner Reiterei erprobt hat.

Die gesellschaftliche Situation am Vorabend des Bürgerkriegs: Der alte Adel macht weniger als ein halbes Prozent der Bevölkerung aus, der neue Adel umfasst etwa drei Prozent – seine Entstehung ist auf das Eindringen des Kapitals in die Agrarsphäre zurückzuführen. Im Süden und Osten ist er bereits überwiegend kapitalistischer Ausbeuter geworden, im Parlament und später während der Bürgerkriege geht er zusammen mit der Bourgeoisie gegen den König vor. Politik und Religion sind in dieser Zeit noch untrennbar verbunden, die Klassenkämpfe werden hinsichtlich ihrer Theorie überwiegend im religiösen Gewand geführt. Erst ab dem späteren 17. Jahrhundert kann man beobachten, wie die Argumentationen zunehmend säkular werden. Über eine lange Zeit findet progressive Politik in erster Linie in Form von religiösen Gegenbewegungen ihren Ausdruck. Unter dem Banner des Puritanismus sammeln sich im Parlament die fortschrittlichen oppositionellen Kräfte gegen die feudalabsolutistischen Tendenzen der Dynastie und gegen die englische Staatskirche. Wo der Puritanismus Kreise des Kleinbürgertums und der bäuerlichen Bevölkerung ergriffen hat, agitiert er meist in Gestalt radikaler Sekten, die gewissermaßen dessen äußersten linken Flügel bilden.[47]

Innerhalb dieses Flügels spielt das Zurückweisen des Verzehrs von Tierfleisch als Teil von Klassenkämpfen eine Rolle und wird auch bereits als Akt der Solidarität mit den Unterdrückten begriffen sowie als Ausdruck des Bestrebens, eine Gesellschaft ganz ohne Ausbeutung zu schaffen: «Im radikalen Flügel der parlamentarischen Fraktion drückten puritanische Verfechter der Demokratie ihren Dissens zum etablierten Luxus durch Vegetarismus aus und riefen nach einer unblutigen Revolution,

47 Ebd., 41f. – Zu diesen Sekten gehörte nur ein geringer Anteil der Bevölkerung, man schätzt, etwa fünf Prozent. Trotz ihrer geringen numerischen Stärke erregte diese bunte und lebhafte Subkultur aber im Vergleich zur schweigenden Mehrheit der Bevölkerung einiges Aufsehen (vgl. LENNERT 1986, 26).

um eine Gesellschaft der Gleichheit ohne Schlachtungen einzurichten», so der Historiker Tristram Stuart.[48] Tiere bezeichnen sie als *fellow-creatures,* als Mitgeschöpfe.[49]

Vor dem Bürgerkrieg sind in erster Linie Bärenhatzen, Hahnenkämpfe und die Misshandlung domestizierter Tiere kritisiert worden. In der zweiten Hälfte des siebzehnten Jahrhunderts erweitert sich die Kritik und schließt nun auch Hasenjagd, Vivisektion, die Käfighaltung von Wildvögeln, brutale Methoden der Schlachtung und die Grausamkeiten, die in Verbindung mit gastronomischen Raffinessen stehen, mit ein.[50] Vor allem die Kritik an der Jagd und jene am Fleischkonsum sind auch Kritik an den Privilegien der herrschenden Klasse, des Adels. Wie bereits zu Zeiten der Pythagoreer und später in mittelalterlichen Sekten, so blühen in den häretischen Gemeinschaften oft radikale kommunistische Ideen, die unter den Armen zirkulieren und Inspiration für Revolten bieten. In diesem Zusammenhang kann die Verweigerung von Fleisch eine Klassendimension haben: Fleisch gilt als das Essen der Jäger, der Beherrscher, der Menschen, die Pferde reiten, das Essen jener, die die Landbevölkerung ausbeuten.[51] Die radikalen Sekten des Puritanismus haben ihre Anhänger meist in den Unterschichten der Städte, vor allem der Vorstädte. Dass die Unterhausabgeordneten sich der Bedeutung des Puritanismus als ideologischer Hauptwaffe gegen den König und den Anglikanismus bewusst sind, bringt das von ihnen erwünschte Auftreten puritanischer Prediger im Parlament zum Ausdruck. Diese halten vor den Parlamentssitzungen spezielle Predigten, die schnell gedruckt werden.[52]

Wieviel Einfluss der Vegetarismus innerhalb der Revolutionsbewegungen der Zeit wirklich hat, lässt sich schwer herausfinden. Es ist natürlich bekannt, dass etwa der Autor von *Paradise Lost* (1667), der «große revolutionäre Dichter John Milton, Vorkämpfer des linken Puritanismus»,[53] Vegetarier war – «Let

48 STUART 2006, XX.

49 Der Begriff «wurde mindestens seit den 1640er Jahren als revolutionärer Ausdruck von Respekt und Gleichheit verwendet», so Peter Linebaugh im Vorwort zur Neuausgabe von Oswalds *Cry of Nature* (OSWALD 2000, iii).

50 THOMAS 1983, 154.

51 Vgl. OFT 2000, 21.

52 SCHILFERT 1989, 80.

53 Ebd., 98.

herbs to them a bloodless basquet give», dichtete er bereits in einer seiner frühesten Schriften –, leider sterben aber viele der Radikalen aus dieser Zeit in der Anonymität: Nach der Stuart-Restauration, der Wiedereinführung der Monarchie ab 1660, werden ihre Ansichten unpopulär, es wird gefährlich, für sie einzutreten. Jason C. Hribal kann immerhin noch 26 Namen dieser «early Pythagoreans» nennen.[54]

Gut unterrichtet sind wir beispielsweise über Roger Crab: Er hinterlässt mehrere Schriften. Seine Predigten bewegen Massen von Menschen dazu, sich der *New Model Army* anzuschließen, und auch er selbst kämpft während des Bürgerkriegs in der Parlamentsarmee. Die Lebensweise, die er seit 1641 angenommen hat und die man heute als eine vegane bezeichnen würde, ist auch Ausdruck der Kritik an politischer und ökonomischer Ungerechtigkeit. Der marxistische Historiker Christopher Hill stellt fest: «Crabs Vegetarismus und seine Abstinenz waren Teil eines politischen und sozialen Programms»,[55] und Tristram Stuart macht darauf aufmerksam, dass Crab Fleisch als Statussymbol der Besitzenden betrachtet – auf seinen Verzehr zu verzichten bedeutet für ihn daher einen Akt der Solidarität mit den Unterdrückten.[56] Die Parole, die auf dem Titelbild seines Werks *The English Hermite* (1655) aus seinem Mund dringt, kann als Crabs politische Devise angesehen werden: «Herbes and Roots» – *Kräuter und Wurzeln!* Seine Schriften kritisieren die Gesellschaft des siebzehnten Jahrhunderts im Allgemeinen und soziale Institutionen wie die Kirche sowie den Landbesitz im Besonderen. Letzterer war einer der wichtigsten Faktoren der sozialen Ungleichheit. So wirft Crab die Frage auf: «Kann das Nächstenliebe genannt werden, wenn du tausend Morgen an Land und viele Häuser hast, und alle Vielfalt, welche die Erde hervorbringt, durch deines Nächsten Arbeit, und er, der arbeitet, hat keinen Fuß Land, noch ein Dach über seinem Kopf?»[57]

Wegen seiner politischen Ansichten wird Crab von Oliver Cromwell zum Tod verurteilt – das Urteil wird nicht vollstreckt, aber Crab muss zwei Jahre im Gefängnis verbringen, denn er ist Teil des erneuten Widerstands gegen die Tyrannei: Als das Unterhaus am 1. Januar 1649 beschließt, über den inzwischen

54 HRIBAL 2007, 106.
55 BOWERS 2003, 93.
56 STUART 2006, 28.
57 HOPTON 1990, 31.

in London inhaftierten König Gericht zu halten, verweigern die Lords im Oberhaus ihre Zustimmung; kurzerhand erklärt das Unterhaus sich zur obersten Gewalt im Staat, und noch im selben Jahr wird die Republik ausgerufen. Cromwell aber, der Oberbefehlshaber der Parlamentsarmee, nimmt in der Folge als «Lordprotektor» von England, Schottland und Irland zunehmend die Stelle eines neuen Monarchen ein.

Unter dem Namen *Levellers* bildet sich abermals Widerstand. Die «Gleichmacher» erheben Forderungen nach besserer Bezahlung der Manufakturarbeiter und anderer armer Bevölkerungsschichten. Die Bewegung wird jedoch nicht durch die Armen und Besitzlosen, sondern durch die Kleinbesitzer geprägt – ihre Hauptforderungen sind entsprechend ihrer Klassensituation Gleichheit vor dem Gesetz, Demokratisierung der Rechtsprechung, Steuerreformen in ihrem Interesse, Meinungs-, Glaubens-, Gewissens- und Gewerbefreiheit, die Trennung von Staat und Kirche. Sie ist aber die erste größere politische Gruppierung, die sich im Sommer 1647 auf demokratischer Basis organisiert, und kann als Frühform der späteren Parteien betrachtet werden. Nach ihr gibt es im England des 17. Jahrhunderts keine größere politische Gruppierung mit Massenanhang mehr, die über das zeitgenössische Maß des gesellschaftlichen Fortschritts hinausgeht und diesen Wandel über die objektiven Grenzen der bürgerlichen Revolution hinausführt. Die links der Levellers stehenden Kräfte, die frühkommunistischen *Dissenter*, haben in dieser Hinsicht keine reale Chance – anders als den Jakobinern in der Französischen Revolution gelingt es ihnen nicht, wenigstens kurzzeitig die Macht zu ergreifen. Die Dissenter-Bewegungen entstehen, als bisherige Anhänger der Levellers, vor allem aus den Reihen der ärmsten Bauern und Tagelöhner, beginnen, sich von ihnen abzuwenden. Viele von ihnen fangen nun an, das Privateigentum an Grund und Boden als, wie es in einer Flugschrift aus dem Jahr 1649 heißt, «die große Hauptursache aller Sklaverei» anzugreifen. Die Entstehung und die Ausweitung des Grundeigentums werden als «Räuberei und Gewalttat» am Boden bezeichnet, der von Rechts wegen Allgemeineigentum des Volkes sein müsse. Die geschichtliche Bedeutung jener Flugschriften aus dieser Zeit liegt, so das Urteil des Historikers Gerhard Schilfert, «in ihrer unversöhnlichen Haltung gegenüber jeglicher Ausbeutung».[58]

58 SCHILFERT 1989, 178.

Die Bewegung der *True Levellers* – besser unter dem Namen *Diggers* bekannt –, welche die Interessen des damaligen ländlichen Früh- und Vorproletariats vertritt, führt die Enteignung des ländlichen Grundbesitzes zugunsten der armen Bauern und der ländlichen Tagelöhner im Rahmen von agrarkommunistischen Projekten praktisch durch: Ihre Angehörigen besetzen und bearbeiten öffentliche Ländereien und verteilen die Erträge kostenlos an Bedürftige, um für eine umfassende Landreform und das Gemeineigentum zu werben. Die Diggers haben «Systemkritik im umfassenden, die sozialökonomische Grundlage der Gesellschaft miteinbeziehenden Sinn betrieben, indem sie die Institution des Privateigentums und das System des ‹Kaufens und Verkaufens› als Wurzel aller Übel bezeichneten und zur Zielscheibe ihrer Angriffe machten».[59] In einer Schrift der Diggers heißt es: «Und alsbald ward die Erde (die doch als gemeinsame Schatzkammer zur Linderung der Notdurft aller, also der Tiere wie der Menschen gedacht gewesen) von den Lehrmeistern und Herrschenden umfriedet und eingehegt, derweil die anderen zu Dienern und Sklaven herabgewürdigt wurden.» So sei sie zu einem «Ort geworden, wo einer den anderen quält».[60]

Innerhalb der Dissenter-Bewegungen kursieren die fortschrittlichsten Ideen der Zeit – neben dem Vegetarismus sind das in einigen Gemeinschaften auch die Gleichstellung der Frauen sowie eine Nacktkultur. Unter den True Levellers gebe es, so ihr Anführer Gerrard Winstanley im Jahr 1649, «tender hearts», die es schmerze zu sehen, wie etwa Kühe von den Verwaltern der Gutsbesitzer geschlagen würden.[61] Diese Art der Solidarität mit Tieren und der mitunter daraus resultierende Vegetarismus ist, wie Tristram Stuart festhält, im England des 17. Jahrhunderts ein Ausdruck politischen und religiösen Dissidententums, und in einigen Strömungen ein fester Bestandteil der revolutionären Bestrebungen.[62] Die Ablehnung von Gewalt, Unterdrückung und Ungleichheit geht also bereits damals Hand in Hand mit dem bewussten Verzicht auf die Gewalt gegenüber Tieren – auch in der Bewegung zur Abschaffung der Sklaverei.

---

59 SCHRÖDER 1986, 213.
60 LENNERT 1986, 53.
61 THOMAS 1983, 174.
62 STUART 2006, 38.

1.3 Freiheit für alle, Ketten für niemanden: Abolitionismus, Vegetarismus und Tierbefreiung

Tiere, die wir zu unseren Sklaven gemacht haben, betrachten wir nicht als gleichwertig. – Wünschen sich nicht die Sklavenhalter, den Schwarzen zu einer anderen Art zu machen?
Charles Darwin.

*F*olgt man der ursprünglichen marxistischen Sichtweise, so ist ein adäquater Vergleich nicht zwischen der Situation von Arbeitstieren und jener der Angehörigen des Proletariats zu ziehen, sondern zwischen zur Arbeit gezwungenen Tieren und versklavten Menschen.[63] Im Artikel *Lohnarbeit und Kapital,* erstmals erschienen in der *Neuen Rheinischen Zeitung* im April 1849, schreibt Marx: «Und der Arbeiter, der zwölf Stunden webt, spinnt, bohrt, dreht, baut, schaufelt, Steine klopft, trägt usw. – gilt ihm dies zwölfstündige Weben, Spinnen, Bohren, Drehen, Bauen, Schaufeln, Steinklopfen als Äußerung seines Lebens, als Leben? Umgekehrt. Das Leben fängt da für ihn an, wo diese Tätigkeit aufhört, am Tisch, auf der Wirtshausbank, im Bett. Die zwölfstündige Arbeit dagegen hat ihm keinen Sinn als Weben, Spinnen, Bohren usw., sondern als *Verdienen,* das ihn an den Tisch, auf die Wirtshausbank, ins Bett bringt. Wenn der Seidenwurm spänne, um seine Existenz als Raupe zu fristen, so wäre er ein vollständiger Lohnarbeiter. Die Arbeitskraft war nicht immer eine *Ware*. Die Arbeit war nicht immer Lohnarbeit, d.h. *freie Arbeit*. Der *Sklave* verkaufte seine Arbeitskraft nicht an die Sklavenbesitzer, sowenig wie der Ochse seine Leistungen an den Bauer verkauft. Der Sklave mitsamt seiner Arbeitskraft ist ein für allemal an seinen Eigentümer verkauft. Er ist eine Ware, die von der Hand des einen Eigentümers in die des andern übergehn kann. Er *selbst* ist eine Ware, aber die Arbeitskraft ist nicht *seine* Ware.»[64]

Der versklavte Mensch und das domestizierte Tier sind also nicht wie der Lohnarbeiter und die Lohnarbeiterin «frei», ihre

63 Interessant in diesem Zusammenhang ist auch die Tatsache, dass das englische Wort für Rind, «cattle», denselben Ursprung hat wie «chattel» (Leibeigener) und «capital» (Produktionsmittel) – HAKER 2007, 49.

64 MEW 6, 401.

Arbeitskraft zu veräußern; vielmehr gehören sie selbst vollständig – mit ihrem Körper, ihrer Arbeitskraft, ihren Nachkommen – ihrem Besitzer. Korrespondierend mit dieser Ausbeutungsform besteht «ein offen despotisches Herrschaftsverhältnis zwischen Kapital und Tieren», wie es im Aufsatz *Die Tierhölle in der menschlichen Gesellschaft* im 2023 erschienenen Sammelband *Kapital und Natur* heißt.[65] Noch offensichtlicher und unvermittelter findet hier Ausbeutung statt – direkter aber äußert sich mitunter auch die Solidarität: Das Bewusstsein darüber, dass Arbeitstiere Leidensgenossen sind, kommt etwa in den Stimmen US-amerikanischer Sklaven des 19. Jahrhunderts, die sich beispielsweise selbst als «Tier, das man kaufen und verkaufen kann» (Josiah Henson) oder als «rebellierendes Arbeitstier» (John P. Packer) beschreiben, deutlich zum Ausdruck.[66]

In besonders beeindruckender Art und Weise zeigt sich dieses Bewusstsein im Werk des ehemaligen Sklaven und späteren Schriftstellers Frederick Douglass. Wann genau er geboren wurde, weiß er nicht. «Die allermeisten Sklaven kennen ihr Alter genauso wenig wie die Pferde», heißt es in seiner ersten Autobiografie *Narrative of the Life of Frederick Douglass, an American Slave* (1845). Die Erinnerungen über seine ersten zwanzig Lebensjahre in der Sklaverei werden zu einer der einflussreichsten Agitationsschriften der abolitionistischen Bewegung. 1855 erscheint sein zweiter, weitaus umfangreicherer Bericht *My Bondage and My Freedom*. In seinen Werken findet er klare Worte für die Entmenschlichung, die mit der Sklaverei einhergeht. So beschreibt er beispielsweise die Schätzung des Besitzes seines Sklavenhalters folgendermaßen: «Männer und Frauen, alte und junge Sklaven, Ehepaare und Unverheiratete wurden mit den Pferden, Schafen und Schweinen zusammen in einer Reihe aufgestellt. Pferde und Männer, Vieh und Frauen, Ferkel und Kinder hielten in der Rangfolge der Lebewesen alle denselben Platz und wurden derselben genauen Untersuchung unterworfen. […] Nach der Schätzung kam dann die Teilung. Ich habe keine Worte, um die heftige Aufregung und tiefe Angst auszudrücken, die wir armen Sklaven während dieser Zeit empfanden. Unser Lebensschicksal sollte jetzt entschieden werden. Wir hatten bei jener Entscheidung keine Stimme, genauso wenig wie die Tiere, unter die wir gereiht

65 STACHE 2023-2, 53.
66 HRIBAL 2007, 107.

waren.»[67] «Menschen mit dem Vieh auf eine Stufe zu stellen» bezeichnet er als das «Hauptziel der Sklaverei».[68] Entsprechend vergleicht er seine Situation mit derjenigen der Tiere: «Wie ein wildes junges Arbeitstier soll ich gebrochen werden unter dem Joch einer bitteren und lebenslangen Leibeigenschaft. Ich sah nun, in meiner Situation, einige Ähnlichkeit mit jener von Ochsen. Sie waren Besitz, und so war ich es; sie sollten gebrochen werden, und ich ebenso; mich zu brechen geschah, indem ich sie unterjochte; brechen und gebrochen werden – das ist das Leben.»[69]

Dass Sklaven wortwörtlich «wie Tiere» behandelt werden, bringen sie also immer wieder selbst zum Ausdruck. Es werden auch Methoden und Strafen angewandt, die aus der Tierhaltung stammen, etwa Brandmarkung oder das Abschneiden der Ohren; die «nicht böswillige» Tötung eines Sklaven wird nicht geahndet. Es ist daher kein Wunder, dass der Vegetarismus und die mit ihm verbundene Kritik an Ausbeutung von Lebewesen überhaupt in der Anti-Sklaverei-Bewegung von Anfang an eine gewisse Rolle spielen – und nicht nur dort, sondern, wie etwa Karen und Michael Iacobbo in ihrem Werk *Vegetarian America. A History* (2004) feststellen, auch in zahlreichen anderen progressiven Bewegungen der Zeit.[70] Wie kommt es dazu? – In der Ära des parlamentslosen Regimes in England sind über 20.000 Puritaner – darunter Quäker – ausgewandert, zum größten Teil nach den später so genannten Neuenglandstaaten.[71] In England stellt diese Gruppe eine zur Zeit des Protektorats vom Staat durchaus ernstgenommene oppositionelle Kraft dar; sie fungiert als Sammelbecken für Angehörige auseinandergebrochener radikaler Bewegungen. Die frühen Quäker sind überaus radikal. Ungleichheit lehnen sie generell ab – so ziehen sie etwa vor höhergestellten Personen nicht den Hut und sprechen sie mit «thou» (du) an, statt mit «you» (Ihr).[72] Als Gruppen von Quäkern auswandern, nehmen sie auch ihre radikalen politischen Ideen mit – darunter die pythagoreischen. Der Oxforder Theologe Andrew

---

67 DOUGLASS 1991, 33, 99.
68 DOUGLASS 1965, 15.
69 HRIBAL 2007, 107.
70 Vgl. IACOBBO 2004, xvf.
71 SCHILFERT 1989, 45.
72 LENNERT 1986, 27.

Linzey spricht in diesem Zusammenhang von «Veggie Pilgrim Fathers».[73]

Eines der ersten Werke, das sich ausschließlich dem Abolitionismus, der Abschaffung der Sklaverei, widmet, ist *All Slave-Keepers that Keep the Innocent in Bondage* (1737) von Benjamin Lay. Lays Argumente gegen die Sklavenhaltung und für den Vegetarismus sind nicht zu trennen: Er will keine Erzeugnisse gebrauchen oder Dienstleistungen in Anspruch nehmen, die das Ergebnis von Sklavenarbeit sind – ob diese nun von Menschen oder von Tieren verrichtet wird. So verschmäht er auch Nahrung und Kleidung, für deren Herstellung Tiere sterben müssen, und lehnt es ab, per Pferd zu reisen.[74] Er ruft dazu die vegetarische Tradition der Häretiker des Mittelalters in Erinnerung, wenn er etwa über die Waldenser schreibt: «Ich las in der Geschichte der Waldenser, unserer ersten Reformer des Papismus, nie, dass sie Sklaven gehalten hätten; ich weiß, dass sie sehr gemäßigt waren und weder Fleisch, noch Milch, noch Eier verzehrten.» Lay meint: «Ich glaube nicht daran, dass rechtschaffene, durchweg gute Menschen ihre Mitgeschöpfe in Knechtschaft halten würden», und fordert: «Mitgefühl, Vergebung auch den schlimmsten Feinden, Zartheit, Sanftmut, Milde, süße Liebe und Mitleid mit allen Kreaturen jeder Art.»[75]

Lay beeinflusst Generationen von Gegnern der Sklaverei, die seine Praxis teilweise annehmen und fortführen. In seiner Tradition steht etwa John Woolman, der «wahre Gerechtigkeit und Güte, nicht nur gegenüber allen Menschen, sondern auch anderen Tieren gegenüber» fordert.[76] Vor allem seinem Wirken ist es zu verdanken, dass die Quäker 1790 in einer Petition vom US-amerikanischen Kongress die Abschaffung der Sklaverei verlangen und in der Folge zu einer der treibenden Kräfte der Abolitionismusbewegung werden. «Es gab», stellt Hribal fest, «das ist eine Tatsache, eine Verbindung zwischen frühem Abolitionismus und Pythagoreismus». Diese Verbindung erklärt er folgendermaßen: «Da waren nicht nur Afrikaner auf den Plantagen und in den Städten; da waren Afrikaner, Ochsen und Schweine. [...] Diese Quäker boykottierten im Zuge ihres Protestes gegen das System der Ausbeutung nicht nur Rum und Zucker; sie

---

73 LINZEY 2004, ix.
74 THOMAS 1983, 295.
75 LAY 1737, 61, 90, 127.
76 IACOBBO 2004, 5.

boykottierten den Gebrauch von Rum, Zucker, Fleisch, Fett und Pferdegespannen.»[77]

Gedruckt wird Lays Buch von Benjamin Franklin, der, beeinflusst durch die Lektüre des Werks *The Way to Health* (1683) des Engländers Thomas Tryon, in seiner Jugend selbst zeitweise der vegetarischen Idee anhängt.[78] «Der reinste und leidenschaftlichste Vegetarier seiner Zeit», wie Colin Spencer Tryon bezeichnet,[79] versteht die pflanzliche Ernährung als Ausdruck der Opposition gegen Gewalt und Unterdrückung: «Nimm für alle Zeiten Abstand von solchen Lebensmitteln, die nicht ohne Gewalt und Unterdrückung hergestellt werden können. Wisse, dass alle niederen Geschöpfe weinen, wenn sie verletzt werden», schreibt er; «die Menschheit dazu anzuhalten, etwas gegen Gewalt, Unterdrückung und Grausamkeit gegenüber ihresgleichen oder irgendeines der niederen Geschöpfe zu tun», sieht er als seine Aufgabe an.[80] Mieke Roscher hält zu Tryon fest: «Die Rolle der Frauen in der Gesellschaft war genauso Thema wie die fundamentale Kritik an der Behandlung von Sklaven.»[81] Aphra Behn, die als eine der Vorkämpferinnen der Frauenbewegung gilt und deren Roman *Oroonoko* (1688) Auswirkungen auf die abolitionistische Bewegung hat, ist durch Tryon beeinflusst.[82]

Der gemeinsame Kampf für die Befreiung von Mensch und Tier schlägt sich auch in der Zusammenarbeit zwischen Aktiven der abolitionistischen und denen der Anti-Vivisektionsbewegung nieder, die gegen Tierversuche kämpft[83] – und spielt eine Rolle im Umfeld der ersten *Vegetarian Society*, die 1847 in England gegründet wird. Ihr Nukleus bildet die von William Cowherd geleitete *Bible Christian Church* in Salford bei Manchester, wo «die Industrie des britischen Reichs, wie ihren Ausgangspunkt, so ihr Zentrum» hat, wie Friedrich Engels in *Die Lage der arbeitenden Klasse in England* (1845) schreibt. Entsprechend träten

77 HRIBAL 2007, 107.

78 In seiner Autobiografie schreibt Franklin: «Im Alter von etwa 16 Jahren stieß ich auf ein Buch von einem gewissen Tryon, das eine pflanzliche Ernährung empfahl. Ich entschied mich dafür.» Er folgte dieser Ernährung allerdings lediglich bis April 1724, also ca. über den Zeitraum von zwei Jahren (GHARPURE 1935, 76f.).

79 SPENCER 1995, 206.

80 GHARPURE 1935, 45, 39.

81 ROSCHER 2009, 52.

82 SPENCER 1995, 207.

83 Vgl. ROSCHER 2009, 84.

hier «die Erniedrigung, in welche der Arbeiter durch die Anwendung von Dampfkraft, Maschinerie und Arbeitsteilung versetzt wird, und die Versuche des Proletariats, sich aus dieser entwürdigenden Lage zu erheben», am deutlichsten zum Ausdruck.[84] In seiner seit 1809 bestehenden Kirche, der etwa 400 Menschen angehören,[85] bietet Cowherd sowohl medizinische Hilfe als auch eine Suppenküche sowie eine Bücherei an, womit er sie vor allem für Angehörige der Arbeiterklasse attraktiv macht.[86] Er predigt von seiner Kanzel Thomas Paines Thesen über die Menschenrechte samt deren revolutionären Implikationen und versteht sich als ein Anhänger der Ideen William Godwins, der als Begründer des Sozialismus überhaupt gilt. «Die Mitglieder dieser vegetarischen Kirche können damit zweifelsfrei den politischen Radikalen zugeordnet werden. Die Grenzen zwischen radikalem Dissentertum, nonkonformistischer Religion und säkularisierter Radikalität zeigten sich hier durchlässig», so Roscher.[87] Im Einklang mit der Sozialstruktur der Gemeinde dominieren auch in der *Vegetarian Society* Angehörige der Arbeiterschicht.

Auch Cowherds Nachfolger, der Baumwollspinner Joseph Brotherton, nutzt seine Position, um aktiv die Lage der arbeitenden Klasse zu verbessern, und richtet einen Fonds ein, um die Opfer des Peterloo-Massakers zu unterstützen – bei einer Kavallerieattacke auf eine Protestkundgebung gegen die *Corn Laws*, Ausdruck der Patronage der Tory-Partei gegenüber ihrer Stammwählerschaft, dem Land besitzenden Adel, werden auf dem St. Peter's Field bei Manchester am 16. August 1819 elf Personen getötet und über 400 verletzt. Als Salfords erster Parlamentsabgeordneter setzt Brotherton sich nicht nur für die Rücknahme der Kornzölle, sondern auch für die Abschaffung von Sklaverei und Todesstrafe, für die Beendigung von Kinderarbeit sowie für die Verbesserung der Lage der Arbeiterklasse gerade im Bildungsbereich ein. Er gründet die *Vegetarian Society*. Um die Jahrhundertwende hat sie fast 6.000 Mitglieder. In ihren Statuten spricht sie vom Eintreten für eine «universelle Bruderschaft», die, wie die Historikerin Julia Hauser in ihrer Studie *A Taste for Purity. An Entangled History of Vegetarianism* (2024) anmerkt, das Potential hat, «die Grenzen zwischen

84 MEW 2, 273.
85 IACOBBO 2004, 10.
86 Vgl. SPENCER 1995, 255.
87 ROSCHER 2009, 105.

den Geschlechtern, Klassen, Religionen, Rassen und Arten zu überwinden».[88] Der erste Tierschutzverein der Welt, die *Society for the Prevention of Cruelty to Animals* (SPCA), wird schon 23 Jahre zuvor, am 16. Juni 1824, in London gegründet – von Personen, die durchweg auch als Menschenrechtler aktiv und für ihre Ablehnung der Sklaverei bekannt sind.[89]

Die Kundgebung auf dem St. Peter's Field, wo am Tag des Massakers bis zu 150.000 Menschen protestieren, ist nur der Gipfel einer ganzen Reihe von Protesten, die das Land erschüttern. Auf die Forderungen nach Parlamentsreformen reagiert die Regierung mit repressiven Gesetzen und politischer Verfolgung. Unter diesen Bedingungen verlassen 40 Mitglieder der Kirche im

---

88 HAUSER 2024, 21. – Sie weist in diesem Zusammenhang auch darauf hin, dass viele bemerkenswerte Vegetarier des 18. und 19. Jahrhunderts wie Oswald, Shelley, Struve oder Baltzer nicht nur Nonkonformisten waren, sondern mit der Demokratie oder sogar dem Sozialismus sympathisierten, außerdem mit Frauenrechten, Tierschutz und Pazifismus, und gegen Monarchie, Kapitalismus und Kolonialismus waren. Der Vegetarismus an sich lasse sich allerdings nicht auf eine politische Tendenz festlegen: Während das Element der Gleichheit von Anfang an ein Hauptaspekt des vegetarischen Diskurses gewesen sei, habe es einen zweiten gegeben, der diesen konterkariert habe: Die Behauptung, «dass ‹der Mensch› und ‹das Tier› gegensätzliche Kategorien seien, ersteres von Vernunft angetrieben, letzteres von Instinkt, und dass die Nahrung, die Menschen zu sich nehmen, eine transformative Wirkung auf sie hat», habe die Idee einer universellen Brüderlichkeit unterminiert und zu einer politischen Mehrdeutigkeit des Vegetarismus geführt, so dass dieser zu Beginn des 20. Jahrhunderts mitunter sogar als ein Instrument im Rahmen der Eugenik angesehen werden konnte (ebd., 22).

89 Thomas Buxton und William Wilberforce waren führend in der abolitionistischen Bewegung tätig, James Mackintosh und Richard Martin waren außerdem in Kampagnen gegen die Todesstrafe aktiv. Richard Martin setzte sich für einen Finanzhilfefonds für sozial Schwache bei Gerichtsverfahren ein und bekam für sein Engagement für die an Hunger leidenden Armen in Irland den Spitznamen «Humanity Dick». Um 1880 gründete der damalige Generalsekretär der SPCA, John Colam, die *National Society for the Prevention of Cruelty to Children* – die Idee stammte aus den USA, wo die Gründer der *American Humane Society,* eines Vereins, der den Schutz von Kindern und Tieren in seine Statuten geschrieben hatte, zwei Jahre früher eine ähnliche Vereinigung ins Leben gerufen hatten. «Mit anderen Worten, alle namhaften frühen TierschutzaktivistInnen waren gleichzeitig auch für Menschenschutz (Kinder, sozial Schwache) und Menschenrechte (Todesstrafe, Sklaverei) aktiv» (TIERRECHTSRADIO 2000, 39).

Jahr 1817 Salford, um unter der Führung von William Metcalfe nach Philadelphia in Pennsylvania auszuwandern – Metcalfes Schwager folgt ihm kurze Zeit später als politischer Flüchtling: Er hat eine Kundgebung mit einem schwarzen Banner angeführt, auf dem ein Schädel und gekreuzte Knochen abgebildet sind, als Sinnbild für den baldigen Tod des Königs und seiner repressiven Gesetze.[90] Auch in der Bible Christian Church in Philadelphia wird die Befreiung von Mensch und Tier zusammen gedacht – so heißt es in einer Predigt aus dem Jahr 1842: «Gesellschaften, welche die Sklaverei abschaffen möchten, müssen, wenn sie den Hochmut und die Habgier des Unterdrückers stürzen und erreichen wollen, dass die Unterdrückten sich erheben, als erstes die fauligen Fleischtöpfe von ihren Tischen verbannen und dann andere lehren, dasselbe zu tun. Gesellschaften, die auf den Frieden gegründet sind, müssen auch den Frieden mit den Tieren geltend machen.» 1850 wird dort nach dem Vorbild der vegetarischen Vereinigung in England die *American Vegetarian Society* gebildet. Unter den Gründungsmitgliedern dieser Gesellschaft befindet sich Sylvester Graham, der zum wohl berühmtesten Verfechter des Vegetarismus in den USA avanciert. In ihrem Buch *Vegetarian America* erklären Karen und Michael Iacobbo seine Popularität folgendermaßen: «Die Zeit war reif für Sylvester Graham. Es war die Jackson-Ära, eine Zeit, in der die amerikanische Bevölkerung die Versprechungen der Demokratie prüfte und sie als nicht befriedigend befand. Reformer (Aktivisten) waren überall. Sie waren kritisch in Bezug auf Vieles: Sklaverei, die Ungleichheit der Frauen, unterdrückerische Arbeitsbedingungen, Gefängnisse, Bildung, Steuern und die Schulmedizin.» Über die Einstellung der Anhänger Grahams heißt es im *Graham Journal* vom 3. März 1838: «Uns ‹Grahamiten› werden oft radikale Auffassungen und Ideen vorgeworfen; unter anderem auch in Bezug auf unsere Enthaltung bei tierischen Nahrungsmitteln. Eigentlich versuchen wir, ein Gefühl des Horrors vor dem Blutvergießen zu wecken und dieses schätzen zu lernen. Wir sehen die Leben der Tiere als ihre eigenen an, ebenso wie unsere uns gehören, und wir zerschneiden, ermorden und verschlingen sie nicht zur bloßen Befriedigung dessen, was wir für einen verderbten Blutdurst halten.»[91]

---

90 Vgl. SPENCER 1995, 257f.

91 IACOBBO 2004, 62, 24, 49. – Andrew Jackson war von 1829 bis 1837 der siebte Präsident der USA und ist der Gründer der Demokratischen

Ein bekannter Anhänger Grahams ist der Pädagoge Amos Bronson Alcott, der Tierprodukte generell vermeidet – die Benutzung von Leder etwa prangert er als einen «Eingriff in die Rechte der Tiere» an.[92] Alcott gründet im Jahr 1843 die rein vegetarische Gemeinschaft *Fruitlands* in Harvard, Massachusetts – übrigens keineswegs die erste; entsprechende Versuche sind schon um 1794 unternommen worden. Die Kleidung, welche die Mitglieder tragen, ist aus Leinen gemacht, nicht aus Baumwolle – denn diese resultiert aus Sklavenarbeit. An seiner Schule in Boston, an der er auch ein schwarzes Mädchen aufnimmt, was zu rassistischen Angriffen führt, unterrichtet auch Margaret Fuller, die spätere Sozialreformerin und Frauenrechtlerin; Alcott selbst ist Referent auf mindestens einer *women's rights convention.* Die beiden besten Freunde Alcotts aber sind der Schriftsteller Ralph Waldo Emerson – von ihm stammt der bekannte Ausspruch: «Sie haben soeben zu Mittag gegessen; und wie sorgfältig auch immer das Schlachthaus in einer taktvollen Entfernung von einigen oder vielen Kilometern verborgen sein mag: Sie sind mitschuldig»[93] – sowie der Autor und Dichter Henry David Thoreau. Als Alcott, seit 1838 Mitglied der *New England Non-Resistance Society,* 1843 inhaftiert wird, weil er sich weigert, Steuern an ein Land zu zahlen, das Sklaverei erlaubt, inspiriert er Thoreau damit. Dessen Essay *Resistance to Government* (1849), der unter dem späteren Titel *Civil Disobedience* bekannt wird, soll wiederum unter anderem Mahatma Gandhi und Martin Luther King als Inspirationsquelle für den gewaltfreien Widerstand dienen und wirkt bis in die Gegenwart als Standardwerk und Namensgeber des zivilen Ungehorsams weiter. Thoreau hat außerdem großen Einfluss auf den amerikanischen Anarchismus, Emma Goldman bezeichnet ihn gar als «größten amerikanischen Anarchisten».[94] In seinem Werk *Walden, or Life in the Woods* (1854) schreibt er: «Ich zweifle nicht, daß es ein Teil des Geschickes des Menschengeschlechtes ist, daß es bei seiner allmählichen Vervollkommnung aufhören wird, Tiere zu verzehren.»[95]

Partei.

92 Ebd., 56.

93 ivu.org/history/usa19/emerson.html.

94 SCHUMAKER 2010, 49.

95 HAMMER 1915-1, 17.

Karen und Michael Iacobbo führen noch zahlreiche Verbindungen zwischen der vegetarischen und der abolitionistischen Bewegung an. An dieser Stelle sei als ein letztes Beispiel noch Orson S. Murray genannt, über den es in *Vegetarian America* heißt: «Murray, ein unverblümter Anarchist aus Vermont, der auch gegen Religion und Landbesitz protestierte, war ein bekannter Gegner der Sklaverei und Herausgeber der Zeitung *The Regenerator*. Er war auch eine starke Stimme für Vegetarismus und Tierbefreiung.»[96]

1.4 Akte der Solidarität: Tierbefreiung als Teil revolutionärer Theorie in der Französischen Revolution

Ist Mitgefühl denn ein so großes Verbrechen? Ist es ein so abscheuliches Vergehen gegen die Gesellschaft, in anderen Tieren das Lebensprinzip zu respektieren, das sie nicht weniger als der Mensch selbst von der Natur erhalten haben? John Oswald.

In einem auf den 30. August 1755 datierten Brief an Jean-Jacques Rousseau spottet Voltaire: «Niemand hat es mit mehr Geist unternommen, uns zu Tieren zu machen, als Sie; das Lesen Ihres Buches erweckt in einem das Bedürfnis, auf allen Vieren herumzulaufen. Da ich jedoch diese Beschäftigung vor einigen sechzig Jahren aufgegeben habe, fühle ich mich unglücklicherweise nicht in der Lage, sie wieder aufzunehmen.» Es geht um die eben erschienene *Abhandlung über den Ursprung und die Grundlagen der Ungleichheit unter den Menschen*.[97] Bis heute wird Rousseau mit dem Schlagwort «Zurück zur Natur!» assoziiert, da er seit etwa 1750 damit begonnen hat, einen menschlichen Naturzustand der allgemeinen Gleichheit ohne Herrschaftsverhältnisse als Wertmaßstab anzunehmen, anhand dessen er die Gesellschaftsentwicklung beurteilt – einen hypothetischen Zustand, den es, wie er betont, nicht mehr gibt und vielleicht nie gegeben hat. Eine Rückkehr in den Naturzustand schließt Rousseau ausdrücklich aus. Es handelt sich bei seiner Suche nach den

96 IACOBBO 2004, 63.

97 LUTTRINGER 2000, 26.

Ursprüngen also «nicht um sentimentale Träumerei oder die Glorifizierung eines goldenen Zeitalters, sondern um ein methodisches Vorgehen, das den Ausgangspunkt der weiteren Untersuchungen definieren will. Der Philosoph muß eine Möglichkeit finden, die Natur des Menschen zu erhellen, um einen Maßstab zur Analyse und Kritik der *conditio humana* seiner Zeit, die er, wenngleich er diesen Terminus nicht verwendet, als Situation der Entfremdung beschreibt, zu gewinnen. Und mehr noch: einen Maßstab, der ihm gleichzeitig den Weg weisen konnte beim Entwurf einer Gesellschaftsform, die die Entfremdungssituation zu überwinden vermag. Rousseau ist somit nicht nur ‹der erste Diagnostiker der Entfremdung›, sondern ‹auch ihr erster Therapeut›.»[98] Mit dem Aufkommen der arbeitsteiligen Produktionsweise vollzieht sich für Rousseau der Bruch im Übergang vom Natur- in den Gesellschaftszustand. Wie etwa der Schweizer Arzt und Literaturwissenschaftler Jean Starobinski herausgearbeitet hat, nimmt die Analyse Rousseaus in diesem Punkt bereits diejenige von Hegel und Marx vorweg.[99]

Indem er die soziale Ungleichheit aus der Herausbildung der Arbeitsteilung und der dadurch ermöglichten Aneignung der Erträge der Arbeit vieler durch einige wenige, die anschließend autoritäre Staatswesen organisieren, um ihren Besitzstand zu schützen, erklärt, wird er nicht nur einer der wichtigsten Ideengeber der Französischen Revolution, sondern auch des europäischen Sozialismus. Über den Ursprung der Ungleichheit unter den Menschen schreibt er im Jahr 1754: «Der erste, der ein Stück Land eingezäunt hatte und es sich einfallen ließ zu sagen: *dies ist mein* und der Leute fand, die einfältig genug waren, ihm zu glauben, war der wahre Gründer der bürgerlichen Gesellschaft. Wie viele Verbrechen, Kriege, Morde, wie viel Not und Elend und wie viele Schrecken hätte derjenige dem Menschengeschlecht erspart, der die Pfähle herausgerissen oder den Graben zugeschüttet und seinen Mitmenschen zugerufen hätte: ‹Hütet euch, auf diesen Betrüger zu hören; ihr seid verloren, wenn ihr vergeßt, daß die Früchte allen gehören und die Erde niemandem.›»[100]

---

98 OHL 2005, 21. – Ohl zitiert aus: Friedrich Müller: *Entfremdung. Folgeprobleme der anthropologischen Begründung der Staatstheorie bei Rousseau, Hegel, Marx.* 2. Auflage, Berlin 1985, 60.

99 Vgl. STAROBINSKI 1993, 41.

100 ROUSSEAU 1984, 173.

Rousseau kann nicht nur als einer der Vorreiter der sozialistischen, sondern auch der vegetarischen Bewegung und jener für Tierrechte angesehen werden.[101] Er geht von einem natürlichen Gefühl der Empathie aus, welches uns ohne Reflexion zur Unterstützung jener veranlasst, die wir leiden sehen – und «das Mitleid wird um so nachdrücklicher sein, je inniger sich das Tier, das zusieht, mit dem Tier, das leidet, identifiziert». Dieses Gefühl hat der Mensch mit anderen Tieren gemein: «Ohne von der Zärtlichkeit der Mutter für ihre Jungen und von den Gefahren zu sprechen, denen sie trotzen, um sie vor diesen zu beschützen, beobachtet man täglich den Widerwillen der Pferde, einen lebenden Körper mit Füßen zu treten. Ein Tier geht nicht ohne Unruhe an einem toten Tier seiner Art vorüber: Es gibt sogar welche, die ihnen eine Art von Begräbnis zuteil werden lassen; und das traurige Brüllen des Viehs, wenn es ins Schlachthaus hineinkommt, weist auf den Eindruck hin, den es von dem entsetzlichen Schauspiel erhält, das sich ihm eröffnet.» Sich vom Fleisch toter Tiere zu nähren, sei dem Menschen, so Rousseau, nicht ursprünglich gegeben; es scheine vielmehr, «daß der Mensch, da er die Zähne und Eingeweide hat, wie sie die frugivoren Tiere haben, von Natur aus in dieser Klasse eingeordnet werden muß; und nicht nur die anatomischen Beobachtungen bestätigen diese Meinung, sondern die Denkmäler des Altertums sind ihr ebenfalls sehr günstig» – so heißt es in den Anmerkungen zum *Discours sur l'inégalité*.[102] In seinem pädagogi-

101 Im *Discours sur l'inégalité* geht er davon aus, dass der Mensch im Naturzustand «niemals einem anderen Menschen noch selbst irgendeinem empfindendem Wesen etwas zuleide tun» wird, «ausgenommen in dem legitimen Fall, in dem seine Erhaltung betroffen ist und er deshalb verpflichtet ist, sich selbst den Vorzug zu geben. Hierdurch beendet man auch die alten Dispute über die Teilhabe der Tiere am natürlichen Gesetz; denn es ist klar, daß sie, der Einsicht und der Freiheit bar, dieses Gesetz nicht erkennen können; da sie aber durch die Empfindungsfähigkeit, mit der sie begabt sind, etwas von unserer Natur besitzen, wird man schließen, daß sie auch am Naturrecht teilhaben müssen und daß der Mensch ihnen gegenüber irgendeiner Art von Pflichten unterworfen ist. Wenn ich verpflichtet bin, meinen Mitmenschen kein Leid zuzufügen, so scheint dies in der Tat weniger deshalb so zu sein, weil er ein vernünftiges, als deshalb, weil er ein empfindendes Wesen ist: Eine Eigenschaft, die, da sie dem Tier und dem Menschen gemeinsam ist, dem einen zumindest das Recht verschaffen muß, vom anderen nicht unnütz mißhandelt zu werden» (ebd., 57).

102 Ebd., 147, 143, 289.

schem Hauptwerk *Émile oder über die Erziehung* (1762) geht er davon aus, dass Kinder Fleischgerichten gegenüber gleichgültig seien und pflanzlicher Nahrung den Vorzug gäben. Er schreibt dann: «Daher ist es wichtig, diesen ursprünglichen Geschmack nicht zu verfälschen und die Kinder nicht zu Fleischessern zu machen. Und das nicht nur wegen ihrer Gesundheit, sondern wegen ihres Charakters. Wie man auch diese Erscheinung erklären mag, eines ist sicher, daß die großen Fleischesser im allgemeinen grausamer und blutrünstiger sind als die anderen Menschen.» Es folgt eine Übersetzung aus Plutarchs Abhandlungen *Über das Essen von Fleisch.*[103]

Rousseau inspiriert mit seinen Schriften nicht nur Generationen von Vegetariern, auch einer der herausragendsten unter den frühen Tierbefreiungsansätzen entsteht unter Bezugnahme auf ihn – und zwar jener des Revolutionärs John Oswald. Oswald ist in Edinburgh als Sohn eines Goldschmieds aufgewachsen, hält sich aber ab 1780 in Indien auf – ursprünglich als Offizier bei *Black Watch,* dem Royal Highland Regiment der britischen Armee. Mehr und mehr abgestoßen von der imperialistischen Politik Englands, die Plünderungen, Vergewaltigungen und Morde an der indischen Bevölkerung mit sich bringt, beendet er 1783 den Soldatendienst.[104] Unter dem Eindruck der kolonialen Ausbeutung Indiens bildet sich seine politische Theorie; selbst nicht religiös – unter Pseudonym verfasst er 1786 eine Polemik gegen die Methodisten, in der er für den Atheismus plädiert –, übt der religiös begründete Vegetarismus, den er in Indien kennenlernt, großen Einfluss auf sein politisches Denken aus. Er transformiert ihn zu einer Spielart der politischen Opposition gegen das britische Establishment – und nicht nur das; in seinem Buch *The Bloodless Revolution. Radical Vegetarians and the Discovery of India* (2006) stellt Tristram Stuart fest: «Oswalds Sympathie für die politische Sache der Inder verband sich mit einer Anerkennung ihres Mitgefühls für alle Angehörigen unterdrückter Spezies.»[105] Das kennt Oswald aus Europa nicht – in seinem Werk *The Cry of Nature* (1791) soll er die dort vorherrschende Ideologie später mit den Worten verurteilen: «Unumschränkter Herrscher über die Welt, Herr über Leben und Tod jeder Kreatur – Mensch, die

103 ROUSSEAU 1993, 144.
104 MORTON 1994, 21.
105 STUART 2006, 295.

verwandtschaftlichen Bande zu den Sklaven deiner Tyrannei verleugnest du.»[106]

Oswald reist nun nach England, wohl über Indien, Pakistan, Iran, Irak und die Türkei. Die Menschen und Lebensweisen, die er dort kennenlernt, geben weitere Impulse für die Entwicklung einer alternativen Theorie und Praxis in Bezug auf Eigentum, Herrschaft und für den Entwurf eines Systems, das Freiheit für alle gewähren kann – anders als jenes der Laissez-faire-Wirtschaft und des privaten Eigentums, das er in England vorfindet. Dort kommt er 1784 oder 1785 an. Gleich zieht es ihn ins demokratische Grub-Street-Milieu von London, das einen revolutionären Regierungswechsel propagiert. 1790 gibt er die Zeitung *Universal Patriot* heraus, die gleichzeitig in Paris und in London erscheint. Die internationale Revolution propagierend, wird die Zeitung von den Autoritäten in Frankreich und in England schnell verboten – mit Erfolg: Es scheinen heute alle Ausgaben vernichtet zu sein. 1792 publiziert er *The Government of the People*, ein Werk, in dem er als einer der ersten ein Modell der direkten Demokratie entwickelt. Er opponiert gegen das repräsentative System – es gebe den Menschen lediglich «eine Stimme, um ihre Herren zu wählen» – und plädiert für kollektiven Landbesitz ohne Privateigentum: «Ich bemerkte, dass die Armen und Bedürftigen von den Gemeingütern vertrieben wurden und das Land, welches zuvor allen gehörte, nun zum exklusiven Besitz der Reichen wurde», stellt er fest, und fordert eine Zukunft, in welcher «die gemeinsame Weisheit der Menschheit zuletzt das eiserne Joch des Besitztums brechen, und unseren Kindern wieder das Glück des Goldenen Zeitalters herstellen wird, das gemeinschaftliche Erbe der Welt, die unbegrenzte Gemeinschaft der Freude». Seine Thesen über direkte Demokratie finden Eingang ins radikale Milieu seiner Zeit und in den sich bildenden Sozialismus. Noch im selben Jahr bringt Oswald auch das Buch *The Tactics of the People: New Principle for Military Evolutions, by which the people may easily learn to combat by themselves and for themselves, without the dangerous assistance of regular troops* heraus. Wie der Titel sagt, geht es um die Bewaffnung des Volkes – und da bei Oswald Theorie

106 OSWALD 2000, 17. – Damit hat Oswald die Funktion speziesistischer und auch rassistischer Ideologie präzise analysiert: Es geht ihr zum Zweck der Rechtfertigung der Ausbeutung darum, die Ähnlichkeit der Opfer mit den Ausbeutern zu verschleiern.

und Praxis Hand in Hand gehen, führt er ab demselben Jahr einen Trupp *Sansculottes*, wie die revoltierenden Frühproletarier in der Französischen Revolution bezeichnet werden, an. Denn als die Revolution 1789 begonnen hat, ist er sofort nach Paris gereist und Mitglied im Klub der Jakobiner geworden. Oswald stirbt am 14. September 1793 in der Schlacht von Vendée gegen monarchistische Konterrevolutionäre an der Seite jener, die er trainiert hat, bis zuletzt für die Freiheit kämpfend, die er gefordert hat – für Menschen und für alle anderen Tiere: Sein zwei Jahre zuvor publizierter Text *The Cry of Nature; or, an Appeal to Mercy and to Justice, on Behalf of the Persecuted Animals* ist als ein frühes Denkmodell des Tierbefreiungsgedankens anzusehen. Im Vorwort der Neuausgabe, die, nachdem das Werk über 200 Jahre lang vergessen war, im Jahr 2000 publiziert wird, ist der Revolutionär mit folgenden Worten charakterisiert: «Als Schriftsteller und Verfasser von Pamphleten, der mehrere Sprachen beherrschte, als revolutionärer Militär und Soldat, Pythagoreer, Atheist und Verfechter des Gemeineigentums, steht Oswald für eine systematisch entworfene Vision von Freiheit, in der alle Geschöpfe mehr als nur Rechte erhalten: Sie werden befreit.»[107] Und diese Vision beschreibt Oswald in glühenden Worten: «Möge das mildtätige System sich in jeden Winkel der Erde ausbreiten, mögen wir lernen, die Gefühle, die in uns wohnen, auch in anderen Tieren wahrzunehmen und zu respektieren, mögen wir erkennen, dass diese grausamen Mahlzeiten sowohl den Geschöpfen schaden, die wir verschlingen, als auch unserer Gesundheit, welche im Zustand unschuldiger Einfachheit erstrahlt; außerdem sind sie unserem Glücksempfinden abträglich, das von jedem Akt der Gewalt verletzt wird, während es in Erwartung von Wohlbefinden gedeiht, und zu den höchsten Gipfeln der Freude erhoben wird durch die Anteilnahme am Glück der gesamten Gesellschaft.»[108]

Wie bereits für die vegetarischen und veganen Revolutionäre im englischen Bürgerkrieg, so ist die Zurückweisung des Fleischverzehrs für Oswald auch ein Akt der Solidarität – nicht nur mit anderen Tieren, sondern auch mit den ausgebeuteten Klassen: «Oswald erkannte, dass die Fleischindustrie ein Hauptgrund der ökonomischen Unterdrückung war. Land als Vieh-

107 OSWALD 2000, 11. – Auch die biografischen Informationen sowie die anderen Zitate des Absatzes stammen aus dieser Einleitung.

108 Ebd., 41.

weiden einzuzäunen machte die Armen zu Landlosen», heißt es in *The Bloodless Revolution* von Tristram Stuart hierzu. Und es ist, so Stuart weiter, keinesfalls so, dass Oswald mit seinen Ansichten allein steht; im Gegenteil spielt, was heute fast komplett der Vergessenheit anheimgefallen ist, in den revolutionären 1780er und 1790er Jahren Vegetarismus als Teil radikaler politischer Theorie eine große Rolle – «die fleischlose Ernährung der unteren Klassen wurde zum ultimativen Zeichen revolutionären Eifers», so Stuart. Deutlich wird dies beispielsweise anhand zeitgenössischer englischer Karikaturen. So wären etwa die *Consequences of a Successful French Invasion* (1798) für den englischen Zeichner James Gillray gewesen, dass die französischen Revolutionäre die Engländer dazu gezwungen hätten, ihr Nationalgericht Roastbeef zugunsten der Kultivierung von Rüben und Zwiebeln aufzugeben.[109]

Der Umstand, dass Vegetarismus und Veganismus schon damals als integrales Element revolutionärer Theorie dienen konnten, ist heute in Vergessenheit geraten, ebenso wie die Person Oswalds selbst. Gänzlich anders verhält sich das zu seiner Lebenszeit: Oswald ist so populär, dass 1793 manche nicht an seinen Tod glauben wollen und die Legende umgeht, er habe ein Pseudonym angenommen und sei nun Napoleon Bonaparte selbst.[110] Er steht mit an der Spitze der europäischen revolutionären Bewegungen, arbeitet mit Menschen wie Thomas Paine, John «Walking» Stuart, Nicolas de Bonneville oder Jacques-Pierre Brissot zusammen. Brissot ernennt Oswald zum Ehrenbürger Frankreichs – zusammen mit Paine, John Horne Tooke und dem englischen utilitaristischen Philosophen Jeremy Bentham. Letzterer formuliert einen für die Tierrechtsbewegung einflussreich gewordenen Satz, der zeigt, wie die Idee der Tierrechte von den Revolutionen des ausgehenden 18. Jahrhunderts und den sie begleitenden Diskursen über fundamentale, individualistische Freiheitsrechte angestoßen wird.[111] Denn die Forderung nach Tierrechten wird traditionell als logische Fortsetzung der großen Befreiungsbewegungen gesehen – auch dort, wo sie noch rein bürgerlichen Charakter hat: Im Jahr der Französischen Revolution, 1789, schreibt Bentham – den Karl Marx im ersten Band des *Kapitals* scharf als ein «Genie in der bürgerlichen

109 STUART 2006, 301ff., 374ff.

110 Ebd., 312, vgl. auch MORTON 1994, 21.

111 Vgl. ROSCHER 2009, 47.

Dummheit»[112] kritisiert – folgende Worte: «Es gab eine Zeit, und es betrübt mich zu sagen, daß sie an vielen Orten noch immer andauert, zu der das Gesetz den größeren Teil der Spezies unter der Bezeichnung Sklave ebenso behandelte wie zum Beispiel heute noch in England die Tiere. Der Tag wird kommen, an dem auch den übrigen lebenden Geschöpfen die Rechte gewährt werden, die man ihnen nur durch Tyrannei vorenthalten konnte. Die Franzosen haben bereits erkannt, daß die Schwärze der Haut kein Grund ist, einen Menschen schutzlos den Launen eines Peinigers auszuliefern. Eines Tages wird man erkennen, daß die Zahl der Beine, die Behaarung der Haut und das Ende des os sacrum sämtlich unzureichende Gründe sind, ein empfindendes Lebewesen dem gleichen Schicksal zu überlassen.»[113] Andere wichtige liberale Denker unterstützen Benthams Argumente für die Anwendung des Utilitarismusprinzips auf Tiere. John Stuart Mill etwa bezeichnet diese als «unglückliche Sklaven und Opfer des brutalsten Teils der Menschheit».[114] In seinen *Essays on Religion* (1874) merkt er dazu an, dass noch vor 500 Jahren der Aufschrei des Adels groß gewesen wäre, wenn die größtmögliche Freude oder der Schmerz der Leibeigenen genauso viel Gewicht gehabt hätte wie ihr eigenes Befinden.[115]

Doch die Französische Revolution bringt nicht die ersehnte Freiheit für alle, vielmehr wird nur die Herrschaft der einen Klasse, die des Adels, durch jene der anderen, des Bürgertums,

---

112 Damit verbunden ist bei Marx eine grundsätzliche Kritik am Utilitarismus. Grundlage für die ethische Bewertung einer Handlung ist im utilitaristischen Denken das Nützlichkeitsprinzip. Marx kritisiert dieses Prinzip als anthropozentrisch und entlarvt es als bürgerliche Ideologie: «Wenn man z.B. wissen will, was ist einem Hunde nützlich?, so muß man die Hundenatur ergründen. Diese Natur selbst ist nicht aus dem ‹Nützlichkeitsprinzip› zu konstruieren. Auf den Menschen angewandt, wenn man alle menschliche Tat, Bewegung, Verhältnisse usw. nach dem Nützlichkeitsprinzip beurteilen will, handelt es sich erst um die menschliche Natur im allgemeinen und dann um die in jeder Epoche historisch modifizierte Menschennatur. Bentham macht kein Federlesens. Mit der naivsten Trockenheit unterstellt er den modernen Spießbürger, speziell den englischen Spießbürger, als den Normalmenschen. Was diesem Kauz von Normalmensch und seiner Welt nützlich, ist an und für sich nützlich. An diesem Maßstab beurteilt er dann Vergangenheit, Gegenwart und Zukunft» (MEW 23, 637).

113 LINNEMANN 2000, 134.

114 SALT 1980, 126.

115 ROSCHER 2009, 86.

ersetzt. Im Schoß der bürgerlichen Gesellschaft aber ist längst eine neue beherrschte und ausgebeutete Klasse entstanden, die zu ihrem Recht drängt: Das Proletariat. Im Jahr 1871 regieren zum ersten Mal in der Geschichte Arbeiter, und zwar in der französischen Hauptstadt – 72 Tage lang währt die *Commune de Paris,* bevor sie in einem Blutbad niedergeschlagen wird. Der bourgeoise Blick auf das Proletariat unterscheidet sich dabei kaum von jenem des Adels auf die Leibeigenen. So schreibt etwa Théophile Gautier, einer der Hauptrepräsentanten der Pariser «Bohème», im Oktober 1871: «In allen großen Städten gibt es Löwengruben, mit dicken Absperrungen geschlossene Höhlen, in die man die wilden Tiere, die stinkenden Tiere, die giftigen Tiere, alle jene widerspenstigen Perversitäten sperrt, die die Zivilisation nicht zu zähmen vermochte, jene, die das Blut lieben, jene, die das Feuer wie ein Feuerwerk amüsiert, jene, die sich am Diebstahl erfreuen, jene, für die der Angriff auf die Scham Liebe ist, alle Monster des Herzens, alle Missgestalten der Seele; die schmutzige Bevölkerung, die am Tag unbekannt ist und die in den Tiefen der unterirdischen Dunkelheit unheimlich krabbelt. Eines Tages vergisst ein vergesslicher Tierbändiger seine Schlüssel zu den Toren dieser Menagerie, und die wilden Tiere stürzen sich mit wildem Geschrei in die vom Schreck heimgesuchte Stadt. Aus den offenen Käfigen springen die Hyänen von 1793 und die Gorillas der Kommune.»[116]

116 TRAVERSO 2003, 114.

2. Zwischen Revolution und Reform

2.1 Alles hängt zusammen: Tierbefreiung bei Pariser Kommunarden

Die Hässlichkeit in den Menschen, den Taten, im Leben und in der uns umgebenden Natur – das ist unser ärgster Feind. Lasst uns selbst schön werden, und lasst unser Leben schön sein.
Elisée Reclus.

La Louve rouge, la Bonne Louise: Die rote Wölfin, die gute Louise, so wird sie von der Versailler Bevölkerung genannt. Anlässlich ihrer Beerdigung im Januar 1905 versammeln sich 120.000 Menschen. Die Rede ist von Louise Michel. «Der Name allein reicht hin, um bei Allen, welche die sozialen Gestaltungsprozesse mit der jetzigen Form der Gesellschaft als abgeschlossen betrachten, ein fürchterliches Schreckbild heraufzubeschwören, ein bizarres Scheusal, das mit Wohlbehagen im Blute watet, mit Dynamitbomben beladen», schreibt Clara Zetkin, die Michel persönlich kennt, 1886 über den Ruf, den die Revolutionärin in reaktionären Kreisen genießt.[117] In Wahrheit beschreibt Michel stets das Gefühl der Verbundenheit, der Solidarität und des Mitgefühls – auch und gerade mit den Schwächsten und Wehrlosesten – als den wesentlichen Antrieb ihres politischen Aufbegehrens: «Im Kern meiner Empörung gegen die Starken finde ich, so weit ich zurückdenken kann, meinen Abscheu gegen die Tierquälerei wieder», heißt es in ihren im selben Jahr erschienenen *Memoiren*, und weiter: «Von der Zeit, da ich auf dem Land die Grausamkeiten gegen die Tiere erlebte und das entsetzliche Bild ihrer Lebensbedingungen erfaßte, stammt mein Mitleid für sie und dadurch mein Bewußtsein über die Verbrechen der Macht. So handeln die Führenden mit den Völkern! Ich konnte nicht umhin, diese Überlegung irgendwann anzustellen.» Irgendwann: Das ist bereits in ihrer Kindheit in Vroncourt, einer Gemeinde im Nordosten Frankreichs. Der Eindruck, den der Anblick einer geköpften Gans hinterlässt, führt

117 ZETKIN 1886, 210.

nicht nur dazu, dass ihr bis zum Alter von acht bis zehn Jahren beim Anblick von Fleisch schlecht wird – «um den Ekel zu überwinden, bedurfte es großer Willensanstrengung und des Zuredens meiner Großmutter, die mir vorhielt, ich werde viel zu große Gemütsbewegungen im Leben erfahren, als daß ich mich bei dieser Eigenart gehenlassen dürfe», erinnert sie sich später; er führt auch zu einer Abscheu vor der Todesstrafe: «Einige Jahre später wurde in einem Nachbardorf ein Vatermörder hingerichtet; zu der Stunde, da er sterben sollte, mischte sich in mein Grauen vor der Todesqual des Mannes meine Erinnerung an die Todesqual der Gans.»[118]

Zu ihrem Klassenstandpunkt gelangt sie durch die unmittelbar erlebte Not der Bauern und die Qual der Tiere: «Was die Reichen betrifft, so hatte ich für sie wenig Achtung; und da kam mir der Kommunismus in den Sinn. Die harte Feldarbeit sah ich so, wie sie ist: sie beugt den Menschen wie den Ochsen über die Furchen; das Schlachthaus steht für das Tier bereit, wenn es verbraucht ist; der Bettelsack für den Menschen, wenn er nicht mehr arbeiten kann.» Sie sieht Feldarbeiter, die wie Tiere behandelt werden, später in Paris Arbeiter, die vor Hunger sterben; Reiter, die mit der Brust ihrer Pferde die Versammlungen durchbrechen, wehrlose Menschenmengen, in die geschossen wird. So kommt sie zur Auffassung: «Der Mensch ist überarbeitet wie ein Tier. Dann schläfert ihn das Gefühl der Ungerechtigkeit ein, die ihm angetan wird; er ist halbtot und arbeitet und arbeitet, ohne nachzudenken, für den Ausbeuter.» Sie glaubt, «daß alle ein Recht auf alles haben, was es auf der Erde, ihrem Nest, gibt, genau wie die kleinen Vögel, die im selben Frühling zur Welt kommen, auf den Erntefeldern gemeinsam Nachlese halten werden».[119]

---

118 MICHEL 1979, 88, 161. – Zetkin fasst zusammen: «Ihr Mitgefühl für die leidende Kreatur wurde zuerst durch den Anblick der Qualen erweckt, mit welchen der durch schwere Arbeit hart und stumpf gewordene Landmann die Hausthiere peinigt. Die Sitte, Kinder mit jungen Thieren spielen zu lassen, erregte ihren vollsten Abscheu. Wenn sie konnte, kaufte oder tauschte sie solche unglückliche Thierchen ein und zog sie auf. Die Vernichtung eines jeden Lebewesens stimmte sie traurig, selbst wenn diese eine Forderung der Nothwendigkeit war [...] Ihr Ekel gegen die Todesstrafe knüpft sich an das grausige Bild einer geschlachteten Gans, welche ohne Kopf, mit ausgebreiteten Flügeln, die mit Blut bespritzt waren, noch mehrere Schritte machte» (ZETKIN 1886, 221).

119 MICHEL 1979, 165.

Als sie 1852 ihre Ausbildung zur Lehrerin am Seminar in Chaumont abgeschlossen hat, weigert sie sich, einen Eid auf den Staat abzulegen, denn der ist inzwischen wieder monarchistisch: Vier Jahre nachdem 1848 Frankreich zum zweiten Mal Republik geworden ist, hat sich Napoleon III. zum Kaiser krönen lassen. Im Vorjahr hat er einen Staatsstreich nach Vorbild des *18. Brumaire VIII* durchgeführt, durch den Napoleon Bonaparte 1799 an die Macht gelangte. Aus dem englischen Exil merkt Karl Marx an: «Hegel bemerkt irgendwo, daß alle großen weltgeschichtlichen Tatsachen und Personen sich sozusagen zweimal ereignen. Er hat vergessen hinzuzufügen: das eine Mal als Tragödie, das andere Mal als Farce.»[120] Napoleon III. verkündet: «Das Kaiserreich ist der Friede!», während er mit England Krieg gegen China führt und 1862 das Mündungsgebiet des Mekong mit der Hauptstadt Saigon besetzt. Er unterstützt im amerikanischen Sezessionskrieg die Südstaaten, welche die Sklaverei nicht aufgeben wollen, und kämpft gegen das republikanische Mexiko.[121] Dann greift er Preußen an. Louise Michel, seit 1867 bei den Blanquisten aktiv,[122] nimmt in Paris an den Demonstrationen gegen den Krieg teil, die von der Polizei niedergeknüppelt werden.

Nach der Niederlage von Sedan am 1. September 1870 bricht zwar das Kaiserreich zusammen, doch die neue bürgerliche Regierung setzt den Krieg fort und sieht sich gezwungen, die Bevölkerung von Paris gegen die Preußen mit Kanonen zu bewaffnen. Ab dem 19. September wird die Stadt von preußischen Truppen belagert und mit Artillerie beschossen. Unter dem Einfluss von Blanquisten und Mitgliedern der Internationalen Arbeiterassoziation wird ein Zentralkomitee gebildet. Am 7. Januar 1871 schlagen die Delegierten der zwanzig Bezirke an den Mauern und Häuserwänden von Paris einen Text an. In der *Roten Bekanntmachung* heißt es: «Hat die Regierung, die am 4. September die Aufgabe übernommen hat, Frankreich zu verteidigen, diesen ihren Auftrag erfüllt? – Nein!»[123] Der Ruf *Vive la Commune!* schallt nun immer häufiger durch die Straßen.

Nach dem Friedensschluss am 26. Februar soll die Nationalgarde entwaffnet werden. Die Pariser Bevölkerung weigert sich.

---

120 MEW 8, 115.

121 KESTENHOLZ 1988, 68.

122 Benannt nach Louis-Auguste Blanqui – übrigens ein Vegetarier (HAMMER 1915-2, 61).

123 KRAMER 1976, 71.

Die Tage der Kommune, die Anarchisten seither als Vorbild für Basisdemokratie gilt und die für Marx und Engels ein Beispiel der Diktatur des Proletariats ist, beginnen damit, dass die bürgerliche Regierung mit Sitz in Versailles der Pariser Bevölkerung die Kanonen wieder abnehmen möchte und dazu zwei Bataillone Soldaten schickt. Pariser Frauen stellen sich zwischen die Soldaten und die Kanonen. Als die Soldaten den Befehl zum Schießen bekommen, wenden sie sich gegen ihre Generäle und stellen sich auf die Seite der Bevölkerung von Paris. Die Pariser Kommune ergreift ihre Autonomie und errichtet eine Rätedemokratie. Übergangsweise übernimmt in der Stadt das Zentralkomitee die Macht und schreibt Wahlen zum Gemeinderat aus. Zum ersten Mal in der Geschichte übernehmen Arbeiterinnen und Arbeiter die Regierung. Die Verteidigung der Stadt sowohl gegen die vor den Toren stehenden deutschen Truppen als auch gegen jene der Versailler Regierung wird beschlossen, und es wird damit begonnen, Paris nach sozialistischen Vorstellungen zu verwalten. In den folgenden zwei Monaten findet eine unvergleichliche proletarische Revolution statt. «Wir wollen die Arbeit, aber das Produkt muss uns gehören, Schluss mit Ausbeutern und Herren. Arbeit und gutes Leben für alle», richtet Michel ihren Appell an die Bevölkerung.[124] Enteignungen von Teilen des Bürgertums werden vorgenommen, die strikte Trennung zwischen Staat und Kirche eingeführt. Die Pariser Parks stehen allen offen, das Jagdgebiet von Rambouillet soll enteignet werden, um Obst und Gemüse anzubauen; die erste feministische Massenorganisation entsteht.

Dass die Ausbeutung von Tieren und die Unterdrückung von Frauen in Verbindung stehen, ist für Louise Michel vollkommen klar: «Die Engländer züchten Tierrassen für das Schlachthaus; die zivilisierten Menschen bereiten den jungen Mädchen das Schicksal vor, betrogen zu werden, um es ihnen dann als Verbrechen anzurechnen und dem Verführer fast als Ehre. Welch ein Skandal, wenn sich Eigensinnige in der Herde befinden! Wo kämen wir denn da hin, wenn sich die Lämmer nicht mehr schlachten lassen wollten? Es ist wahrscheinlich, daß man sie trotzdem schlachten würde, ob sie den Hals hinhalten oder nicht. Was soll's! Es ist doch besser, ihn nicht hinzuhalten. Manchmal verwandeln sich die Lämmer in Löwinnen, in Tige-

124 GEBER 2019,15.

rinnen oder Kraken. Recht so! Man hätte die Kaste der Frauen nicht von der Menschheit trennen sollen. Gibt es nicht Märkte, wo die schönen Töchter des Volkes auf der Straße ausgestellt und verkauft werden, und werden nicht die Töchter der Reichen für ihre Mitgift verkauft?» Weiterhin schreibt sie: «Die Seidenraupen und die Mädchen aus dem Volke sind zum Spinnen geboren. Die Raupe wird gebrüht, und das Mädchen stirbt oder krümmt sich wie gebogenes grünes Holz», sowie: «Wenn die gefangene Maus, statt ihren kleinen kläglichen Schrei zwischen Himmel und Erde auszustoßen, die gleichermaßen taub sind, versuchte, der Eule, die sie auffrißt, an der Kehle zu nagen, würden zwar die ersten sterben; aber schließlich würde die Angst das gierige Tier packen, und da alle Lebewesen leben wollen, würde es sich schließlich lieber von Körnern ernähren als zu verrecken. So muß auch das menschliche Vieh vorgehen; die Frau kann ihre Zeit nicht damit verlieren, illusorische Rechte zu fordern (die Leute, die sie ihr versprechen, genießen sie selber nicht), sie muß ihren Platz in den Reihen der Kämpfenden einnehmen und sich gleichzeitig von der Prostitution befreien, von der sie niemand als sie selber befreien wird.»[125]

Ihren eigenen Platz in den Reihen der Kämpfenden nimmt sie ein. Am 10. April heißt es im Kalender der Kommune: «Die Frauen von Paris organisieren sich unter Louise Michel und Elisabeth Dimitroff.»[126] In der «blutigen Maiwoche» wird in Barrikadenkämpfen versucht, die Stadt zu halten, was nicht gelingt – in den Kämpfen und den folgenden Massenexekutionen tötet die Reaktion etwa 30.000 Menschen. Es sind Frauen, welche die Barrikade der Place Blanche bis zuletzt halten, sie kämpfen in der Uniform der Nationalgardisten. Michel gehört dem 61. Bataillon vom Montmartre an. «Man sagt, daß ich bei der Barrikade Perronet in Neuilly mit allzu großer Selbstverständlichkeit einer in Gefahr geratenen Katze zu Hilfe geeilt bin. Nun ja, aber deswegen habe ich doch nicht meine Pflicht versäumt», verteidigt sie sich in ihren *Memoiren* gegen einen Vorwurf, den manche Augenzeugen gegen sie erhoben haben. «Das arme Tier kauerte in einem Winkel unter platzenden Schrapnells und schrie wie ein menschliches Wesen. Mein Gott, ja! Ich habe die Katze geholt, aber das hat keine Minute gedauert; ich habe sie einen Schritt weiter abgesetzt, wo sie einigermaßen in Sicher-

125 MICHEL 1979, 81, 278, 298.
126 KESTENHOLZ 1988, 71.

heit war. Sie wurde sogar von jemandem aufgenommen.» An anderer Stelle schreibt sie: «Man hat mir oft vorgeworfen, daß ich mehr Sorge für die Tiere als für die Menschen empfinde: warum sollte man die Bestien bedauern, wenn die vernünftigen Wesen so unglücklich sind? Aber es hängt alles zusammen, von dem Vogel, dessen Nest man zertritt, bis zu den Nestern der Menschen, die der Krieg dezimiert. Das Tier krepiert vor Hunger in seinem Loch, der Mensch stirbt daran in fernen Gegenden. Und das Herz des Tieres ist wie das Menschenherz, sein Gehirn ist wie das des Menschen, nämlich fähig, zu fühlen und zu begreifen. Man mag noch so sehr darauf treten, die Wärme und der Funke darin erwachen immer wieder. Bis zur Blutrinne des Laboratoriums vermag das Tier Liebkosungen oder Grausamkeiten zu empfinden.» In der befreiten Gesellschaft, wie Michel sich sie vorstellt, gehören sowohl Tierversuche als auch die Fleischproduktion der Vergangenheit an. Hierbei hofft sie auf den Fortschritt der Wissenschaft: «Vielleicht wird die neue Menschheit statt des fauligen Fleisches, an das wir gewöhnt sind, chemische Verbindungen besitzen, die mehr Eisen und nahrhafte Grundstoffe enthalten als das Blut und das Fleisch, das wir verzehren. O ja, ich träume schon von der Zeit, da alle Brot haben werden, von der Zeit, da die Wissenschaft die Köchin der Menschheit sein wird».[127]

Vielleicht ist sie in diesem Punkt von George Sand beeinflusst, die sie schon seit ihrer Jugend liest – diese sozialkritische Schriftstellerin ist der Ansicht, dass der Schritt zum Vegetarismus ein großer Fortschritt in der Entwicklung der Menschheit bedeuten würde: «Alles wird möglich auf unserem Planeten von dem Augenblick an, wo wir die blutigen Fleischmahle und den Krieg überwinden», schreibt sie.[128] Für Clara Zetkin ist Michel «Revolutionärin aus Gefühl, Sozialistin aus Instinkt».[129] Der Journalist und Schriftsteller Alfred Kerr meint 1896 in einem Brief, Michel appelliere «schlicht an das, was uns alle einigt, die *souffrance*

127 MICHEL 1979, 167, 95f.

128 SKRIVER 1985, 200.

129 ZETKIN 1886, 214. – «Ihr Anarchismus, Sozialismus oder wie man das Kind sonst nennen mag, hat mit dem modernen wissenschaftlichen Sozialismus nichts gemein, als die schonungslose Kritik der heutigen Gesellschaftsform und den hartnäckigen Kampf zu ihrer Umgestaltung und zur Herbeiführung einer den modernen Verhältnissen besser entsprechenden Ordnung der Dinge» (ebd., 213).

humaine» – doch nicht nur das Leiden der Menschen, sondern auch das der Tiere steht bei ihr im Mittelpunkt.[130]

Unter den Kommunarden steht Michel mit solchen Ansichten nicht allein da. Élisée Reclus etwa ist während der Zeit der Pariser Kommune Wachsoldat des 119. Bataillons der Nationalgarde. «Reclus war – wie Kropotkin – Geograph, Kämpfer der Pariser Commune, Mitglied der bakunistischen Internationale und aktiver Anarchist. Dass er zugleich die vegetarische Lebensweise propagierte zeigt, dass der Vegetarismus innerhalb der anarchistischen Bewegung von Beginn an verankert war», heißt es in *Das Schlachten beenden* (2010), ein Buch über anarchistische, feministische, pazifistische und sozialistische Kritik der Gewalt an Tieren. Die Funktion speziesistischer Ideologie hat Reclus genau durchschaut. So schreibt er etwa in einem erstmals im Jahr 1901 publizierten Artikel: «Es ist nur eines der traurigsten Ergebnisse unserer Gewohnheit Fleisch zu essen, daß die dem Appetit des Menschen geopferten Tiere mit System und Methode zu scheußlichen, unförmigen Wesen erklärt und ihre Intelligenz und ihr moralischer Wert herabgemindert wurden.» Weiter fragt er: «Besteht denn so ein großer Unterschied zwischen dem Körper eines Ochsen und dem eines Menschen? Durcheinandergemischte zerteilte Gliedmaßen und Eingeweide sind nicht mehr zu unterscheiden: von der Schlachtung des Ochsen bis zur Tötung des Menschen ist es nur ein kleiner Schritt – besonders dann, wenn der Befehl des Anführers ertönt oder der gekrönte Meister von weit her gebietet: ‹Laßt keine Gnade walten›.»[131]

In seinem Artikel *Zur vegetarischen Lebensweise* (1901) wird auch der Zusammenhang zwischen Speziesismus und Rassismus beleuchtet; Reclus tut dies hinsichtlich der Ereignisse in China: Im Jahr zuvor war Krieg die Antwort der sogenannten Vereinigten acht Staaten – bestehend aus dem Deutschen Reich, Frankreich, Großbritannien, Italien, Japan, Österreich-Ungarn, Russland und den USA – auf die Kämpfe der «Bewegung der Verbände für Gerechtigkeit und Harmonie» gegen den europäischen, nordamerikanischen und japanischen Imperialismus gewesen; in den Zeitungen konnte man nachlesen, dass Soldaten der alliierten Interventionstruppen «Gefallen daran finden, Chinesen mit ihren Kleidungsstücken und ihren Zöpfen zusam-

130 HERVÉ 2021, 113.

131 TOLSTOI, WICHMANN, RECLUS u.a. 2010, 79, 87ff.

menzubinden und die Gefangenen ihr eigenes Grab ausheben zu lassen, bevor sie sie erschießen». Reclus merkt dazu an: «Augenzeugen und sogar Journalisten selbst haben uns mit Informationen in allen Sprachen versorgt; einige berichteten zynisch und andere mit Zurückhaltung. Die Wahrheit wird nicht länger geleugnet. Es wurde jedoch eine neue Moral entwickelt, um sie zu erklären. Nach dieser Moral gibt es zwei Gesetze für die Menschheit: eins wird auf die gelbe Rasse angewandt, das andere ist das Privileg der weißen. Ermordung und Folterung der ersteren ist scheinbar künftig erlaubt, während dasselbe für die zweite unzulässig ist.» Dann wirft er die Frage auf: «Ist unsere Moral gegenüber den Tieren nicht ähnlich elastisch?» Zwischen kolonialistischer und speziesistischer Ideologie besteht eine strukturelle Ähnlichkeit: Auch der Ochse, der sich, so Reclus, «heutzutage nur unter Schwierigkeiten auf dem Weideland bewegt, hat eine ähnliche Abwertung erfahren. Die Viehzüchter verwandelten ihn in eine schwerfällige, wandernde Masse geometrischer Formen, als sei er schon im voraus für den Schlachthof bestimmt. Und wir verwenden für die Produktion solcher Ungeheuer den Begriff ‹Zucht›! So erfüllt der Mensch also seine erzieherische Mission gegenüber seinen Brüdern, den Tieren. Handeln wir letztendlich nicht in ähnlicher Weise gegenüber der ganzen Natur?»[132]

Reclus wird am 4. April 1871 festgenommen und am 15. November zur Deportation nach Neukaledonien, der zu Frankreich gehörenden Inselgruppe im südlichen Pazifik, verurteilt – vor allem, weil er sich vor dem Kriegsgericht offen zu seiner politischen Einstellung bekennt. Die Forderung nach einem Ende der Ausbeutung der Tiere ist dabei integraler Bestandteil seiner sozialistischen Zukunftsvision, er schreibt: «Wir streben eine Zeit an, in der wir unseren Gang nicht beschleunigen müssen, um diese schreckliche Minute abzukürzen, in der wir an Schlachthöfen vorüberkommen; Schlachthöfen, wo Rinn-

132 Ebd., 88ff. – Gewalt in Verbindung mit dem Begriff der Rasse fand übrigens zuerst gegen Tiere Anwendung: Historisch wurde, als *raza* und *razza* seit dem 14. Jahrhundert im Spanischen und Italienischen und *race* im Französischen in den Sprachgebrauch gelangten, der Begriff zuerst im Bereich der Zuchtwahl an bestimmten Gruppen von Tieren gebraucht; er stand also für die Zurichtung von Tierkörpern – vorgenommen, um ihre Nutzbarkeit für den Menschen zu verbessern (vgl. GEULEN 2007, 14).

sale von Blut und Reihen von scharfen Haken zu sehen sind, an denen die ausgeweideten Tierrümpfe von blutbeschmierten Männern, die mit furchterregenden Messern bewaffnet sind, aufgehängt werden. Wir wollen eines Tages in einer Stadt leben, in der Metzgereien voller toter Tierkörper nicht länger Seite an Seite mit Textilhändlern und Juwelieren oder gegenüber von Apotheken zu sehen sind; oder ganz in der Nähe eines Schaufensters, in dem ausgewählte Früchte, schöne Bücher, Holzschnitte oder Statuetten und Kunstwerke ausgestellt sind. Wir möchten eine dem Auge angenehme Umwelt, die mit der Schönheit harmoniert.»[133]

Auch Louise Michel verteidigt, vor Gericht gestellt, die Vision, für die sie gekämpft hat, und steht zu ihren Taten. Der große französische Autor und Vivisektionsgegner Victor Hugo widmet ihr sein Gedicht *Viro Major* (1871), in dem er den Prozess schildert. «Du sprachst zum Volk: – ich brannte die Paläste nieder! – Verherrlichtest, die man zugrunde richtet und mit Füßen tritt. Du riefest: – ich habe getötet! So töte man mich!», heißt es darin.[134] Michel erwartet keine Gnade. Doch überraschenderweise lautet das Urteil: Lebenslange Festungshaft. Zuerst kommt sie für zweieinhalb Jahre ins Frauengefängnis in Auberive, dann wird sie, zusammen mit zahlreichen anderen Verurteilten, nach Neukaledonien verbannt. Auch hier zeigt sie sich fortschrittlicher als viele andere Kommunarden: Sie lernt nicht nur die Sprache der Melanesier, als im Jahr 1878 unter der indigenen Bevölkerung eine Revolte ausbricht, ist sie auf Seiten der Aufständischen: «Auch sie kämpfen für ihre Unabhängigkeit, für ihr Leben, für die Freiheit. Ich stehe auf ihrer Seite, wie ich auf der Seite des Volkes von Paris stand, das revoltierte, niedergemacht und besiegt wurde», sagt sie, und im Rückblick: «Ja, ich liebte sie und liebe sie, und die, die mir zur Zeit der Revolte vorwarfen, ich wünschte, daß sie sich ihre Freiheit erobern mögen, hatten recht. Die Eroberung ihrer Freiheit! Ist es möglich, obwohl sie doch so viele Beweise ihrer Intelligenz und ihres Mutes gegeben haben. Möge es doch endlich ein Ende nehmen mit der Überlegenheit, die sich nur in Zerstörung ausdrückt.»[135]

Die rote Wölfin verlangt nicht weniger als die vollkommene Freiheit: «Alles, alles muß befreit werden, die Geschöpfe und

133 TOLSTOI, WICHMANN, RECLUS u.a. 2010, 92f.
134 HERVÉ 2021, 103.
135 KRAMER 1976, 89.

die Welt, wer weiß, vielleicht die Welten? Wilde, die wir sind!» Gefängnis und Verbannung können sie nicht davon abhalten, diesen Kampf weiter zu führen: Nach der Amnestie kehrt sie 1880 nach Paris zurück und wird 1883 erneut zu sechs Jahren Gefängnis verurteilt, weil sie zur Plünderung von Bäckereien aufgefordert hat. Die Repression, die sie erfährt, lässt lediglich ihre Wut wachsen: «Mein Mitleid für alles, was leidet, für das stumme Tier vielleicht noch mehr als für den Menschen, ging weit; meine Empörung über die sozialen Ungerechtigkeiten ging noch weiter; sie ist gewachsen, immer mehr gewachsen, durch den Kampf hindurch, durch das Gemetzel hindurch; ich habe sie wieder mitgebracht von jenseits des Ozeans, sie beherrscht meinen Schmerz und mein Leben.»[136]

Letzteres hat sie vollständig der Revolution verschrieben. Sie weiß: «Die Revolution ist furchtbar» – aber da sie das Glück der Menschheit zum Ziel habe, besitze sie kühne und unnachsichtige Kämpfer. Es müsse sein: «Glaubt ihr denn, wenn man Ertrinkende aus dem Wasser ziehen will, könne man erst lange wählen, ob man sie bei den Haaren oder sonstwo packt? Genauso handelt die Revolution, um die Menschheit aus dem Ozean von Schmutz und Blut zu ziehen, in dem Tausende Namenloser ein paar Haien zum Fraß dienen.» Noch 1886 schreibt sie, sie wisse nicht, wo sich der Kampf zwischen der alten und der neuen Welt zuerst abspielen werde, aber das sei unwichtig: Sie werde dabei sein, ob in Rom, in Berlin, in Moskau oder anderswo. Wo auch immer der Funke gezündet werde – er werde die ganze Welt erfassen, da ist sie sich sicher. «Als menschliche Insekten, die wir sind, nagen wir an denselben Abfällen und wälzen uns in demselben Staub, erst in der Revolution werden wir mit unseren Flügeln schlagen. Dann wird die Schmetterlingspuppe ihre Umwandlung hinter sich haben, alles wird für uns vorbei sein, und bessere Zeiten werden Freuden kennen, die wir nicht begreifen», beschreibt sie diese Vision. Und weiter: «Wenn unsere verfluchte Zeit abgelaufen ist, wird der Tag kommen, da der bewußte und freie Mensch weder Mensch noch Tier quälen wird. Diese Hoffnung ist es wert, durch das Grauen des Lebens hindurchzugehen.»[137]

Ihr Leben lang kann nichts sie in dieser Hoffnung erschüttern, auch wenn sie angesichts der fortdauernden Hinnahme

136 MICHEL 1979, 165, 169.
137 Ebd., 262, 134.

der Ausbeutung mitunter aussichtslos erscheint: «*Männer von England* – oder der Welt, es ist einerlei – *warum für die Herren pflügen, die euch unterdrücken?* Ist es nicht überall dasselbe, und dennoch pflügt ihr immer weiter», heißt es an einer Stelle in ihren *Memoiren*,[138] an der sie Percy Bysshe Shelley zitiert. Der englische Dichter hat wie sie, wie wir im nächsten Kapitel sehen werden, seine Stimme gegen die Ausbeutung und Unterdrückung von Mensch und Tier erhoben.

2.2 Revolutions-Romantik: Frankensteins veganes Monster

Men of England, wherefore plough for the lords who lay ye low? Wherefore weave with toil and care the rich robes your tyrants wear?
Percy Bysshe Shelley.

Die Flamme loderte auf; der Rauch, mit Weihrauchdämpfen gemischt, wirbelte empor. Die Stille der Scene wurde noch fühlbarer durch das gellende Geschrei eines einsamen Brachvogels, der den Scheiterhaufen umkreiste. Lord Byron blickte in die Gluth nach dem Leichnam nieder und sprach: «Das alte seidene Tuch behält seine Form besser als der menschliche Körper.» Die Flamme verzehrte Alles von Shelley's Ueberrresten, nur das Herz widerstand. – So beschreibt im ausgehenden 19. Jahrhundert Robert Springer in seinem Werk über die Geschichte des Vegetarismus *Enkarpa. Culturgeschichte der Menschheit im Lichte der pythagoräischen Lehre* (1884) die Verbrennung des Körpers von Percy Shelley; der junge Dichter ist 1822 nach einem Schiffsunfall nahe der italienischen Stadt La Spezia ertrunken.[139] Mit seiner Beschreibung gelingt es Springer, in wenigen Worten den Geist einer Epoche einzufangen: Jenen der Romantik. Die Romantiker wenden sich der Natur und dem mit der Dunkelheit Assoziierten zu; die institutionalisierte Religionsausübung weicht einer subjektiven, oft pantheistischen Mystik, überhaupt wird sich ins Innere zurückgezogen; die starke Betonung der Vernunft, wie sie durch die Aufklärer vorgenommen

138 Ebd., 176.
139 SPRINGER 1884, 521.

worden ist, weicht der Entdeckung des Unterbewussten, das künstlerische Genie wird erfunden.

Um einen typischen Vertreter desselben handelt es sich ohne Frage bei William Blake, einem Zeitgenossen Shelleys. Schon als Kind will der Sohn eines Londoner Strumpfwarenhändlers – die Eltern sind von der anglikanischen Kirche abweichende Dissenter – Visionen gehabt haben. Eine Schule besucht Blake nie, er wird zu Hause von seiner Mutter unterrichtet. In seinen frühen Jahren erlebt er, wie es in einer Biografie über den berühmten Dichter und Maler heißt, «eine ausgesprochen radikale Szene», und «wie in der puritanischen Cromwell-Zeit, als in manchen Sekten dem Reinen alles so rein war, daß auch *sex and crime* und allerlei Ausschweifungen an der Tagesordnung sein durften, machten sich jetzt wieder antinomistische Tendenzen breit; das heißt, das christliche Moralgesetz, herkömmliche Wertvorstellungen und die sie verbreitenden Institutionen wurden in Frage gestellt». Ab dem elften Lebensjahr wird William in eine Zeichenschule geschickt, ab dem fünfzehnten als Kupferstecher ausgebildet. Nach Beendigung seiner Lehrzeit wird er in die *Royal Academy of Arts* aufgenommen – und beginnt, Druckplatten für seinen späteren Verleger Joseph Johnson zu fertigen, «bei dem sich unter anderem die Befürworter der Demokratie, der Unabhängigkeit Amerikas, der Französischen Revolution sowie Anhänger sonstiger unerhörter Häresien wie zum Beispiel der Emanzipation der Frau oder der Abschaffung der Sklaverei trafen. Der junge Blake war von der republikanischen Idee so angetan, daß er es fertigbrachte, mit einer roten Jakobinermütze auf seinen ebenfalls roten Haaren durch London zu marschieren.»[140] Über Johnson lernt Blake gegen Ende der 1780er Jahre auch Thomas Paine kennen – es wird sogar erzählt, dass Blake Paine rechtzeitig vor den Häschern der englischen Behörden gewarnt und ihm so die Flucht nach Frankreich ermöglicht habe –, außerdem William Godwin und dessen spätere Frau Mary Wollstonecraft.

Godwin gilt aufgrund seines Werks *Enquiry Concerning Political Justice* (1792) als Begründer des Sozialismus überhaupt sowie des politischen Anarchismus im Besonderen. Die Sicht, die der ehemalige Prediger einer Dissentergemeinde in Suffolk auf Tiere hat, bleibt zeitlebens zutiefst vom christlichen Weltbild ge-

140 TANDECKI 1997, 33, 18.

prägt: «Wir fühlen, dass wir jeder anderen Spezies von Tieren, die gemeinsam mit uns diesen Erdball bewohnt, unermesslich überlegen sind», schreibt er noch im Oktober 1835, und, einen alttestamentlichen Psalm zitierend: «Die schöpferische und geheimnisvolle Macht, die das Universum geformt hat, hat uns ‹mit Herrlichkeit und Ehre gekrönt› und uns zu den Herren der Erde gemacht.»[141] Radikale vegetarische Ansichten sind ihm aber durchaus nicht unbekannt – in den 1790ern pflegt er etwa einen engen Umgang mit Joseph Ritson –, und in seinen *Thoughts on Man* (1831) gibt er zu: «Unsere bloße Idee, Tiere zu töten und sich von ihrem Fleisch zu nähren, harmoniert sicherlich schlecht mit unseren Vorstellungen von unendlicher Güte.»[142]

Wollstonecraft wird durch ihr 1792 erschienenes Hauptwerk *A Vindication of the Rights of Woman* zur Begründerin der Frauenrechtsbewegung. Thomas Taylor, bekannt für seine Übersetzungen antiker philosophischer Schriften, vor allem des Platonismus, veröffentlicht noch im selben Jahr anonym[143] den Essay *A Vindication of the Rights of Brutes* – als satirische Reaktion, ein Fakt, der auf die enge Verflochtenheit von Sexismus und Speziesismus verweist.[144] William Blake lernt Wollstonecraft während der fünf Jahre kennen, in denen sie sich als Angestellte Joseph Johnsons verdingt; 1791 gibt Johnson eines ihrer Bücher mit Illustrationen von Blake heraus: *Original Stories from Real Life.* Unter dem Titelbild prangen die Worte: «Schauen Sie, was für ein schöner Morgen es ist – Insekten, Vögel, und alle Tiere erfreuen sich ihres Daseins.» Dem Vorwort folgen drei Kapitel über *Die Behandlung von Tieren.* Ihr Inhalt kann als moralisch bestimmte Tierschutzposition bezeichnet werden: «Den Tieren, die ich halte, biete ich die beste Nahrung, und nie lasse ich sie Qualen erleiden», heißt es etwa. Wollstonecraft geht davon aus, dass die Erziehung des Kindes zu einem rücksichtsvollen Verhalten gegenüber anderen Tieren moralisch richtiges Verhalten gegenüber Menschen zur Folge habe: «Ich, die ich

141 GODWIN 1993-7, 90.

142 GODWIN 1993-6, 263.

143 Taylor und Wollstonecraft kannten sich, hatten in jungen Jahren sogar während dreier Monate unter einem Dach gewohnt (SUNSTEIN 1975, 76).

144 Henry Salt merkte dazu übrigens an, dass diese Antwort auf Wollstonecrafts Buch zeige, «wie das Gespött einer Generation die Realität der nächsten werden kann» (ADAMS 2002, 124f.).

nie mutwillig auf ein Insekt getreten oder die Klage des sprachlosen Tiers nicht beachtet habe, kann jetzt den Hungernden Brot, den Kranken Medizin, den Leidenden Trost spenden».[145]

Auch Blake verwendet viel Sorgfalt darauf, seinem Publikum den Hochmut gegenüber unscheinbaren Lebensformen zu nehmen. In *For Children: The Gates of Paradise* (1793) beispielsweise findet sich eine Abbildung, die unterschrieben ist mit: «Ich habe zu dem Wurm gesagt: Du bist meine Mutter und meine Schwester.» «Bin ich nicht eine Fliege wie du?», fragt er im Gedicht *The Fly* aus dem Zyklus *Songs of Innocence and of Experience* (1789–94), und *The Marriage of Heaven and Hell* (1790–93) schließt mit den Worten: «Denn alles, was lebt, ist heilig.»[146] Daniela Tandecki schreibt in der Biografie *Tigerbrand: Das unbequeme Genie William Blake* (1997) über den Künstler: «Die charakteristischen Elemente der romantischen Weltsicht sind bei ihm deutlich ausgeprägt. Sein besonderes emotionales Eindringen in die Geheimnisse der Natur, ob im Positiven oder im Negativen, sein Einpassen von Naturphänomenen in das göttliche Walten, seine Verbindung von Natur und Geist, seine Heiligsprechung jedes auch noch so unbedeutend scheinenden Lebens kennzeichnen jene Seite des romantischen Denkens, die man heute gerne als die gefühlsduselige betrachtet. Doch selbst die so harmlos und weltfremd wirkende Naturschwärmerei enthält das ebenfalls romantische Element der Revolution, des Aufbegehrens gegen das Establishment zugunsten einer neuen und besseren Gesellschaft.»[147]

Blake geht, was seine Solidarität gegenüber Tieren betrifft, weiter als die meisten der progressivsten Kräfte seiner Zeit: Im Gegensatz etwa zu Mary Wollstonecraft[148] ist er radikaler Vegetarier. «Alles gesunde Essen wird ohne Netz oder Falle gefangen», schreibt er in *The Marriage of Heaven and Hell.* Sein Gedicht *Auguries of Innocence* (1803) – ihm entstammen die durch die Band *The Doors* populär gewordenen Worte «Some are Born to sweet delight, Some are Born to Endless Night» – ist

---

145 WOLLSTONECRAFT 1906, 3, 8.

146 BLAKE 1966, 770, 213, 160.

147 TANDECKI 1997, 153.

148 In einer Fußnote im ersten Kapitel von *Eine Verteidigung der Rechte der Frau* meint Wollstonecraft: «Im Gegensatz zur Meinung der Anatomen, die analog aus der Form der Zähne, des Magens und der inneren Organe schließen, will Rousseau nicht zugestehen, dass der Mensch ein Fleisch fressendes Lebewesen ist» (WOLLSTONECRAFT 2008, 279).

wohl eines der ergreifendsten Plädoyers für Tiere, das jemals geschrieben worden ist. «Ein Rotkehlchen hinter Käfiggittern lässt alle Himmel im Zorn erzittern. Ein Taubenschlag voll Tauben und wieder Tauben lässt die Hölle in all ihren Kreisen schaudern. Ein Hund, verreckt vor des Herren Haus, sagt den Untergang des Staats voraus», heißt es darin, sowie: «Das missbrauchte Lamm erzeugt öffentlichen Streit, auch wenn es des Schlächters Messer verzeiht.»[149] 1782 heiratet Blake Catherine Boucher, die Tochter seines Vermieters, eines Gemüsehändlers. Diverse Erzählungen ranken sich um diese Ehe. So soll etwa ein Freund eines Tages William und Catherine in der von Weinlaub umrankten Gartenlaube ihres Hauses nackt angetroffen haben; beide seien damit beschäftigt gewesen, sich Passagen aus Miltons *Paradise Lost* vorzulesen. «Kommen Sie ruhig rein», soll Blake gerufen haben, «wir sind nur Adam und Eva, wissen Sie».[150]

Keineswegs paradiesische Zustände hat indes die Französische Revolution, die Blake in seiner Jugend so begeistert hat, herbeigeführt – sie brachte nicht allgemeine Freiheit und Gleichheit, sondern lediglich die Herrschaft der Bourgeoisie. Nachdem auch die Hoffnungen, die Blake in die Amerikanische Revolution gesetzt hat, enttäuscht werden, schlägt das Versagen der revolutionären Idee sich in seinen Werken nieder. Am Schluss des Gedichtes *The Grey Monk* (1803) etwa heißt es: «Die eiserne Hand zertrümmerte den Kopf des Tyrannen und wurde an seiner Stelle zum Tyrannen.»[151] Blake bleibt aber sein Leben lang leidenschaftlicher Rebell, der wohl nur durch seine künstlerische Exzentrik einigen Schutz vor Verfolgung findet.[152] 1804 wird er in einem Prozess wegen Hochverrats freigesprochen – der Vorwurf: Er soll König und Vaterland verflucht haben.[153] Gefängnisse seien aus Steinen des Gesetzes gebaut, Bordelle aus Ziegeln der Religion, heißt es in *The Marriage of Heaven and Hell*.

In seiner Untersuchung *Die Geburt des Mythos aus dem Geiste der Rebellion* (1994) schreibt der Blake-Forscher Helmut Viebrock, aus Adornos *Negativer Dialektik* (1966) zitierend: «Blakes lebenslanger, wurzelhaft-radikaler Widerstand galt, so meine ich, nichts Geringerem als dem Ganzen des sich drastisch

149 BLAKE 1966, 151, 431ff.
150 TANDECKI 1997, 24.
151 BLAKE 1966, 431.
152 Vgl. VIEBROCK 1994, 109.
153 TANDECKI 1997, 45.

und dramatisch verändernden Zustandes seiner Zeit und Welt, ohne dessen Verderbtheit, aber auch sein Leiden an ihm sowie seine aus einem ungebrochen leidenden Widerstand geborene Kunst nicht denkbar wären. Bei diesem radikalen Widerstand mußte er aber mit sich selbst als geschichtlichem Wesen in Widerspruch geraten ‹zwischen der Bestimmung, die der einzelne als seine eigene weiß, und der, welcher die Gesellschaft ihm aufdrängt› (Theodor W. Adorno). Weiter heißt es dort: ‹Subjektives Bewußtsein, dem der Widerspruch unerträglich ist, gerät in verzweifelte Wahl. Entweder muß es den ihm konträren Weltlauf harmonistisch stilisieren und ihm, gegen die bessere Einsicht, heteronom gehorchen; oder es muß sich in verbissener Treue zur eigenen Bestimmung verhalten, als wäre kein Weltlauf, und an ihm zugrunde gehen›.»[154] Mit diesen Worten ist der Widerspruch, dem sich die fortschrittlichen Kräfte der romantischen Epoche ausgesetzt sahen, beschrieben: Menschen wie John Oswald hatten in Frankreich für eine befreite Gesellschaft gekämpft, die Jakobiner dazu gedrängt, revolutionäre Bewegungen auch in England und Irland zu unterstützen, und die Etablierung einer weltweiten Gesellschaft von Freien und Gleichen für eine geschichtliche Notwendigkeit gehalten, deren Verwirklichung für sie kurz bevorstand. Diese Utopie aber wurde keine Wirklichkeit. Viele der Radikalen wandten sich deshalb vom Gedanken an eine gesellschaftliche Revolution mehr oder weniger ab und zogen sich in den Individualismus zurück.

Was für Blake gilt, gilt auch für den anderen großen Dichter und radikalen Vegetarier jener Zeit: Für den jungen Shelley waren die Resignation, die sich in der ersten Generation der englischen Romantik ausbreitete, und ihr zunehmender Rückzug ins Private zwar «ein unverständliches Ärgernis»[155] – doch der eben beschriebene Widerspruch sollte auch sein Denken nicht unbeeinflusst lassen. Rüdiger Hillgärtner, dessen akademische Lehrer unter anderem Adorno und Horkheimer waren, hat sich in *Bürgerlicher Individualismus und revolutionäre Moral: Percy Bysshe Shelley* (1974) ausführlich mit diesem Phänomen auseinandergesetzt und ist der Ansicht: «Das gesamte Werk Shelleys ist direkt oder indirekt zentriert um die Auseinandersetzung mit einer Gesellschaft, die – in Produktionsorganisation und Verkehrsweisen kapitalistisch – sich im Übergang befand zur entwickelten

154 VIEBROCK 1994, 109f.
155 PECHMANN 2006, 39.

industriellen Produktion und damit zugleich im Übergang zur gesellschaftlichen Ausdifferenzierung der Arbeiterklasse als Proletariat und als potentielles revolutionäres Subjekt. Shelleys Gesellschaftskritik erwuchs aus der Enttäuschung über den Ausgang der Französischen Revolution (Sieg der Bourgeoisie als neue herrschende Klasse) und über die ungebrochen mächtige Reaktion in England. Er hält an der Verwirklichung der Idee einer Gesellschaft der Freien und Gleichen fest, wie sie die Aufklärung entwickelt hatte, wendet sich jedoch gegen eine Wiederholung des in seinen Augen gescheiterten revolutionären französischen Experiments in England: Der Weg zur neuen Gesellschaft führt über die moralische Selbsterziehung des Einzelnen, nicht über politische Gewalt.»[156] Hillgärtner spricht in Bezug auf Shelley und Godwin von der Reduktion des Klassenwiderspruchs der bürgerlichen Gesellschaft auf einen Widerspruch des Individuums mit sich selbst – eine Charakterisierung, die auch auf große Teile der späteren Reformbewegung zutrifft.

Shelley wächst als Sohn eines Landadligen in der von der Industrie noch unberührten südenglischen Grafschaft Sussex auf[157] – doch die gesellschaftlichen Umbrüche, die seine Zeit prägen, lernt er bald kennen: Mit zehn Jahren wird er an eine Internatsanstalt bei London geschickt, ab 1804 ist er Schüler am Eton College. Wir sprechen hier, wie bereits im Kapitel über die abolitionistische Bewegung erwähnt wurde, über eine unruhige Zeit: England führt Krieg gegen die Armeen Napoleons, im Parlament haben Adel und Landbesitzer das Sagen, aus der verordneten Anhebung der Nahrungsmittelpreise resultieren Hungerrevolten; auch in Irland gärt es. 1810 liest Shelley Godwins *Political Justice,* beteiligt sich an Protestkampagnen für inhaftierte Demokraten und unternimmt Schritte zur Schaffung einer Assoziation radikaldemokratischer Gleichgesinnter. Alexander Pechmann bemerkt: «Shelleys rebellische Haltung beruhte auf seinem Wissen um die reale Not eines Großteils der Bevölkerung, die von den privilegierten und herrschenden Klassen allzu gerne ignoriert wurde.»[158] So stößt auch die Antrittsrede des jungen Lords

156 HILLGÄRTNER 1974, 213.

157 «Feuer, Schatten, Gespenster, Schrecken, Größe und Elend der neuen Epoche umgaben Shelleys Kindheit, wenn sie auch Field-Place, das kleine Schloß, den romantischen Park und die grünen Weiden von Sussex nicht erreichten» (KOEPPEN 1958, 8).

158 PECHMANN 2006, 44.

George Gordon Byron im Oberhaus auf taube Ohren. Byron setzt sich für die entlassenen Weber ein, die Maschinen zerstört und Fabriken in Brand gesetzt haben – doch der *Frame Breaking Act*, das Gesetz, das die Zerstörung von Webstühlen unter Todesstrafe stellt, wird sowohl vom Oberhaus als auch vom Unterhaus angenommen. Der Aufstand der Maschinenstürmer hat im Frühjahr 1811 in Nottinghamshire, dem Zentrum der Textilindustrie, begonnen, und schnell andere Grafschaften erfasst. Um die Aufstände niederzuschlagen, schickt London Soldaten – über 14.000 werden es bis zur Jahresmitte sein.

Unter diesen äußeren Umständen findet Shelleys politischer Radikalisierungsprozess statt, der begleitet wird von Konflikten mit Familie, Universität und Staatskirche: In Oxford versucht er, «die Notwendigkeit des Atheismus» zu beweisen – er fliegt von der Universität und ein Verleger, dem er sein Manuskript angeboten hat, denunziert ihn bei seinem Vater. Das Pamphlet *The Necessity of Atheism* wird auf Anordnung eines Geistlichen verbrannt. Das alles geschieht im März 1811; im Jahr darauf beginnt Shelleys Briefwechsel mit Godwin. In London lernt er die sechzehnjährige Harriet Westbrook kennen, die unter der Tyrannei ihres Vaters und ihrer Lehrerin leidet – im August 1811 fliehen die beiden nach Edinburgh. Als die Unruhen in Irland zunehmen, reist das Paar nach Dublin; Anfang Februar 1812 beginnen sie, die Iren zum Aufstand gegen England aufzurufen und verteilen in den Straßen die von Shelley verfassten Pamphlete *Adress to the Irish People* und *Declaration of Rights,* in denen zur Bildung revolutionärer Geheimgesellschaften nach dem Vorbild der in Ingolstadt gegründeten Illuminaten aufgefordert wird. Im April wird diese Mission nach einem völligen Misserfolg abgebrochen. Shelley widmet Harriet sein erstes großes Gedicht *Queen Mab,* in dem er, so Wolfgang Koeppen, «das Godwinsche Vernunftevangelium in Poesie zu übersetzen versuchte. Die Menschenseele *Ianthe* zeigt ihrem Geliebten das Elend der vergangenen Reiche, die Bedrückung der Gegenwart und das kommende Goldene Zeitalter der Brüderlichkeit»[159] – und dieses Zeitalter ist vegetarisch.

Als Shelley seinen Kommilitonen Thomas Jefferson Hogg, mit dem zusammen er *The Necessity of Atheism* geschrieben hat, zum ersten Mal mit zu seinen vegetarischen Freunden nimmt,

---

159 KOEPPEN 1958, 13.

wird diesem, wie er später schreiben wird, ein seltsames Spektakel geboten: Er sieht fünf nackte Gestalten – es handelt sich um die Kinder von John Frank Newton, dem Verfasser von *The Return to Nature, or, a Defence of the Vegetable Regimen* (1811), der offenbar versucht, seine gesamte Familie in einen «Naturzustand» zu versetzen, indem er sie eine Kombination aus Nudismus und Vegetarismus praktizieren lässt. Newton dürfte neben Godwin die Gedankenwelt Shelleys mit am meisten beeinflusst haben. Bei Tristram Stuart heißt es: «Er traf Newton im November 1812, während er einen Landrückgewinnungsprotest von Arbeitern in Nordwales vorbereitete, und schloss sich bald darauf mit Harriet Newtons aufblühender vegetarischer Gemeinschaft in Berkshire an.»[160] In dieser Zeit entsteht *Queen Mab; A Philosophical Poem: with Notes* (1813) – in letzteren begründet Shelley, unter Bezugnahme auf John Newton und John Milton, seine Forderung nach einem vegetarischen «Zustand der Gesellschaft, in der alle Energien des Menschen in die Schaffung gänzlichen Glücks gelenkt werden sollen».[161] Dieser Teil der *Notes* wird noch im selben Jahr als eigenständiges Pamphlet unter dem Titel *A Vindication of Natural Diet* gedruckt.

Am 11. November 1812 besucht der Dichter zum ersten Mal die Verlagsbuchhandlung William Godwins in der Skinner Street in London – noch mit Harriet. Aber um die Ehe, die ohnehin nur auf Druck der Eltern zustande gekommen ist, ist es schlecht bestellt. Shelley ist ein Anhänger der freien Liebe: «Mann und Frau sollten so lange verbunden sein, wie sie einander lieben: jedes Gesetz, das sie auch nur für einen Augenblick zum Zusammenleben zwingt, nachdem ihre Zuneigung erloschen ist, wäre völlig unerträgliche Tyrannei», heißt es in den *Notes.*[162] So trennt er sich von seiner Frau, die mit ihrem zweiten Kind schwanger ist, und verliebt sich neu – in Mary Godwin, die Tochter von William Godwin und Mary Wollstonecraft. Die beiden beschließen, gemeinsam mit der Stiefschwester Marys, Claire Clairemont, vor allen sozialen Konventionen in die Schweiz zu fliehen. In Luzern zwingt Geldmangel das Trio, die Reise abzubrechen. Die Rückreise über Straßburg, Mannheim, Mainz, Bonn, Köln und Rotterdam wird von Marys Romanheld Victor Frankenstein wiederholt werden. *Frankenstein or The Modern Prometheus*

160 STUART 2006, 373.
161 SHELLEY 2004, 307.
162 SHELLEY 1990, 497f.

(1818), ein Werk, in dem die vegetarische Überzeugung der Shelleys durchaus durchscheint, entsteht im Zuge einer zweiten Reise in die Schweiz, diesmal zum Genfer See, zu den Gefilden Rousseaus, wo Percy, Mary und Claire Lord Byron treffen. Byron, der seit seinem 23. Lebensjahr vegetarisch lebt,[163] ist bis heute nicht nur für seine literarischen Werke, sondern auch für seine Teilnahme an der Griechischen Revolution in den 20er Jahren des 19. Jahrhunderts bekannt. 1822 wird William Blake seine Dichtung *The Ghost of Abel* «LORD BYRON in the Wilderness» widmen[164] – Shelley wird dies nicht mehr erleben: Er stirbt am 8. Juli desselben Jahres. Seine Schriften aber werden politisch nicht unwirksam bleiben – sie haben etwa Einfluss auf die Chartistenbewegung. Eleanor Marx, die jüngste Tochter von Karl Marx, wird später die Bedeutung der Schriften Shelleys für die Arbeiterbewegung mit den Worten herausstellen: «Ich habe meinen Vater und Engels wieder und wieder darüber sprechen hören, und ich habe dasselbe von den vielen Chartisten gehört, die ich glücklicherweise als Kind kennenlernen durfte.»[165]

Frankenstein entsteht bereits im Sommer 1816, als die Shelleys in Cologny in einem Haus wohnen, welches bereits John Milton während dessen Aufenthalt in Genf im Jahr 1639 beherbergt hat. Einer der Abende dort wird zum legendären Ursprung des Romans: Byron schlägt vor, jeder solle eine eigene Gespenstergeschichte schreiben. In Frankensteins Monster wollen einige Interpreten ein Symbol für die jakobinische Schreckensherrschaft sehen, in der die Ideale der Französischen Revolution «nur deshalb verzerrt und verraten wurden, weil die Verantwortlichen aus dem Volk selbst niemals zuvor eine menschenwürdige Existenz erfahren hatten».[166] Bei Percy Shelley wird diese Frage tatsächlich einmal aufgeworfen, wenn er fragt: «Kann der, welcher am Tage zuvor noch ein niedergetretener Sklave war, plötzlich ein freisinniger, toleranter und unabhängig denkender Mensch werden?»[167] Eines jedenfalls ist eine Tatsache: «Frankensteins Geschöpf bezieht Tiere in seinen Moralkodex ein, wird jedoch hintergangen und zutiefst enttäuscht, als es danach strebt, in den Moralkodex der Menschen

163 HAMMER 1915-1, 25.
164 BLAKE 1966, 779.
165 ROSCHER 2009, 60.
166 PECHMANN 2006, 91.
167 SHELLEY 1990, 541.

einbezogen zu werden. Es lernt, dass, ungeachtet seiner eigenen moralischen Maßstäbe, der Kreis der Menschen so gezogen ist, dass sowohl es selbst wie auch die anderen Tiere davon ausgeschlossen bleiben.»[168] Frankensteins Monster wendet sich gegen seinen Schöpfer, als seine Bitte nach der Erschaffung einer Gefährtin abgelehnt wird, was ihm die Verwirklichung seiner utopischen Vision ermöglicht hätte, die es Victor Frankenstein in folgenden Worten schildert: «Meine Nahrung ist anders als die der Menschen; ich töte weder Lamm noch Zicklein, um meinen Hunger zu stillen. Eicheln und Beeren genügen mir. Da auch meine Gefährtin meine Natur besäße, wäre sie mit derselben Kost zufrieden. Aus trockenen Blättern werden wir uns ein Bett bauen, und wie auf die Menschen wird die Sonne auch auf uns scheinen und unsere Nahrung reifen lassen. Das Bild, das ich dir entwerfe, ist friedlich und vernunftsgemäß; du wirst selbst spüren, dass du mir meine Zukunft nur mutwillig und mit Gewalt und Grausamkeit verweigern kannst.»[169] Diese Vision wird nicht wahr: Statt in einen Zustand des Friedens mit Menschen, Tieren und der Natur einzutreten, findet Frankensteins veganes Monster sein Ende im Feuer eines Scheiterhaufens.

2.3 Frieden mit der Tierwelt: Der vegetarische Revolutionär Gustav Struve

Wenn erst der Krieg zwischen Menschen und Tieren aufgehört hat, wird derjenige zwischen den Menschen nicht lange mehr fortgesetzt werden können.
Gustav Struve.

Am 3. Mai 1832 liest Gustav Struve die Plutarch-Stelle in Rousseaus *Émile* und beschließt, auf Fleisch, Eier und Zucker – der zu dieser Zeit mit Ochsenblut und Knochenmehl gereinigt wird – zu verzichten. «Schon in früher Kindheit empfand ich einen tiefen Widerwillen, wenn ich Thiere zur Schlachtbank schleppen sah und legte mir die Frage vor: hat der Mensch ein Recht, harmlose und nützliche Thiere zu tödten, und sich von deren

168 ADAMS 2002, 128.
169 SHELLEY 2000, 166.

Fleisch zu nähren? Die Antwort wurde mir von allen Seiten dahin gegeben, daß der Mensch allerdings dieses Recht habe», wird er rückblickend in seinem Werk *Pflanzenkost, die Grundlage einer neuen Weltanschauung* (1869) schreiben.[170] Rousseaus Ideen üben auf das politische Denken des Rechtsanwalts fortan einen entscheidenden Einfluss aus. Und nicht nur diese: Sein 1833 begonnener, aber erst zehn Jahre später veröffentlichter Roman *Mandaras Wanderungen* stellt einen aus Indien stammenden Protagonisten in den Mittelpunkt. Mandara stirbt in einem deutschen Gefängnis, nachdem er die ihm servierte nichtvegetarische Kost verweigert hat; zuvor hält er der deutschen Gesellschaft einen Spiegel vor. In dem Text, der als «erste vegetarische Tendenzschrift in deutscher Sprache»[171] überhaupt gilt, argumentiert Struve, wie die Historikerin Julia Hauser zusammenfasst, dafür, dass Gleichheit «nicht nur über die Grenzen von Klasse und Geschlecht, sondern auch über die der Arten hinweg gelten soll».[172] In den 1840er Jahren tritt Struve an der Heidelberger Universität mit einer Gruppe demokratisch orientierter Studenten in Verbindung; unter seinem Einfluss befasst sie sich auch mit dem Studium der Schriften der utopischen Sozialisten. Im Herbst 1845 lernt er Amalie Düsar kennen, über die erste Begegnung schreibt er: «Ich sah Amalie und mein Herz flog ihr entgegen».[173] Bereits im November heiraten sie.

Schon im ersten Ehejahr muss Gustav fünf Monate im Gefängnis verbringen: Er hat die Redaktion des *Mannheimer Journals* übernommen, das zunehmend eine wichtige Stellung in der Auseinandersetzung und der Entwicklung der antifeudalen Bewegung erlangt. Ausgehend vom Aufstand der schlesischen Weber im Juni 1844 rückt die demokratische Strömung die Haltung zur sozialen Frage in den Mittelpunkt ihres politischen Kampfes. Bald gerät Struve ins Visier der Zensur, wird angeklagt und verurteilt. Über seine Redakteurstätigkeit hinaus beteiligt er sich im Mannheimer Rahmen aktiv an der demokratisch orientierten Vereinsbewegung: Er gehört zu fast allen Vorständen dieser Vereine und ist einer ihrer Hauptorganisatoren. Im Rahmen dieser Tätigkeit tritt die Verelendung der ausgebeuteten

170 STRUVE 1869, 1.
171 KRABBE 1974, 55.
172 HAUSER 2024, 30.
173 MARCELLO-MÜLLER 2002, XIV.

Klassen immer mehr in sein Blickfeld – wir sprechen hier von der Phase des *Pauperismus,* ein Begriff, der die unvorstellbare Massenarmut bezeichnet, die mit der Frühphase der Industrialisierung einhergeht. Struve sorgt für die Errichtung von Speiseanstalten, ist bei der Arbeitsbeschaffung und bei der Organisation der Auswanderung tätig. Unter seinem Einfluss steht auch ein Arbeiterverein, der im Frühjahr 1847 von der Regierung als staatsgefährdend aufgelöst wird, da er sich gegen die Besitzenden richte. Unter dem Eindruck der elenden Lebensbedingungen im Proletariat entwickelt Struve seine Grundthese vom Ausgleich des Missverhältnisses von Kapital und Arbeit. Er fängt an, öffentlich revolutionäres Gedankengut zu propagieren. Immer heftiger kritisiert er nun die Liberalen, die ihm und seinen Anhängern eine Spaltung der antifeudalen Haltung vorwerfen, welche sich radikal nennen, aber «nicht entfernt daran denken, über unseren positiv-gesetzlichen Zustand hinausschreiten zu wollen, welchen es niemals in den Sinn gekommen ist, auf den Ruinen desselben eine durchaus neue Zukunft zu gründen».[174]

Am 12. September 1847 treffen sich in Offenburg 800 bis 1000 Anhänger des Demokratismus. Struve hat ein Programm ausgearbeitet, das durch die Volksversammlung angenommen wird. Damit profiliert er sich endgültig zu einer führenden Persönlichkeit innerhalb der badischen und südwestdeutschen demokratischen Bewegung. Er wirkt mit, als im November 1847 von Mannheim aus die Bildung einer bewaffneten Turnerschaft angeregt wird. In die sich ständig verschärfende Krise im eigenen Land hinein platzt aus dem nahen Frankreich die Nachricht vom Sieg der Revolution in Paris. Baden wird als erster deutscher Staat von der revolutionären Welle erfasst. Struve formuliert die Forderungen der Demokraten als Sprecher der revolutionären demokratischen Kräfte in der Paulskirche.

Am 12. April 1848 rufen er und Friedrich Hecker in Konstanz die Republik aus. Er schafft es nicht mehr, in die Kämpfe um Freiburg einzugreifen, seine Einheit löst sich auf, er muss fliehen und wird verhaftet. Am nächsten Morgen gelingt es, die Behörden zu seiner Freilassung zu zwingen. Er drängt auf die Fortsetzung der Revolution und geht zunächst nach Straßburg, um die dort konzentrierten Emigranten zu mobilisieren; im Sommer 1848 übersiedelt er in die Schweiz. Die dort lebenden kon-

174 TULLNER 1987, 253.

sequentesten revolutionären Kräfte bezeichnen sich als «rote» Republikaner. Diese Bezeichnung übernimmt auch Struve, der sogar zu einem ihrer populärsten Repräsentanten wird. Seine Vorstellungen legt er nun in einem *Plan zur Revolutionierung und Republikanisierung Deutschlands* (1848) vor. Die Freiheit sei nur durch Gewaltanwendung gegen die Fürsten und durch deren Sturz zu erreichen, heißt es darin, das Vermögen der Fürsten und ihrer Helfershelfer solle eingezogen werden, zum Zweck des Übergangs zur Republik sei diktatorische Gewalt anzuwenden. Die Schrift wird als Flugblatt nach Deutschland geschmuggelt.

Am 21. September zieht Struve, aus Basel kommend, mit 50 Mann in Lörrach ein, lässt auf dem Marktbrunnen die rote Fahne der Revolution hissen und ruft die Republik aus. Ein Zug mit etwa 4000 Freischärlern kommt nur bis Staufen, wo 800 Soldaten des Großherzogs die Revolutionäre schlagen. Als er und Amalie[175] sich bei Wehr über den Rhein absetzen wollen, werden sie gefangen genommen. Von September 1848 bis April 1849 befindet sich Amalie Struve in Freiburg in Einzelhaft. Unmittelbar nach ihrer Entlassung beginnt sie, wieder für den revolutionären Aufstand zu agitieren und hat dadurch einen wesentlichen Anteil daran, dass am 11. Mai 1849 die badische Garnison in der Bundesfestung Rastatt meutert. In den daran anschließenden Maiaufständen wird Gustav befreit. Am 1. Juni 1849 wird eine badische Republik unter linksliberaler Regierung ausgerufen – als Opposition zu ihr gründen die Struves zusammen mit anderen Gleichgesinnten den *Club des entschiedenen Fortschritts,* dessen Anhänger die Regierung schließlich stürzen können. Gegen die anrückenden preußischen Truppen des Deutschen Bundes aber müssen die Revolutionäre am 23. Juli 1849 kapitulieren, womit die Märzrevolution gescheitert ist.

Gustav und Amalie können vor dem am 7. Juli einrückenden preußischen Militär in die Schweiz fliehen. Über England[176]

---

175 Sie «zählt zu den wenigen Frauen, die – als Mitkämpferinnen während der Jahre der Badischen Revolution – in der Öffentlichkeit nicht nur als Ehefrau eines Revolutionärs erschienen, sondern als eigenständige, ihre Emanzipation neben ihrer Identifikation mit der Sache der Revolution zum Ausdruck bringende und von dem Gedanken an die Gleichberechtigung der Geschlechter zutiefst überzeugte Persönlichkeit hervortraten» (OLENHUSEN 1998, 9).

176 Marx und Engels sprechen davon, dass Struve in Yorkshire eine «Kolonie der Entsagung» gestiftet habe, «eine Kolonie, worin jeder Genuß von Fleisch, Tabak u. Spirituosen aufs strengste untersagt, nur die Pflan-

wandern sie in die USA aus. Im Jahr 1861 greift Gustav dort noch einmal «zum Schwerte, um als Mann von 55 Jahren das Meinige zur Unterdrückung der Rebellion der Sklavenhalter beizutragen».[177] Amalie wird im Rahmen der US-amerikanischen Frauenbewegung aktiv und schreibt Romane und Artikel zum Frauenstimmrecht, zu Erziehungsthemen und zur Mädchen- und Frauenbildung. Als sie am 18. Februar 1862 bei der Geburt ihrer zweiten Tochter stirbt und in der alten Heimat eine Amnestie für die Teilnehmer der 1848/49er-Revolution erlassen wird, kehrt Gustav zurück. Am 20. Dezember 1868 gründet er in Stuttgart einen vegetarischen Verein und wird damit zu einem der Begründer der vegetarischen Bewegung im deutschsprachigen Raum.

In vielen Bereichen vertritt Struve im Verhältnis zu seiner Zeit fortschrittliche Positionen. Der Historiker Mathias Tullner urteilt: «Struve hatte sich zwar bereits seit seiner Heidelberger Zeit mit sozialistischem Gedankengut befaßt, konnte aber selbst keine solchen Positionen erreichen. Er blieb in seinen sozialen Vorstellungen und Forderungen der Erhaltung des bürgerlichen Eigentums verpflichtet, wobei das Kleineigentum kleinbürgerlicher Prägung gemeint war.»[178] Allerdings stellt Struve das Problem der Verelendung wachsender Teile der Bevölkerung in den Mittelpunkt seines Denkens. Als die «große Frage unsrer Tage» bezeichnet er «die Frage: wie läßt sich der Gegensatz zwischen haarsträubender Armuth und unermeßlichem Reichthum, der Gegensatz zwischen Capital und Arbeit ausgleichen?»; die Lösung sieht er allerdings in der Schaffung von «Assoziationen», Bildungs- und Hilfsvereinen, bei gleichzeitiger Eindämmung der kapitalistischen Entwicklung durch den Staat. Auch wenn der Revolutionär mit dieser Ansicht hinter fortschrittlichem sozialis-

---

zenkost geduldet und jeder Kolonist verpflichtet sei, zum Morgengebet ein Kapitel aus Struves ‹Staatsrecht› zu lesen» (MEW 8, 288). Nachrichten darüber, dass Struve im Exil in England den Versuch gemacht habe, eine vegetarische Landkolonie zu etablieren, seien zurückzuführen auf diese Polemik, merkt eine aktuelle Forschungsarbeit an; plausibler sei, «dass sich Struve mit Frau und einigen Anhängern im Jahr 1850 vor den wirtschaftlichen Schwierigkeiten, aus den politischen und persönlichen Auseinandersetzungen unter den konkurrierenden Exilantenfraktionen und vor den Zumutungen der Großstadt auf einen zur Verfügung gestellten Bauernhof zurückzog» (ALBRECHT 2022, 64).

177 STRUVE 1869, 6.

178 TULLNER 1987, 250.

tischem Gedankengut zurückbleibt, ist er in den meisten seiner Positionen und in seinem politischen Wirken zu den progressiven Kräften seiner Zeit zu rechnen – und was seinen Blick auf Tiere angeht, so ist er seiner Zeit weit voraus, seine Positionen zum Thema lesen sich teilweise sehr modern. So erinnert seine Sicht auf die gesellschaftliche Stellung der Tiere an Horkheimers *Wolkenkratzer*-Metapher: «Unsere Gesetzgeber sind in ihrer Kunst nicht weiter gekommen, als daß sie entweder die bestehenden Zustände feststellten, oder nach dem Willen der Machthaber anders gestalteten», schreibt er, weiter heißt es: «Dabei fielen ihre Blicke nur selten auf die ärmeren und arbeitenden Klassen, deren Interessen sie stets denjenigen der reichen und gebietenden Stände unterordneten. Es ist daher sehr erklärlich, daß die Machthaber bis zu den Thieren nicht hinab stiegen, vielmehr diese sich selbst und den Leidenschaften der Menschen überließen.»[179]

Eine seiner Forderungen ist, dass die «vegetabilische Lebensweise» wesentlich auf wissenschaftlicher Grundlage beruhen müsse – die verschiedenen Glaubensbekenntnisse könnten daher nicht berücksichtigt werden. In London und in New York hat er an Zusammenkünften von Vegetariern nicht teilgenommen, «weil die pietistische Färbung und mancherlei Uebertreibungen, welche dieselben meistentheils hatten, mich abstießen». Er selbst argumentiert alles andere als religiös: «Der Mensch ist ein Säugethier», schreibt er, «und in so fern sind diejenigen Sätze, welche ihre Anwendung auf Säugethiere finden, auch für ihn nicht ohne Bedeutung», und: «Das Thier aber, namentlich das Säugethier, welches gewöhnlich geschlachtet wird, hat ein Gehirn, Lunge, Herz, Leber, Magen, welche alle den betreffenden Organen des Menschen sehr ähnlich sind. Mitgefühl mit einem Wesen ähnlicher Art ist natürlich.» Die Grausamkeit gegen die Tiere sei «die trübe Quelle, welcher der Mensch die meisten seiner fleischlichen Leckerbissen verdankt, und welche ihre Ausgleichung findet in der Ungesundheit der so erzeugten Nahrungsmittel».[180]

Pflanzliche Kost dagegen habe es weder mit Eisen noch mit Blut zu tun: «Sie fügt den Thieren kein Unrecht zu und übt an ihnen keine rohe Gewalt. Sie setzt den Frieden mit der Thierwelt und den Menschen voraus. Unter ihrem Einflusse gestalten

179 STRUVE 1869, 128, 73.
180 Ebd., 7, 30, 51f., 34.

sich daher ganz andere Beziehungen zwischen Menschen und Thier, wie zwischen Menschen und Menschen.» Struve forciert deshalb den Vegetarismus als die Ernährungsform der von ihm erstrebten Gesellschaft. Dabei argumentiert er weniger naiv-idealistisch, als man vielleicht annehmen mag: «Auch unter den Pflanzenessern wird es an Uebeln, Mängeln und sogar Verbrechen nicht fehlen», heißt es in *Pflanzenkost, die Grundlage einer neuen Weltanschauung* – aber: «Wer aus Rücksicht für das schwache Thier, das sich nicht wehren kann, den Kampf mit dem allgemein verbreiteten Vorurtheil der Fleischkost beginnt, wird ohne allen Zweifel dieselbe sittliche Kraft, welche ihn in Betreff seiner Ernährungsweise beseelt, auch in allen andern Beziehungen seines Wirkens und Strebens kund thun. Wer das Thier in den Gesichtskreis seiner Pflichten zieht, wird gewiß den Menschen nicht von demselben ausschließen. Der Pflanzenesser, indem er ein sittliches Gefühl auf die Thierwelt ausdehnt, wird dadurch in keiner Weise abgehalten, seine Pflichten den Menschen gegenüber zu erfüllen. Im Gegentheile wird er dadurch, daß sein Gefühl verfeinert und sein Verstand berichtigt wird, erhöhte Fähigkeiten für den Dienst der Menschheit erlangen.»[181]

Struves Schrift *Pflanzenkost* wurde 1994 vom Osnabrücker *Packpapier Verlag* neu herausgegeben, in einer Reihe mit dem Titel *Es lebe das Vegetariat!* Die «Vorkämpfer der natürlichen Lebensweise» waren, so heißt es in der Beschreibung der Reihe, «keine bürgerlichen Spießer oder gar rechtslastige Naturärzte, keine Ludendorfer und auch keine Nationalökogrünen – sie waren Revolutionäre der Revolution von 1848!» Zu «Kaisers Zeiten» seien «Vegetarier und Sozialistenpack» noch in einem Atemzug genannt worden.[182] Neben Schriften von Gustav Struve wurden jene von Eduard Baltzer und Theodor Hahn in der Reihe neu aufgelegt – zwei der wichtigsten Initiatoren der Lebensreformbewegung.

---

181 Ebd., 80, 53ff.

182 HAHN 1994, 78.

2.4 Ein dritter Weg zwischen Kapitalismus und Kommunismus: Die Lebensreformbewegung

Worin liegt Euer Irrtum? Darin, dass Ihr meint, es könne und dürfe Alles, sogar der Mensch und die Erde, Privateigentum werden. Dass der Mensch nicht Privateigentum werden darf, habt Ihr begriffen und die Sklaverei – wenigstens grundsätzlich – allmählich abgeschafft: wann werdet Ihr begreifen, dass Sklaverei tatsächlich aber dennoch auf Erden bleiben wird, so lange Ihr dem Menschen eine der ersten Bedingungen seines Daseins, seine Erde ihm entzieht?
Eduard Baltzer.

*D*ie sichtbarste Hinterlassenschaft der Lebensreformbewegung im 19. und frühen 20. Jahrhundert sind heute die Reformhäuser – das erste wird im Jahr 1900 eröffnet. Im selben Jahr wird auch die «vegetabile Cooperative» auf dem *Monte Verità*, einem Hügel im Westen von Ascona im Schweizer Kanton Tessin, gegründet. Diese wird in der Folgezeit zur Wiege der modernen Alternativkultur und zu einem Zentrum politischen Widerstands – aber auch der modernen Esoterik. Das Tessin ist schon zuvor Anlaufpunkt linkspolitischer Intellektueller: Die Anarchisten Kropotkin und Bakunin halten sich hier auf; die Gemeinschaft auf dem *Monte Verità* wird unter anderem von Erich Mühsam, Ernst Bloch und Hermann Hesse besucht. Während des Ersten Weltkriegs findet hier, zwischen dem 18. und dem 22. April 1916, der «Social-vegetarische Kongress» mit Teilnehmern aus der Schweiz, aus Deutschland, Frankreich, Holland, England, Ungarn und Russland statt. Der Kongress beschließt – «en présence des horreurs de la guerre actuelle – die Gründung einer Gesellschaft zur Verbreitung des ‹social-antinationalen Vegetarismus›».[183] Bereits 1893 ist nördlich von Berlin, in Oranienburg, die *Vegetarische Obstbau-Kolonie Eden* gegründet worden, ein Projekt, das stark von Franz Oppenheimer gefördert wird. «Ihre Begründer waren ‹Lebensreformer›, Anhänger des Vegetarismus und der Antialkohol- und Antinikotinbewegung, die sich unserer leitenden Gedanken bemächtigten, um sich aus dem kapitalistischen Ozean auf eine selbstgeschaf-

183 Angesichts der Schrecken des aktuellen Krieges. – BRANG 2002, 279.

fene Insel zu retten», schreibt der Arzt und Soziologe in seinen Lebenserinnerungen.[184] Oppenheimer glaubt, dass es unter bestimmten Bedingungen möglich sei, den Sozialismus mit Mitteln des Liberalismus herbeizuführen. Insbesondere mit seinen Werken *Weder Kapitalismus noch Kommunismus* (1932) und *Weder so noch so. Der dritte Weg* (1933) zählt er zu den Vordenkern der «Sozialen Marktwirtschaft» – so übt er etwa Einfluss auf Ludwig Erhard aus. In Eden wird ab der Zeit des Ersten Weltkriegs nicht nur der Vegetarismus als Leitprinzip aufgegeben, man öffnet sich auch völkischem und antisemitischem Gedankengut. Nach dem Zweiten Weltkrieg werden die Ideen der Lebensreformer unter anderem deshalb überwiegend als antimodernistisch abgewertet; im Zeichen der Ökologie-Debatte verschiebt sich diese Wahrnehmung seit den 70er Jahren des 20. Jahrhunderts ins Gegenteil. Aus linker Sicht muss die Bewegung als ambivalent betrachtet werden: Auf der einen Seite werden in ihrem Rahmen durchaus Forderungen vertreten und Überlegungen angestellt, welche eine fortschrittliche Linke in stärkerem Maße hätte rezipieren müssen; auf der anderen Seite finden sich auch reaktionäre Strömungen in ihr, außerdem eine grundsätzliche Tendenz, die soziale Frage zu privatisieren.

Beispielhaft zeigt sich diese Tendenz bei Theodor Hahn. Hahn, Apotheker und Heilpraktiker, entwickelt seine Naturheilkunde – er prägt als erster diesen Begriff – ausgehend von Rousseaus *Émile.* Was seine politischen Tätigkeiten angeht, so steht er 1848/49, wie er selbst schreibt, «in den vordersten Reihen der Kämpfer für die Befreiung vom politischen und socialen Joche»,[185] im Frühjahr 1849 wird er in den von Marx und Engels geführten *Bund der Kommunisten* aufgenommen, außerdem ist er in der *Deutschen Arbeiterverbrüderung* und in der *Internationalen Arbeiterassoziation* aktiv. Leider vollzieht er dann aber eine Wende, die für die Ausrichtung der Reformbewegung typisch ist. Was Rüdiger Hillgärtner in Bezug auf Godwin und Shelley als «Reduktion eines Klassenwiderspruchs der bürgerlichen Gesellschaft auf einen Widerspruch des Individuums mit sich selbst, mit seinem egoistischen Selbst», beschrieben hat,[186] trifft hier in verstärktem Maße zu: Im Jahr 1871 zahlt Hahn zwar noch seinen Mitgliedsbeitrag an die Internationale

184 OPPENHEIMER 1964, 160.

185 HAHN 1994, 3.

186 HILLGÄRTNER 1974, 142.

Arbeiterassoziation, schreibt aber bereits, er habe «die gänzliche Nutzlosigkeit alles politischen Parteitreibens und socialen Klubwesens» erkannt und wisse sich «nicht zu helfen, es sei durch Zurückgang auf die Urquelle alles Uebels der Menschheit, durch Zurückgreifen der Heilung der Menschheit auf jedes Einzelne seiner millionenfachen Glieder» – und so erhebt er den Vegetarismus zum ersten und wesentlichen «Heilprinzip zur Lösung der socialen Frage».[187]

Dieser Perspektive gemäß, so heißt es in einem Standardwerk zur Lebensreformbewegung aus dem Jahr 1974, «beginnt die Reform der Gesellschaft beim Individuum, denn nicht politische Parteien und soziale Revolutionen vermöchten die Welt zu verbessern, sondern allein die Gesundung jedes einzelnen Menschen in seiner millionenfachen Anzahl. Lebensreform, mit einem Synonym auch als ‹Selbstreform› deklariert, führt zur Privatisierung der sozialen Frage.» Der Vegetarismus, wie er von den Lebensreformern propagiert wird, «will die Reform beim Einzelnen ansetzen. In der Zielvorstellung eines irdischen Glückszustands herrscht nach seiner Auffassung Kongruenz mit dem Sozialismus, man verfolgt aber primär nicht den Weg der Gesellschaftsumwandlung, sondern den der Persönlichkeitsumwandlung. Eine Veränderung der sozialen Verhältnisse sei nur dort möglich, wo das Individuum aufgrund einer naturgemäßen Lebensweise – und das heißt: der vegetarischen Lebensweise – in seiner physischen und psychischen Disposition eine harmonische Übereinstimmung mit der Natur erreicht habe.»[188] Hillgärtner erläutert den logischen Widerspruch, den eine solche Individualisierung der sozialen Frage in sich birgt: «Von allem Anfang an treten die Schwierigkeiten des Unterfangens klar ins Blickfeld. Wenn das Individuum bis in seine unbewußten Regungen hinein von seiner Umgebung geprägt ist, wenn diese Umgebung überdies Egoismus und Profitstreben zu ihrem sozialökonomischen Lebensgesetz erhoben hat, dann findet das Individuum in sich selber keinen festen Stand, von

187 HAHN 1994, 3f., 16. – Wie aus seinen Ausführungen deutlich wird, hängen «die Scenen der Pariser Commune» (ebd., 15) mit diesem Wandel bei Hahn zusammen. Er kommt zur Auffassung: «Gerade die Sozialisten, die mit staatlichen Formen und Reformen glauben, alles soziale und politische Elend tilgen zu können, würden mit ihrem Volksstaat die ärgste Unfreiheit, eine wahre Despotie zusammenkonstruieren» (ebd., 13).

188 KRABBE 1974, 15, 49.

dem aus der Kampf zu führen wäre. […] Wie Plechanow und Lukács gezeigt haben, stoßen wir hier auf eine Antinomie, die die Systeme bürgerlicher Gesellschaftstheorien der Aufklärung durchzieht: einerseits ist nach den Aussagen der Milieutheorie der Mensch Produkt seiner gesellschaftlichen Umgebung. Andererseits soll er diese unerträglich gewordene Umgebung und zugleich sich selbst ohne fremde Hilfe verändern. Als bedingtes verfängt sich das Individuum in dem Widerspruch, daß es zugleich bedingendes Element der Veränderung sein muß und dennoch nicht sein kann.»[189]

Die Soziologin Eva Barlösius sieht in den beiden unterschiedlichen Forderungen, die sozial privilegierte Verfügung über Fleisch aufzulösen und sie allen sozialen Schichten zugänglich zu machen, oder aber insgesamt auf sie zu verzichten, zwei Ansätze zur Lösung der sozialen Frage des 19. Jahrhunderts. Sie bemerkt: «So beanspruchten die Vegetarier mit ihrer Lebensweise auch, eine Antwort auf die Frage zu liefern, wie die soziale Benachteiligung und zunehmende Verarmung des Proletariats gebremst und aufgehoben werden könnte.» Die Vegetarier hätten den Kapitalismus «an die Kette legen» wollen – durch die Institutionalisierung einer ethisch selbstverantworteten Lebensführung, nicht durch eine Veränderung der Produktionsverhältnisse. Hierbei handelt es sich um eine Einstellung, die auch heute wieder in weiten Teilen der veganen Bewegung anzutreffen ist und die entsprechend kritisiert werden muss. «Die vegetarische Forderung ‹Fange bei Dir selbst an› bedeutet keine ökonomische Reform der Produktion, sondern eine des Konsums. Eine Reform des Konsums würde eine Umwälzung der Produktion nach sich ziehen.» Die Vegetarier hätten sich gegen das Konzept gewandt, die soziale Frage durch die revolutionäre Installierung einer grundsätzlich anderen Gesellschaftsform zu lösen: «Die von den sozialistischen und kommunistischen Bewegungen angekündigte Revolution fürchteten sie, jedoch nicht wegen der angestrebten Veränderung der Eigentumsverhältnisse. Sie wollten selber eine Bodenreform durchführen. Sie fürchteten sie, weil die sozialistischen und kommunistischen Ideen sich als soziale verstanden und sich in die Bahn der Modernisierungs- und Rationalisierungsprozesse stellten.»[190]

---

189 HILLGÄRTNER 1974, 7.

190 BARLÖSIUS 1997, 13, 203. – Sowohl bei Krabbe als auch bei Barlösius ist zu kritisieren, dass, während die anderen lebensreformerischen For-

Weniger negativ sieht das Ulrich Linse in seinem Buch zur Bodenbesitzreformbewegung. Der Historiker interpretiert die Forderungen der Lebensreformbewegung als einen dritten Weg zwischen Kapitalismus und Kommunismus. Er beschreibt, wie mit der Hochindustrialisierung jene bürgerliche Sozialschicht desintegrierte, die man bisher mit der Bezeichnung «Besitz und Bildung» beschrieben hatte: Konkurrierende Gruppeninteressen zwischen Industrie, Handel, Gewerbe auf der einen und einer staatlich oder privatwirtschaftlich verbeamteten Intelligenz bildeten sich aus, und je mehr die Gebildeten ihren Zusammenhalt mit dem Besitzbürgertum verloren, desto deutlicher wurde: Sie waren besitzlos, auf den Verkauf ihrer Arbeitskraft angewiesen, waren Geistes-Arbeiter. Die Reaktion sei für Teile der städtischen, progressiv ausgerichteten Intelligenz eine antiurbanistische Revolte gewesen: «Die Konsequenz war ein Anwachsen der agrarromantischen Großstadtfeindschaft und eine ‹individual-anarchistische› Staatsverdrossenheit.»[191]

Die Charakterisierung der Lebensreformbewegung als lediglich von bürgerlichen Schichten getragene Bewegung ist allerdings unvollständig und damit falsch. Auf diesen Umstand hat etwa Bernhard Herrmann in einer 1990 publizierten medizinhistorischen Schrift hingewiesen. Ihr ambivalenter Charakter, der sich zwischen fortschrittlichen Elementen auf der einen Seite und deutlich rückwärtsgewandten Zügen auf der anderen Seite bewegte, habe der Lebensreformbewegung die Kritik eingetragen, bereits im Ansatz gesellschaftlich verfehlt gewesen zu sein. Mit anderen Autoren wendet Herrmann sich gegen die Kritik,

derungen durch ausführliche Schilderung der Missstände, denen diese abhelfen sollen, verständlich gemacht werden, dies in Bezug auf den Vegetarismus unterbleibt, obwohl im vegetarischen Schrifttum eindringliche Schilderungen der Grausamkeiten gegen Tiere bei der Nahrungsgewinnung vorliegen. Als exemplarisch für die geringe Aufmerksamkeit bzw. Verdrängung des Themas sieht Renate Brucker an, dass Krabbe dem Vegetarismus keine zweieinhalb, der Nacktkultur dagegen über 15 Seiten widmet. Zu Barlösius schreibt sie: «Trotz des Anspruchs, ‹von den Anhängern und nicht von dem Vegetarismus auszugehen› (Barlösius 1997, S. 166), verfehlen diese Erklärungsversuche die für die Akteure sinnstiftende Ebene. Wenn das Wort ‹Tier› in einer Arbeit über die Lebensreform mit dem Schwerpunkt Vegetarismus (Barlösius 1997) auf 300 Seiten nur in zwei Zitaten vorkommt, bleibt ein zentrales Motiv der Anhänger unbeachtet» (BRUCKER 2015, 255).

191 LINSE 1983, 30.

die Bewegung müsse in erster Linie als Kompensation und Ersatz für eine fehlgeschlagene (1848) oder unerwünschte (proletarische) Revolution verstanden werden und habe den Charakter einer reinen Fluchtbewegung, die mit ihrer unpolitischen Haltung zwangsläufig im Faschismus geendet habe. Gerade die vegetarische Bewegung habe auch ein starkes sozial- und wirtschaftskritisches Moment enthalten. Das Programm Baltzers etwa beschreibt Herrmann folgendermaßen: «Die Kapitalherrschaft ist von Übel, daraus resultiert die Begründung des Reformrechts; die Erde ist Gemeineigentum, unproduktive Ausgaben (Tierzucht, Militär) müssen abgebaut werden und die naturgemäße Lebensweise und vegetarische Diät an ihre Stelle treten.»[192]

Eduard Baltzer nimmt 1848 am Vorparlament in der Frankfurter Paulskirche teil und ist anschließend Abgeordneter der konstituierenden Preußischen Nationalversammlung in Berlin. In der Paulskirche lernt er zwar Gustav Struve kennen, kommt aber nicht durch ihn zum Vegetarismus, sondern erst 18 Jahre später durch einen Herrnhuter Prediger, der ihn zur Zeit des preußisch-österreichischen Krieges besucht und ihm zur Weiterbildung die Schriften Theodor Hahns empfiehlt – inzwischen ist Baltzer der erste Präsident des *Bundes Freireligiöser Gemeinden Deutschlands*, 1852 prägt er den Begriff der Jugendweihe. 1867 gründet er in Nordhausen den *Deutschen Verein für natürliche Lebensweise*, der zwei Jahre später in *Deutscher Verein für naturgemäße Lebensweise (Vegetarianer)* umbenannt wird und 1870 bereits 400 Mitglieder hat. Deren Zahl steigt auf 2.464 im Jahr 1884.[193] In Baltzers *Ideen zur socialen Reform* (1873) heißt es: «Der Gemeinschaftsgeist erfordert, dass wir die Erde als unser gemeinsames Eigenthum betrachten und behandeln, sogut wie Luft und Sonnenlicht. Warum thut Ihr es nicht? Ihr sagt: ‹das thun die Wilden; aber Ackerbau, Kultur, ohne persönliches Eigenthumsrecht ist unmöglich!›. Ich aber sage: gerade dieser Raub der Erde ist der erste und tiefste Grund menschlichen Elends, und so lange er besteht, ist die sociale Frage unlösbar.»[194]

Nicht nur herrscht in der Zielvorstellung der Lebensreformbewegung Übereinstimmung mit dem Sozialismus, es gibt auch eine proletarische Lebensreformbewegung. In jüngeren

---

192 HERRMANN 1990, 100.

193 WEDEMEYER-KOLWE 2017, 62.

194 BALTZER 1994, 14.

Forschungsarbeiten wird die Anziehungskraft lebensreformerischer Ideen und Praxis auch für Organisationen der Arbeiterbewegung beschrieben. Dazu zählt vor allem die Arbeiterjugendbewegung vom sozialdemokratischen bis zum anarchosyndikalistischen Spektrum. Naturheilmethoden, gesunde Ernährung, praktizierte Nacktkultur, Kleiderreform, Diskussionen um Ehe- und Sexualreform, die Anlage von Schrebergärten und Versuche, eigene autarke Landkommunen aufzubauen, gehören mit zu den Bemühungen der Arbeiterbewegung, durch den Aufbau einer neuen sozialistischen Kultur ihre Mitglieder auf die kommende sozialistische Gesellschaft vorzubereiten und diese schon ein Stück weit vorwegzunehmen. Laut Hermann greift es zu kurz, wenn man die Lebensreformbewegung lediglich als bürgerliche Entsprechung zur Arbeiterbewegung und Arbeiterkultur sieht, denn: «Die in ihrer Entstehung und Struktur deutlich bürgerlich dominierte Lebensreformbewegung wurde im Laufe der Zeit auch für die Arbeiterschaft attraktiv.»[195]

1893 berichtet die *Vegetarische Rundschau*, wie die Berliner Vegetarische Vereinigung mit anderen sozialdemokratisch gesonnenen Vegetariern und Naturheilkundeanhängern eine «Naturgemäss-sociale Partei» zu gründen versuche. Von 1893 bis 1898 existiert in Berlin der *Vegetarische Vorwärts*, eine Zeitschrift vegetarischer Sozialisten. Die Herausgeber glauben: «Wir haben das Vertrauen, daß der ‹Vegetarische Vorwärts› eine neue Epoche des Sozialismus einzuleiten berufen ist.»[196] In verschiedenen Quellen wird angedeutet, dass nach dem Verbot der SPD durch das Sozialistengesetz im Jahr 1878 auch Naturheilvereine als Tarnorganisationen entstehen. Fest steht, dass die Behörden auch vegetarischen Vereinen gegenüber den Verdacht «sozialistischer Umtriebe» hegen: Im Mai 1882 verfügen sie eine polizeiliche Anordnung, in die Statuten eines neu gegründeten Breslauer vegetarischen Vereins Einsicht zu nehmen, in Berlin wird im Februar 1884 ein vegetarisches Junggesellenwohnheim durchsucht, im März desselben Jahres wird eine Versammlung von Vegetariern in Hannover, auf der ein Teilnehmer den Normalarbeitstag gefordert hat, polizeilich aufgelöst.[197] Fortan stehen Lebensreformer immer wieder unter Sozialismus-Verdacht. Davon künden noch Berichte über ein sogenanntes

195 HERRMANN 1990, 111.
196 HEIDEMANN 1896, 10.
197 HERRMANN 1990, 148f.

Vagabunden-Treffen in Stuttgart im Jahr 1929: «Es sind keine Vagabunden der Landstraße, keine richtigen Landstreicher, sondern eine Art Kommunisten», so der Verdacht der Tageszeitung *Der Enztäler,* die quasi als Beweis den Ehrengast Max Hoelz von der KPD anführt. Auch der sozialdemokratische *Volksfreund* aus Karlsruhe ist sich nicht sicher, ob nicht «gar einer der vielen Schleichwege bolschewistischer Propaganda hinter dieser neuartigen Bewegung steckt».[198]

Dass Ideen der Lebensreformbewegung Einfluss auf Teile der Arbeiterbewegung ausgeübt haben, zeigen etwa auch zeitgenössische soziologische Erhebungen. So stellt Adolf Levenstein Arbeitern in den Jahren 1907 bis 1911 Fragen zu verschiedenen Lebensbereichen, unter anderem zu ihrem Verhältnis zur Natur.[199] Levensteins Untersuchung beruht auf der Auswertung von 5040 Fragebögen. Dass Ideen der Lebensreformbewegung unter den Arbeitern präsent waren, zeigt sich an Antworten wie folgender: «Ich denke daran, wie grausam es doch ist, daß wir ausgebeutet werden in diesem Klassenstaat und wenig Anteil haben an gesundem Leben, wo wir doch alle das gleiche Recht dazu hätten»; ein 50jähriger Schlosser schreibt: «Ich bin Naturheilanhänger, Impfgegner, Vivisektionsgegner. Sodann bin ich der Ansicht, daß alles besser sein würde, wenn wir Menschen nur besser wären.»[200]

Eine Frage Levensteins lautet: *Gehen Sie oft in den Wald? Was denken Sie, wenn Sie auf dem Waldboden liegen, ringshe-*

---

198 WAGNER 2022, 24f.

199 Leider wurden die Arbeiter nicht speziell nach ihrem Verhältnis zu Tieren befragt. Der Vergleich der eigenen Situation mit jener von Arbeitstieren aber kommt auch ungefragt zum Ausdruck. Als Antwort auf die Frage *Denken Sie bei Ihrer Arbeit, und an was denken Sie, oder ist es Ihnen überhaupt unmöglich, dabei zu denken?* beschwert sich ein 25jähriger Metallarbeiter, dass die Unternehmer den Arbeiter «als Arbeitstier betrachten», ein 43jähriger Bergarbeiter meint sogar, er denke sehr oft, dass «wir Arbeiter schlimmer als Thiere behandelt werden». Ein 25jähriger Bergarbeiter schreibt: «Meine Hoffnungen und Wünsche sind zahlreich. Kurz, ich wünsche ein anderes, menschenwürdigeres Leben zu leben. Denn dieses Leben unterscheidet sich nicht viel von dem Leben eines Sklaven oder Lasttieres. Und, da ich dieses andere Leben nur durch die Erringung der Freiheit bekommen kann, so wünsche ich nichts sehnlicher, als daß man endlich den Kampf für die Freiheit wagt. Und für diesen Kampf wünsch ich mir nur dies eine: Lieber tot als wieder Sklav» (LEVENSTEIN 1912, 149, 113, 215).

200 Ebd., 129, 124.

rum tiefe Einsamkeit? Die Antworten sind teilweise bemerkenswert. Im Wald fühle er «die große Blutsverwandtschaft mit der lebenden Natur», meint etwa ein Bergarbeiter, ein Textilarbeiter schreibt: «Alles atmet ringsum Freiheit. Da muß man unwillkürlich Vergleiche ziehen zwischen uns Arbeitern und der Natur.» Ein anderer meint sogar: «Ich sehe die Schönheit rings umher und fühle die große Bestimmung des Menschen, sich selbst und das All zu erlösen», einer schreibt: «Wenn ich in den Wald mich hinlege, dann tut es mir leid, daß ich Pflanzen und Tiere erdrücke. Die Natur hat doch diese unendlich kunstvollen Organismen nicht dazu erzeugt, so vernichtet zu werden.» Ein 43jähriger Bergarbeiter schließlich antwortet: «Daß die Welt ‹schön› ist, daß jedes lebende Geschöpf ein Recht hat zu leben und zwar zu leben wie es seine Art verlangt.»[201] Bernhard Herrmann weist in seiner Schrift über den Einfluss der Naturheilkunde auf die Arbeiterbewegung unter Bezugnahme auf die Erhebungen Levensteins darauf hin, dass sich die Hinwendung der Arbeiter zur Natur nicht auf eine antimodernistische Fluchtbewegung reduzieren lässt. Bewusstes, schöpferisches Naturerleben sei von ihnen im weitesten Sinne als «gelebter Sozialismus» verstanden worden, ohne deswegen technikfeindlich gewesen zu sein.[202]

Ein Beispiel dafür, dass der Vegetarismus und die Naturheilbewegung bis weit ins 20. Jahrhundert in die Arbeiterbewegung hinein gewirkt haben und von Teilen derselben mitgetragen wurden, ist der Arzt, Schriftsteller und Kommunist Friedrich Wolf, der in seinem medizinischen Hauptwerk *Die Natur als Arzt und Helfer* (1928) seine Philosophie einer Lebensweise und Medizin darlegt, welche Krankheiten nicht nur heilen, sondern ihnen auch bereits präventiv begegnen soll. Heute lesen sich Teile des Werkes erstaunlich aktuell. Von rückwärtsgewandten Ansichten ist Wolf weit entfernt, im Gegenteil schreibt er: «Technik und Vegetarismus ... kein Widerspruch! Beide stehen unter dem Zeichen der Vereinfachung, des: Weniger ist mehr!» Er ist fest davon überzeugt, dass die zukünftige Ernährungsweise der Arbeiterschaft die vegetarische sein muss, und zwar aus ihrem eigenen Interesse heraus. Als Hauptgrund für die Verödung weiter Landstriche nennt er die Umwandlung von Ackerland in Viehweiden, er meint: «Es ist ein altes Wort, tausendmal in der Geschichte der Völkerschicksale bestätigt: ‹Die

201 Ebd., 363, 367, 373, 365.
202 HERRMANN 1990, 121.

Schafe fressen die Menschen›», und weiter: «Solange die Volksgenossen mittags ihren Schweinebraten und abends ihre Wurst wünschen, wird man die hierzu nötigen Schweine, Hämmel und Ochsen züchten, wird das hierzu wieder nötige extensive Weideland aus dem intensiven Ackerland herausgeschnitten werden müssen!» Wolf ist nicht nur Arzt, sondern seit 1928 auch Mitglied der KPD und des Bundes proletarisch-revolutionärer Schriftsteller, und so führt er nicht nur gesundheitliche und volkswirtschaftliche Überlegungen an, die für den Vegetarismus sprechen, er zitiert außerdem neben Shaw, Tolstoi und Beketov, auf die später eingegangen wird, Bakunin mit dessen Ausspruch «Vom Tiertöten zum Menschentöten ist nur ein kleiner Schritt» sowie den Schriftsteller Jean Paul. Der hieß eigentlich Johann Paul Friedrich Richter, die Namensänderung geht auf seine große Bewunderung von Jean-Jacques Rousseau zurück. Jean Paul rief einmal aus: «Aus wie vielen Marterstunden der Tiere lötet sich der Mensch eine einzige Festminute seiner Zunge zusammen!»[203]

2.5 Untrennbar verbunden: Vegetarismus und Tierbefreiung in sozialistischen und feministischen Strömungen

Wie die teleologische Weltauffassung den Ochsen zu dem Zwecke vom Schöpfer hatte erfinden lassen, dass der Mensch Beefsteaks essen und rindslederne Stiefel tragen konnte, so kannten die weisen Philosophen und Gesetzgeber für die Entwicklung der Rolle der Frau keinen anderen Zweck als zur Annehmlichkeit des Menschen par excellence, d.h. des Mannes da zu sein.
Clara Zetkin.

Dass der Vegetarismus innerhalb der Arbeiterbewegung und im Umfeld der Sozialdemokratie schon zu einem frühen Zeitpunkt eine gewisse Rolle spielt, zeigen die Ausführungen von August Bebel zum Thema. «Freunde der sogenannten ‹naturgemäßen Lebensweise›», so Bebel, fragten öfter, weshalb die Sozialdemokratie sich dem Vegetarismus gegenüber gleichgül-

203 WOLF 2003, 249, 247, 251.

tig verhalte. Der Mitbegründer der SPD nimmt dies zum Anlass, dieser Frage einen eigenen Abschnitt in *Die Frau und der Sozialismus* (1879) zu widmen, seinem einflussreichsten Werk – allein zu seinen Lebzeiten erscheinen 52 Ausgaben. Es heißt darin: «Die Vielseitigkeit der Pflanzenkultur ist ein Zeichen höherer Kultur. Auch können auf einer gegebenen Ackerfläche viel mehr vegetabilische Nährstoffe gebaut werden, als auf derselben Fläche durch Viehzucht Fleisch erzeugt werden kann. Diese Entwicklung verschafft der vegetabilischen Nahrung ein immer größeres Uebergewicht.» Bebel verurteilt die «Fleischtransporte, die uns in der Gegenwart durch bürgerliche Raubwirthschaft aus fernen Ländern, insbesondere aus Südamerika und Australien zugehen» und fordert, Nahrungszubereitung müsse, wenn sie möglichst vorteilhaft sein solle, wissenschaftlich und planvoll betrieben werden. Eine «naturgemäße Nährweise Aller» könne also erst die neue Gesellschaft ermöglichen. Eine rein vegetarische Lebensweise sei allerdings, so Bebel, «für die künftige Gesellschaft keineswegs wahrscheinlich, noch nothwendig».[204] Andernorts sieht man das anders. Als in Wien im Jahr 1877 das erste vegetarische Restaurant eröffnet wird, avanciert es schnell zum Treffpunkt von Intellektuellen und Künstlern, unter anderem ist der Begründer der Sozialdemokratischen Arbeiterpartei Österreichs Victor Adler hier oft anzutreffen.[205] Auch Ferdinand Domela Nieuwenhuis, der Mitbegründer der niederländischen sozialdemokratischen Arbeiterpartei, bekennt sich zur vegetarischen Denk- und Lebensweise. Im Mai 1914 schreibt er, er ernähre sich bereits seit 36 Jahren vegetarisch, unter anderem darum, weil er «das Töten der Tiere ohne Notwendigkeit für kulturwidrig» hält; er könne sich nicht vorstellen, «wie man wirkliche Kultur mit Fleischgenuß in Einklang bringen will, da sich dies doch widerspricht».[206]

---

204 BEBEL 1895, 419ff. – «Wie in der Küche, so wird die Revolution im gesammten häuslichen Leben sich vollziehen und zahllose Arbeiten erübrigen, die heute noch ausgeführt werden müssen. Wie künftig durch die Zentralnahrungsbereitungsanstalten in vollkommenster Weise die häusliche Küche überflüssig gemacht wird, so fallen durch die Zentralheizung, die elektrische Zentralbeleuchtung alle Arbeiten, die bisher die Instandhaltung der Feuerung in den Oefen, die Instandhaltung der Lampen und Beleuchtungsapparate erforderten, weg» (ebd., 423f.).

205 HARRINGER 2006, 89.

206 HAMMER 1915-2, 59.

Einer der bekanntesten vegetarischen Sozialisten ist sicherlich George Bernard Shaw. Er wird Vegetarier, nachdem er im Jahr 1881 die Werke Percy Bysshe Shelleys gelesen hat. «Es war Shelley, der mir als erster die Augen öffnete, wie barbarisch meine Diät war», sagt der Schriftsteller 1901 in einem Interview. 1882 liest er *Das Kapital* in der französischen Übersetzung – es ist damals noch nicht ins Englische übersetzt. «Das wurde zum Wendepunkt meiner Laufbahn. Marx bedeutete eine Offenbarung», wird er später berichten.[207] Zwei Jahre später tritt er der sozialistischen *Fabian Society* bei, bei der es personelle Überschneidungen zur vegetarischen *National Food Reform Society* gibt – nahezu alle Mitglieder beider Gesellschaften sind Vegetarier. Zu ihnen gehört auch Edward Carpenter, jener Dichter, der angesichts des Ersten Weltkriegs «die Regimente und Regimente von zerfetzten und zerrissenen Soldaten» und «das endlose Abschlachten der unschuldigen und schönen Tiere und die Furcht, den Schrecken und den Schmerz, in dem sie leben», in einem Atemzug nennt.[208] Bereits 1884 schreibt Carpenter, «dass einen Menschen, sei es ein Sklave oder Diener, bloss zu seinem eigenen Vorteil halten oder ein Tier halten, damit man es aufessen kann, ein Verrat ist». Man könne diesem Menschen oder Tier nicht ins Gesicht sehen.[209] 1896 gibt er seine Überzeugung kund, die Arbeiterklasse könne sich nur dann wahrhaft gegen die Tyrannei der besitzenden Klasse zur Wehr setzen, wenn sie auch die Tiere vor Ausbeutung bewahre.[210] Ähnlich argumentiert Shaw, wenn er schreibt, die Tierindustrie bringe «eine ungeheure Versklavung der Menschen» mit sich: «Kühe und Schafe mit ihrer Dienerschaft von Geburtshelfern, Viehzüchtern, Schafhirten, Fleischern, Milchmädchen und so weiter beanspruchen eine Menge menschlicher Arbeitskraft, die man der Aufzucht und Betreuung von Menschen widmen sollte.» Das ist natürlich nicht der einzige Grund für seinen Vegetarismus: Er spricht auch von Solidarität, davon, «den Bereich des Zusammengehörigkeitsgefühls zu erweitern», außerdem ist er der Meinung: «Solange die Menschen Tiere quälen, foltern und erschlagen, werden wir Krieg haben. Wie können wir irgendwelche idea-

---

207 STOLZENBERG 1992, 75f., 94f.

208 ADAMS 2002, 142.

209 BARANZKE, GOTTWALD, INGENSIEP 2000, 203.

210 ROSCHER 2009, 196f.

len Zustände auf Erden erwarten, wenn wir die lebenden Gräber getöteter Tiere sind?»[211]

Als Shaw einmal mit dem Fahrrad stürzt und eine Knöchelverstauchung erleidet, kommt er zu seinem Leidwesen mit Ärzten zusammen, die etwas an seiner Ernährungsweise auszusetzen haben. Shaw, der nicht nur Vegetarier, sondern auch radikaler Tierversuchsgegner ist, notiert ironisch: «Ich befinde mich in einer traurigen Lage. Man verheißt mir das Leben unter der Bedingung, daß ich Beefsteak esse. Meine weinende Familie bedrängt mich mit Fleischextrakt und konzentrierter Fleischbrühe. Aber lieber den Tod als Kannibalismus. Mein Testament enthält Anweisungen für mein Begräbnis, bei dem nicht Trauerkutschen dem Sarg folgen werden, sondern Herden von Ochsen, Schafen und Schweinen, Hühnervölker und ein kleines fahrbares Aquarium mit lebenden Fischen, alle mit weißen Schleifen zu Ehren des Mannes, der lieber zugrunde ging, als seine Mitgeschöpfe zu essen. Abgesehen von dem Zug der Tiere in Noahs Arche wird es das bemerkenswerteste Schauspiel dieser Art sein, das man je gesehen hat.»[212]

In den 1880er Jahren wird das Haus eines Mannes in Tilford in der südenglischen Grafschaft Surrey zum Treffpunkt der sozialistischen Intelligenz um die *Fabian Society*, auch Shaw ist dort immer wieder anzutreffen. Dieser Mann heißt Henry Stephens Salt. Im Jahr 1891 gründet er zusammen mit Edward Carpenter und anderen die *Humanitarian League*. Acht Jahre später gehören der Gesellschaft 550 Mitglieder an. Treffen finden wöchentlich in einem der vegetarischen Restaurants Londons statt – 1889 gibt es davon bereits 34 in der Stadt. Es bestehen wechselseitige Verbindungen zur sozialistischen Bewegung, die Arbeit der League und die Themen Vegetarismus und Tierrechte werden auch in sozialistischen Zeitungen wie *The Labour Annual, Clarion* oder *Justice* vorgestellt und unterstützt. Kropotkin präsentiert sein Werk *Gegenseitige Hilfe in der Tier- und Menschenwelt* (1902), in dem er die Rolle des Konzepts der Solidari-

211 STOLZENBERG 1992, 96f.

212 Zu Tierversuchen merkt er einmal an, durch die Experimente Pawlows habe die Welt lediglich erfahren, wie sich ein Hund mit zur Hälfte herausgeschnittenem Gehirn verhalte, was kein Mensch wissen wolle – außerdem habe man etwas erfahren, was vielleicht wichtig sei, nämlich, welche Art Buch ein Physiologe ganz ohne Gehirn schreiben könne (ebd., 92).

tät im Gegensatz zum populären des Überlebens des Stärkeren in der Evolution betont, auf einer Veranstaltung der League. Gandhi berichtet über die Lektüre von Salts *A Plea for Vegetarianism* (1886): «Ich las Salts Buch von vorn bis hinten und war stark davon beeindruckt. Seit dem Moment der Lektüre dieses Buches kann ich behaupten, aus eigener Wahl Vegetarier gewesen zu sein. Nun war die Wahl getroffen zugunsten des Vegetarismus, dessen Ausbreitung fortan meine Mission wurde.»[213] Er führt seine Ansichten über zivilen Ungehorsam nicht nur, wie in einem früheren Kapitel erwähnt, auf Henry Thoreau, sondern auch auf das Werk Salts zurück.[214]

Als Sozialist ist Salt der Meinung, dass es einer Veränderung hin zu einer Ökonomie bedarf, die nicht auf Profit ausgerichtet ist, damit sich das Verhalten gegenüber den Tieren überhaupt grundlegend ändern kann. In einem Artikel mit der Überschrift *The Animal Question and the Social Question* (1898) schreibt er: «Solange der Geldprofit und der Eigennutz als Leitprinzipien des Handels akzeptiert sind, bleibt es unmöglich, das richtige Verhalten gegenüber Tieren sicherzustellen, denn es ist absurd zu glauben, dass die Menschheit sich verpflichten wird, die niederen Arten aus den Folgen einer wirtschaftlichen Tyrannei zu befreien, von der die Menschen selbst auch Opfer sind.»[215] Die Forderung nach der Befreiung der Tiere sieht er als Fortsetzung der menschlichen Emanzipationsbestrebungen. In *Animals' Rights. Considered in Relation to Social Progress* (1892) schreibt er hierzu: «Die Befreiung der Menschen wird eine andere und noch umfangreichere mit sich bringen – die der Tiere», und: «Nicht nur das menschliche Leben ist liebenswert und heilig, sondern *alles* unschuldige und schöne Leben: Die große Republik der Zukunft wird ihre Wohltätigkeit nicht auf den Menschen beschränken.»[216] Die Befreiung von Mensch und Tier sind für Salt untrennbar miteinander verbunden, die eine ohne die andere gar nicht möglich. In der Autobiografie des Engländers, die den ironischen Titel *Seventy Years among Savages* (1931) trägt, heißt es: «Die Emanzipation der Menschen von Grausamkeit und Ungerechtigkeit wird zu gege-

213 Ebd., 41f.

214 SINGER 1980, vi. – Salt war außerdem Autor einer Biografie über Thoreau: *The Life of Henry David Thoreau* (1890).

215 ROSCHER 2009, 212.

216 SALT 1980, 118, 114.

bener Zeit auch die Befreiung der Tiere mit sich bringen. Die beiden Reformen sind untrennbar miteinander verbunden und keine kann alleine voll verwirklicht werden.» Entsprechend gelte es Folgendes zu überwinden: «Die Ausbeutung einer Rasse durch eine andere Rasse, einer Klasse durch eine andere Klasse, der niederen Tiere durch den Menschen.»[217]

Im 19. und im frühen 20. Jahrhundert existieren nicht nur bemerkenswerte Allianzen zwischen der Antivivisektions- und der Arbeiterbewegung – prominente Vertreter der Arbeiterbewegung unterzeichnen 1896 ein Manifest gegen Tierversuche, in dem es heißt: «Solches Experimentieren an lebenden Tieren widerspricht den wirklichen Empfindungen und wahren Interessen der arbeitenden Klasse.»[218] Auch zwischen der Frauen- und der Tierrechtsbewegung bestehen enge Verbindungen. Für Teile der Frauenbewegung sind Feminismus und etwa Aktivismus gegen die Vivisektion Teile desselben Kampfes gegen Unterdrückung. «Nichts könnte mich dazu bringen, ein Huhn zu essen oder die grausame Behandlung unschuldiger Tiere um ihres Pelzes willen stillschweigend zu dulden. Es läuft mir entsetzlich kalt über den Rücken, wenn ich auf einer Versammlung zum Wahlrecht für Frauen sehe, wie Frauen grässliche Trophäen von Schlachtopfern mit sich herumtragen», so eine Wortmeldung bei der Versammlung der *National American Woman Suffrage Association* im Jahr 1907. In der späteren Literatur über die Suffragettenbewegung findet sich das Zitat kaum noch irgendwo. Carol J. Adams merkt dazu an: «Die Allianz von Frauen und Vegetarismus in der Geschichte und in der Literatur wurde verzerrt und das aufschlussreiche Netzwerk von Feministinnen und VegetarierInnen daher überhaupt nie dargestellt. Teile der Theorien von vegetarischen Feministinnen wurden verschwiegen. Wir haben es also mit einer doppelt verschwiegenen Geschichte zu tun: der verschwiegenen Geschichte von Frauen und der verfälschten Geschichte des Tierrechtsaktivismus.»[219]

Der Begriff *Suffragetten* bezeichnet zu Anfang des 20. Jahrhunderts jene Frauenrechtlerinnen in Großbritannien und den USA, die mit verschiedenen Methoden für das Frauenwahlrecht kämpfen. In ihrer militanten Erscheinungsform übernimmt die Frauenwahlrechtsbewegung in diesen Jahren Methoden, die

217 ROSCHER 2009, 213.

218 Ebd., 214.

219 ADAMS 2002, 184.

den Protestformen der radikalen Arbeitertradition entliehen sind und auf die sich wiederum die Tierrechtsbewegung bezieht. Dass die Übernahme direkter Aktionen, der sich die Suffragetten bedienen, aufgrund personeller Überschneidungen beider Bewegungen und ähnlichem Sympathisantenklientel auch unmittelbar auf die Tierrechtsbewegung übergeht, darauf hat im deutschsprachigen Raum in erster Linie die Historikerin Mieke Roscher aufmerksam gemacht. Sie berichtet über die erklärte Absicht der militanten Suffragetten, niemals Menschen oder Tiere zu gefährden – aber, so Emmeline Pankhurst, Mitglied der *Independent Labour Party* und Mitbegründerin der *Women's Social and Political Union* (WSPU),[220] im Jahr 1913: «Wenn es dafür notwendig ist, um das Wahlrecht zu erhalten, werden wir soviel Schaden an Eigentum anrichten, wie wir können.» Die Maßnahmen reichen von der Durchführung von Demonstrationen und der Störung von Parlamentssitzungen über Streikposten, Ankettungen und Angriffe auf Regierungsmitglieder bis hin zur Zerstörung von Fensterscheiben, Briefkästen und Briefsendungen, dem Einsatz von Brandbomben und der Brandstiftung an Häusern, Bahnhöfen und Schlössern. Des Weiteren verweigern sich einige der Zahlung von Steuern. «Es gibt etwas, um das sich Regierungen viel mehr Sorgen machen, als um menschliches Leben, und das ist die Sicherheit des Eigentums. Und so ist es durch das Eigentum, dass wir den Feind bekämpfen werden. Seid militant, jede auf ihre Art», lässt Emmeline Pankhurst verlautbaren, und weiter: «Das Argument der zerbrochenen Fensterscheibe ist das wertvollste Argument moderner Politik.» Ab 1912 ist die WSPU praktisch eine illegale Organisation, ihre Anführerinnen befinden sich entweder im Gefängnis oder im Exil in Paris, von wo aus sie die Leitung aus dem Untergrund weiterführen.[221]

---

220 Die *Independent Labour Party* war eine sozialistische Partei, die 1893 durch 120 Delegierte in Bradford gegründet wurde, unter ihnen George Bernard Shaw. Mit Gründung der *Labour Party* 1906 wurde sie deren Mitglied, stieg aber 1932 wieder aus; 1975 löste sie sich auf. Die WSPU war die führende Organisation, die sich für Frauenrechte in Großbritannien einsetzte und die erste Gruppe, deren Mitglieder als Suffragetten bezeichnet wurden. Sie wurde 1903 in Manchester von sechs Frauen gegründet und wuchs rasant an: 1908 nahmen an einer von ihr organisierten Demonstration im Londoner Hyde Park mehr als eine halbe Million Menschen teil. 1917 löste die WSPU sich auf, Emmeline und Christabel Pankhurst gründeten daraufhin die *Women's Party.*

221 ROSCHER 2005, 13.

Abgesehen von der Wahl der Mittel, bestehen auch personelle Überschneidungen zwischen der Frauenwahlrechts-, der Tierrechts- und der Arbeiterbewegung. Frances Power Cobbe etwa ist nicht nur Teil des Exekutivkomitees der 1868 gegründeten *National Society for Woman's Suffrage*, sondern auch Begründerin der *Victoria Street Society* – der Vorgängerorganisation der noch heute bestehenden *National Anti-Vivisection Society* – sowie der *British Union for the Abolition of Vivisection*. Die Sozialistin Isabella Ford engagiert sich für die Rechte der Frauen aus der Arbeiterklasse und ist gleichzeitig gegen Vivisektion und andere Tierausbeutung in Salts *Humanitarian League* aktiv. Diese wird auch von Louise Lind-af-Hageby unterstützt; sie ist Mitglied der *Women's Freedom League* (WLF),[222] 1909 gründet sie die *Animal Defence and Anti-Vivisection Society*, außerdem ist sie, in ihren eigenen Worten, militante Vegetarierin – für ihren konsequenten Vegetarismus wird sie ab 1944 in der durch Donald Watson gegründeten *Vegan Society* Gleichgesinnte finden. Emily Wilding Davison, eine der militantesten Suffragetten, ist der Meinung, dass Tierrechte die logische Erweiterung feministischer Forderungen sein müssen. Sie initiiert zahlreiche Brandanschläge und bekennt sich außerdem zum Anschlag auf das Privathaus des Premierministers Lloyd George im Jahr 1913. Zur Märtyrerin der Frauenwahlrechtsbewegung wird sie, als sie noch im selben Jahr beim Derby vor das Pferd des Königs läuft und an den Folgen ihrer Verletzungen stirbt. Zu ihrem Freundeskreis zählen andere Suffragetten, die ihr Tierrechtsinteresse teilen, etwa ihre spätere Biografin Gertrude Baillie Weaver. Sie und ihr Ehemann Harold, aktives Mitglied der *Men's League for Women Suffrage*, gründen gemeinsam das *National Council for Animals' Welfare Work*. Für Harold Baillie Weaver ist Tierausbeutung die «abscheulichste Form der Ausbeutung der Schwachen durch die Starken».[223]

Die Sozialistin und Sinn-Féin[224]-Aktivistin Charlotte Despard fungiert zunächst als führendes Mitglied der WSPU und ist

222 Die WLF wurde 1907 durch 70 Mitglieder der WSPU gegründet (darunter Charlotte Despard), welche die Anwendung von Gewalt ablehnten und gewaltlose Formen des zivilen Ungehorsams wie etwa die Verweigerung des Zahlens von Steuern, die Organisation von Demonstrationen oder das Anketten im Parlament anwandten. Die WLF, die bis 1961 bestand, hatte zeitweise über 4000 Mitglieder.

223 ROSCHER 2005, 14.

224 «Wir selbst», eine der ersten irischen nationalen Befreiungsbewegungen.

1907 Mitbegründerin der WLF. Im Alter von 47 Jahren wird sie ebenfalls, inspiriert von Shelleys Texten, Vegetarierin und tritt der *London Vegetarian Society* bei; 1920 übernimmt sie die Präsidentschaft der Gruppe. «Vegetarismus war für sie Grundlage für soziale Veränderung, der Freiheit von Mensch und Tier», merkt Mieke Roscher zu ihr an.[225] Im Jahr 1906 begleitet Despard die Enthüllung des *Brown-Dog*-Denkmals in Battersea, jenem Stadtteil Londons, der als Hochburg der Gewerkschafts- und anderen sozialen Bewegungen sowie als Wiege für radikale Klassenpolitik gilt, und in dem sie sich auch anderweitig politisch engagiert. Das Denkmal, das symbolisch für die Opfer der Vivisektion errichtet wird, wird schnell zum Ausgangspunkt für die heftigsten und militantesten Auseinandersetzungen, welche die britische Tierrechtsbewegung bis zu diesem Zeitpunkt geführt hat. Letztere ist mit der feministischen Bewegung der Zeit derart verknüpft, dass die Medizinstudenten des University College, die ab 1906 gegen die Aufstellung des Denkmals protestieren, die Antivivisektions- und Frauenwahlrechtsbewegung gleichsetzen: Sie stören zahlreiche Veranstaltungen letzterer, um gegen erstere vorzugehen. Medizinstudenten versuchen immer wieder, das Denkmal zu zerstören, stoßen dabei aber auf den vehementen Widerstand der Vivisektionsgegner sowie der Bevölkerung des Arbeiterviertels, die in dem Hund offenbar ein Symbol für ihre eigene Unterdrückung sieht. Über Jahre hinweg, zwischen 1903 und 1910, wird der Konflikt, bekannt als «Brown Dog Riots», ausgetragen. Ort der Auseinandersetzungen ist sowohl Battersea als auch das Londoner Zentrum, wo auf dem Trafalgar Square Demonstrationen mit mehreren Tausend Teilnehmenden stattfinden.[226]

In ihrer umfassenden Untersuchung zur Geschichte der britischen Tierrechtsbewegung fasst Mieke Roscher zusammen:

---

225 ROSCHER 2009, 169.

226 Unter dem Druck der Kontroverse wurde die Statue 1910 vom neuen Bezirksrat geheim entfernt. 1985 wurde im Battersea Park ein neues Denkmal gesetzt – gestiftet von der *British Union for the Abolition of Vivisection* und der *National Anti-Vivisection Society*. 1992 wurde die Statue innerhalb des Parks an den Rand eines Pfades nahe des *Old English Garden* versetzt, wo sie kaum auffindbar ist. «Tierversuche sind eines der größten moralischen Probleme unserer Zeit und sollten in einer zivilisierten Gesellschaft keinen Platz haben», heißt es neben anderen Inschriften auf dem Sockel des Denkmals. Fotos der Statue finden sich unter fb.com/Antispeziesismusbuch.

«Der Aspekt der Klasse spielte also eine entscheidende Rolle in der Formierung, der Darstellung und im Selbstverständnis der britischen Tierrechtsbewegung.» Das in der Geschichtswissenschaft häufig gezogene Fazit, Tierschutz und Tierrechte seien primär als Element der oberen Klassen zum Oktroyieren ihrer Moralvorstellungen auf die Arbeiterschaft zu interpretieren, müsse eine Korrektur erfahren, Tierrechte seien durchaus schon früh ein Thema für radikale Arbeiter gewesen: «Hier wurde mit gemeinsamen Unterdrückungsszenarien gearbeitet, die die Solidarität mit der geschundenen Kreatur einforderten. Dabei wurden auch erstmals militante Methoden eingesetzt, entliehen etwa aus den Konflikten um die Erweiterung des Wahlrechts, die sich nur punktuell als erfolgreich für die Tierrechtsbewegung erwiesen bzw. hier als Austragungsort für konträre Klasseninteressen fungierten. Den TierrechtsaktivistInnen war das Spannungsverhältnis von Tierschutz und Klassenzugehörigkeit durchaus bewusst. So fundierte beispielsweise die *Humanitarian League* ihre Konzepte auf einer Gleichstellung der Befreiung des Proletariats mit der der Tierwelt.»[227]

2.6 Von Schlachthäusern und Schlachtfeldern: Vegetarismus und Friedensbewegung

Die Pazifisten erklären die Gerechtigkeit für das Fundament der menschlichen Gesellschaft und erklären es für des Menschen unwürdig, die Streitigkeiten zwischen den Staaten anstatt durch das Recht durch die Gewalt entscheiden zu lassen. Eine gerechte Gesinnung hat aber nur der, wer nicht nur die Rechte derer, die sich gegen eine Verletzung ihrer Rechte wehren und sich rächen können, sondern auch die der wehrlosen Wesen, also insbesondere der Tiere, anerkennt.
Magnus Schwantje.

Im Hinterhof einer Berliner Mietskaserne lebt in einer viel zu engen Wohnung, die in einem inneren Winkel der Hausmauern im Erdgeschoss liegt und nie von einem Sonnenstrahl erreicht wird, ein Schriftsteller. Für seinen Lebensunterhalt benötigt er nie mehr als die Hälfte des amtlich errechneten Exis-

227 ROSCHER 2005, 214f.

tenzminimums eines 18jährigen Arbeiters, sein Wohn- und Arbeitszimmer sieht eher nach einem Pack- und Vorratsraum aus, politische Flugblätter und Broschüren stapeln sich. «Mindestens zehn Bücher und Broschüren, die ich schon seit vielen Jahren schreiben will, könnte ich in einem Jahr verfassen, wenn ich mich nur so lange von den kleinen Büro-Arbeiten freimachen könnte», schreibt er im Jahr 1928.[228] Aber ein Abbruch seiner Arbeit würde nicht nur den Verlust der Ergebnisse seines bisherigen Lebens und Kämpfens bedeuten, sondern auch ein Arbeitsgebiet, das nur von wenigen gefördert wird, aus dem Bewusstsein der Menschen tilgen.

Die Rede ist von Magnus Schwantje, der die Entwicklung, welche sich in England vollzogen hat, im deutschsprachigen Raum nachvollzieht: Im Jahr 1907 gründet der gelernte Buchhändler, der auch die deutsche Übersetzung von Salts *Animals' Rights* vertreibt, in Berlin die *Gesellschaft zur Förderung des Tierschutzes und verwandter Bestrebungen* – 1918 umbenannt in *Bund für radikale Ethik* –, eine Organisation, die nach dem Vorbild der *Humanitarian League* konzipiert ist und zu Hochzeiten etwa 850 Mitglieder hat. Unter ihnen befinden sich mehr als ein Dutzend prominente Vertreter der organisierten Friedensbewegung, etwa der langjährige Vorsitzende der Deutschen Friedensgesellschaft Ludwig Quidde, der wiederum 1898 den *Münchener Verein gegen Vivisektion und sonstige Tierquälerei* gründet. Dass Schwantje noch von «Tierschutz» spricht, darf nicht darüber hinwegtäuschen, dass er eine klar abolitionistische Position vertritt. Das Argument etwa, die Zeit sei für bestimmte Forderungen nicht reif, entkräftet er mit dem Hinweis auf die Sklaverei, deren radikale Abschaffung schon gefordert wurde, als die meisten Zeitgenossen noch von ihrer Unentbehrlichkeit überzeugt waren – wenn damals nur eine Beseitigung der «Auswüchse» gefordert worden wäre, hätte diese Form der Ausbeutung in gemilderter Form fortbestanden.[229]

Wie die Organisation Salts, verbindet auch Schwantjes Bund die verschiedenen linkspolitischen Aktionsfelder mit dem Gedanken des Tierrechts. Schwantje selbst stammt aus einer Familie von Handwerkern und Bauern niederländischen Ursprungs; er ist Sozialist, Internationalist und Kriegsgegner und wendet sich scharf gegen die rassistischen, nationalistischen, antisemi-

228 SCHÜTTE 1976, 14f.

229 BRUCKER 2010, 284.

tischen und rassenhygienischen Ideologien seiner Zeit. In den ersten Jahren des neuen Jahrhunderts hält Schwantje in mehr als 150 Städten im Deutschen Reich, in Österreich und in der Schweiz mehrere hundert Vorträge. Es gelingt ihm, in der Arbeiter- und Gewerkschaftsbewegung Interesse für seine Anliegen zu wecken. Insbesondere seine Vorträge über die Gefahren der Vivisektion für die Arbeiterklasse stoßen auf großes Interesse, Arbeiterinnen und Arbeiter gründen mehrere Antivivisektionskomitees. Auch in der deutschen Sozialdemokratie findet er Beachtung; in einem Brief an Schwantje schreibt etwa der sozialdemokratische Theoretiker Eduard Bernstein: «Lieber Freund, Sie sind einer der *ganz wenigen* Schriftsteller, von denen ich jede neue Schrift sogleich nach dem Erscheinen von Anfang bis zu Ende lese, in der nie getäuschten Erwartung, wieder etwas Neues und Wesentliches durch Sie zu lernen».[230]

Von der Lebensreformbewegung adaptiert Schwantje, so Renate Brucker in ihrem Aufsatz *Tierrechte und Friedensbewegung*, «was zur Leidensvermeidung bei Menschen und Tieren beitrug: Vegetarismus, Naturheilkunde, Impfgegnerschaft, Alkoholabstinenz ohne Ideologisierung des Natürlichen, denn ‹natürlich› wäre kein sittliches Kriterium.» Dabei werde deutlich, dass dieser Strang der Lebensreform «nicht als Ausdruck antimoderner Rückzugstendenzen verstanden werden kann. Zusammen mit den Gruppen derer, die sich für Gerechtigkeit, Gleichheit, Frieden, Kinderschutz, Frauenrechte, Tierschutz und Vegetarismus einsetzten, bildete er einen wichtigen Teil einer heterogenen Fortschrittsbewegung, die vom bürgerlichen bis weit in das linke Spektrum reichte und sich einer gesellschaftskritischen, zielorientierten und politischen Arbeit für eine integrale Humanisierung verschrieben hatte.»[231]

Schwantjes Vortrag über *Tiermord und Menschenmord* wird am 19. April 1916 zur Eröffnung des bereits erwähnten «Social-Vegetarischen Kongresses» in Ascona verlesen. In der Einladung zum Kongress heißt es, dass «die Greuel des Weltkriegs nur die Äußerungen der in den Menschen durch das kapitalistische System großgezogenen Instinkte» seien; Schwantje ergänzt, dass «die zur Gewinnung der Fleischnahrung täglich millionenfach verübten Greuel die Triebe im Menschen wachrufen und nähren, die mit der furchtbarsten Gewalt im Kriege sich

230 SCHÜTTE 1976, 15.
231 BRUCKER 2010, 270, 285.

austoben».[232] In dieser Zeit, während des Ersten Weltkriegs, unterhält er eine intensive Freundschaft mit Hans Paasche, der auch Mitglied im *Bund für radikale Ethik* ist, im Jahr 1918 für die USPD dem Vollzugsrat der Arbeiter- und Soldatenräte in Berlin angehört und über das revolutionäre Marineamt Schwantjes Texte drucken lässt. Paasche schließt sich 1919 der KPD an, im Jahr darauf wird er von Reichswehrsoldaten ermordet.

Schwantje sympathisiert mit der USPD und formuliert wiederholt linkssozialistisch motivierte Kritik an der SPD. Für die USPD hält er am 10. November 1918 die Rede *Gegen eine Revolutionspsychose* im Tiergarten. Auf dem *VIII. Deutschen Pazifistischen Kongress* im Juni 1919 in Berlin spricht er über *Sozialismus und Pazifismus.* Seine Unterschrift findet sich unter einigen linkspolitischen Petitionen, unter anderem unterzeichnet er 1929 zusammen mit 35 anderen Intellektuellen die Initiative Kurt Hillers zur Wiederzulassung des Rotfrontkämpferbundes. Engste programmatische Nähe und intensiver Austausch durch wechselseitige Mitgliedschaften, Veröffentlichungen und Vortragsveranstaltungen besteht zu dem von Leonard Nelson gegründeten *Internationalen Jugendbund* (IJB) und später zum *Internationalen Sozialistischen Kampfbund* (ISK) – von ihnen wird in einem gesonderten Kapitel noch die Rede sein. Vom ISK wird Schwantje als Mitglied ohne Beitragsverpflichtung angesehen und unterstützt den Bund, wo es ihm möglich ist, etwa bei der Herstellung der Tageszeitung *Der Funke.* Zeitlebens erhält er vom Bund und dessen Mitgliedern finanzielle Unterstützung. Der ISK arbeitet während des «Dritten Reiches» im Untergrund und leistet Widerstand gegen das faschistische Regime. Schwantje wird bereits am 7. September 1933 verhaftet und im Columbia-Haus in Berlin verhört. Vorläufig wird er frei gelassen, sein Name wieder von der Transportliste nach Dachau gestrichen. Schnell löst er den *Bund für radikale Ethik* auf und emigriert in die Schweiz, wo er seine Arbeit fortzusetzen versucht. 1950 kehrt er in die BRD zurück; diese verweigert ihm eine Rente – als politisch Verfolgter – bis zu seinem Tod.

Die Funktion speziesistischer Ideologie hat Schwantje vollständig durchschaut. 1927 spricht er auf dem *VII. Internationalen Demokratischen Friedens-Kongress* in Würzburg und meint unter anderem: «Den meisten Menschen, besonders

232 SCHWANTJE 1976, 138.

den Fleischessern, fällt es aber schwer, die Tiere unbefangen zu beurteilen, weil sie einsehen, daß sie, wenn sie ihnen die höheren seelischen Eigenschaften, besonders große *Leidensfähigkeit,* zuerkennen müssen, sie nicht in dem Maße *ausbeuten* dürfen, wie sie es heute tun. Gerade *weil* der Mensch durch die Ausbeutung der Tiere großen Nutzen empfängt, verachtet er sie. Die heutige Tierverachtung hat dieselbe Ursache wie die Unterschätzung der Arbeiter, der Frauen, der Neger und anderer unterdrückter und ausgebeuteter Menschen. Immer wenn die Menschen andere Menschen ausbeuten wollen, pflegen sie sich Ansichten über diese Menschen zu suggerieren, die ihnen die Ausbeutung erleichtern. Sie reden sich ein, diese andern Menschen besäßen nicht die feineren seelischen und geistigen Bedürfnisse der höheren Menschenklassen und könnten daher durch die Ausbeutung nur wenig oder gar nicht leiden. So betrachten heute viele Leute die *Arbeiter* als eine tief unter ihnen stehende Menschenklasse, um die Knechtung der Besitzlosen durch die Besitzenden zu rechtfertigen, – das heißt: um es zu rechtfertigen, daß *die* Menschen, die die härtesten, die unangenehmsten Arbeiten verrichten müssen, den geringsten Teil von den Erträgnissen der menschlichen Arbeit empfangen. Viele Männer unterschätzen die intellektuellen Fähigkeiten und den moralischen Charakter von *Frauen,* um ihnen nicht dieselben Rechte wie den Männern zuerkennen zu müssen. Viele weiße Menschen verachten die *Neger,* um die in den Kolonien verübten Ungerechtigkeiten gegen die Eingeborenen zu entschuldigen. In jedem *Kriege* neigen viele Menschen dazu, den feindlichen Völkern eine Menge niedriger Eigenschaften anzudichten, um sich die Tötungsarbeit zu erleichtern [...]. Und so ist auch die heutige Geringschätzung der Tiere entstanden: Um sich nicht durch den Gedanken an die Leiden der Tiere hindern zu lassen bei deren *Ausbeutung,* oder um das Mitleid mit den *von andern* Menschen gequälten Tieren zu unterdrücken».[233]

Renate Brucker macht darauf aufmerksam, dass die Verbindungen von Tierschutz und Tierrechten, Vegetarismus, Friedensbewegung und anderen emanzipatorischen Bestrebungen sehr viel intensiver und vielfältiger waren und öffentlich deutlicher wahrgenommen wurden, als bisher bekannt ist.[234] Im Rahmen seines Vortrags *Tierschutzbewegung und Friedens-*

---

233 SCHWANTJE 1976, 114f.

234 BRUCKER 2010, 268ff.

bewegung spricht Schwantje auf dem *V. Deutschen Friedenskongress* am 27. Oktober 1912 in Berlin von einer «Bundesgenossenschaft» beider Bewegungen und meint: «Mit keiner anderen ethischen Bewegung ist die Friedensbewegung so eng verwandt wie mit dem Vegetarismus. Die stärkste Triebkraft beider Bewegungen ist der *Abscheu vor Grausamkeit,* die *Ehrfurcht vor dem Leben.*»[235] Die Wendung *Ehrfurcht vor dem Leben* prägt Schwantje lange vor Albert Schweitzer, der 1931 behauptet, diese sei «urplötzlich, von mir nicht geahnt und nicht gesucht» vor ihm gestanden[236] – bei Schwantje findet sie sich bereits seit 1902. Mit dem bekannten Diktum Leo Tolstois, dass es Schlachtfelder geben müsse, solange es Schlachthäuser gebe, identifiziert Schwantje sich nicht völlig, er meint sogar, besonders die beiden Behauptungen Tolstois, ohne die Abschaffung des Fleischessens sei die Abschaffung des Krieges unmöglich, und man dürfe niemals Gewalt anwenden, hätten der vegetarischen und auch anderen Bewegungen, welche auf eine Einschränkung der Gewaltanwendung hinwirkten, sehr geschadet. Pazifismus bedeutete für ihn keineswegs vollständigen Gewaltverzicht. In seiner Schrift *Das Recht zur Gewaltanwendung* (1922) kritisiert er die Auffassung Tolstois, dass jede Gewaltanwendung verwerflich und schädlich sei. Darin stellt er auch fest, dass kein Mensch sein Leben ohne Gewaltanwendung überhaupt erhalten kann: «Mit jedem Bissen Brot, das wir essen, machen wir uns der Tötung unschuldiger Tiere mitschuldig; denn es ist unmöglich, zu verhüten, daß bei der zur Erzeugung des Brotgetreides notwendigen Bearbeitung des Bodens mit dem Spaten und dem Pflug und beim Mähen Käfer, Würmer, Vögel, junge Hasen, Mäuse, Frösche und andere Tiere zerschnitten werden.» Man solle einfach versuchen, «andern Wesen so viel wie möglich zu nützen und so wenig wie möglich zu schaden». Der Mensch habe in gewissen Situationen nicht nur das Recht, sondern sogar die Pflicht zur Gewaltanwendung. «Viele der schlimmsten Greuel der Geschichte konnten nur durch Auflehnung gegen die Obrigkeit beseitigt werden», meint Schwantje etwa.[237]

Die Öffentlichkeitsorgane der von ihm geleiteten Organisation, die Zeitschriften *Ethische Rundschau* (1912–1915) und die

235 SCHWANTJE 1976, 157.
236 STOLZENBERG 1992, 119.
237 SCHWANTJE 1950, 33f., 73f.

Mitteilungen des Bundes für radikale Ethik (1920–1932), berichten fortlaufend über Organisationen, Aktivitäten und Persönlichkeiten der Friedensbewegung; beide Vorsitzende der Deutschen Friedensgesellschaft, Adolf Richter und Otto Umfried, veröffentlichen im ersten Jahrgang umfangreiche Aufsätze. Aufrufe gegen das Wettrüsten, Manifeste der sozialdemokratischen Parteien Deutschlands und Frankreichs und Artikel aus der *Friedenswarte* werden abgedruckt. Hans Wehberg, Otto Umfried, Leopold Katscher, Richard Feldhaus und andere informieren über Friedensliteratur. Nach Ausbruch des Ersten Weltkrieges widmen sich vier «Friedenshefte» fast ausschließlich der Kritik an Militarismus, Annexionspolitik und Völkerhass.

Die Verbindungen von Friedens- und Tierrechtsbewegung reichen aber weit über den Einfluss des *Bundes für radikale Ethik* auf die Friedensbewegung hinaus. Sie bestanden bereits vor dessen Gründung und rühren aus der geistigen Nähe der beiden Bewegungen her. Bertha von Suttner etwa, die österreichische Pazifistin und Schriftstellerin, die 1905 als erste weibliche Preisträgerin mit dem Friedensnobelpreis ausgezeichnet wird, hat schon 1898 in ihrem Buch *Schach der Qual* Tierschlachtung und Tierexperimente angeprangert und geschrieben: «Meiner Überzeugung nach wird auch einst die Zeit kommen, wo niemand sich wird mit Leichen nähren wollen, wo niemand mehr sich zum Schlächterhandwerk bereit finden wird. Wie viele unter uns gibt es schon jetzt, die niemals Fleisch äßen, wenn sie selber das Messer in die Kehle der betreffenden Tiere stoßen müßten!»[238]

Die Verbindungen von vegetarischer bzw. Tierrechts- und Friedensbewegung sind zahlreich und natürlich nicht auf den deutschsprachigen Raum beschränkt. Aldo Capitini beispielsweise, Philosoph, Antifaschist und Pazifist, der als «Vater der Gewaltlosigkeit in Italien» gilt, ist Vegetarier und 1952 Mitbegründer der *Associazione Vegetariana Italiana*. Auch die niederländische Strafrechtsreformerin, Feministin und Antimilitaristin Clara Wichmann, die heute als die – neben Gandhi – wesentliche Theoretikerin der Gewaltlosigkeit begriffen wird, kritisiert Unrecht und Gewalt auch in transhumaner Hinsicht und erkennt die vegetarischen und antivivisektionistischen Bewegungen als bedeutsam für die gesamtgesellschaftliche Entwicklung an. Sie

238 LINNEMANN 2000, 250.

schreibt eine Erörterung über die Rechtsstellung der Tiere in der menschlichen Gesellschaft; diese sei, was die ökonomische Abhängigkeit der domestizierten Tiere angehe, jener der Sklaven und Frauen vergleichbar. Wichmann fordert, Tiere als Wesen mit eigenen Rechten anzuerkennen, will eine «Umwandlung der alten Gewohnheit, die Tiere als eine Sache anzusehen, die Adam gegeben wurde, um daraus Profit und Annehmlichkeiten zu schlagen».[239]

Bis heute folgt die Geschichtswissenschaft, was Wichmann angeht, einer anthropozentrisch verkürzten Wahrnehmung: Das Clara-Wichmann-Institut, das von 1987 bis 2004 bestand, befasste sich ausschließlich mit Frauen- und Kinderrechten, während der Gedenkveranstaltungen zu ihrem hundertsten Geburtstag im September und Oktober 1985 an der Universität Utrecht ging keiner der Vortragenden auf die Rolle von Tieren in Wichmanns Arbeit ein. «Ein Aspekt, der für sie, Clara Wichmann selbst, doch nicht ganz unwesentlich war, den aber ihre ‹wohlmeinenden› Biographen ebenso ‹übersahen›, wie Clara Wichmann dieses ‹Übersehen› der Tierfrage schon an ihren Zeitgenossen kritisiert hatte», schreibt Renate Brucker.[240] Auch Schwantje beklagt die Ausblendung dieses Aspekts in der Wahrnehmung seiner Zeitgenossen, etwa bei von Suttner, bei Quidde, oder auch bei Rosa Luxemburg: Er bedauert, dass die Tierliebe der Revolutionärin allgemein übersehen werde und publiziert entsprechende Texte von ihr.

---

239 TOLSTOI, WICHMANN, RECLUS u.a. 2010, 134. – Den Aufsatz veröffentlichte sie zuerst 1920 unter Pseudonym, 1924 wurde er posthum in ihrem Sammelband *Befreiung* abgedruckt.

240 Ebd., 126.

3. Revolution ohne Tiere, Tiere ohne Revolution

3.1 Fühlen und leiden mit der Kreatur: Die Tiere Rosa Luxemburgs

Schmach und Schande jeder Republik, die dieses im deutschen Sprachbereich einzigartige Dokument von Menschlichkeit und Dichtung nicht allem Fibel- und Gelbkreuzchristentum zum Trotz zwischen Goethe und Claudius in ihre Schulbücher aufnimmt und nicht zum Grausen vor der Menschheit dieser Zeit der ihr entwachsenden Jugend mitteilt, daß der Leib, der solch eine hohe Seele umschlossen hat, von Gewehrkolben erschlagen wurde. Die ganze lebende Literatur Deutschlands bringt keine Träne wie die dieser jüdischen Revolutionärin hervor und keine Atempause wie die nach der Beschreibung der Büffelhaut: «und die ward zerrissen».
Karl Kraus.

Ab dem Jahr 1921 verbringt der deutsche Kommunist Max Hoelz sieben Jahre seines Lebens in verschiedenen Gefängnissen; seine Briefe aus dieser Zeit sind aufschlussreich. «Große Teile der Ihnen nahestehenden Kreise sehen in uns Kommunisten nur Gewaltanbeter», schreibt er an einen bürgerlichen Pazifisten. Dass dem nicht so ist, wird in seinen weiteren Äußerungen deutlich: Immer wieder durchdenkt er das Problem der Gewalt, der Gewaltlosigkeit und ihr Verhältnis zueinander; in einem Brief, in dem er sich zu Gandhi äußert, heißt es: «Es wäre für mich – auch heute noch – das Allerschönste, was ich mir überhaupt auszudenken vermag, wenn die von Menschenhand geschwungenen Geißeln: Not, Elend, Krieg, Grausamkeit und Verbrechen, durch Liebe, nur durch Liebe und ohne jede Gewalt bezwungen werden könnten. Wäre dies möglich, dann wollten wir, die wir heute mit Gewaltanwendung gegen die bürgerliche Ordnung anrennen, gern tausendmal den Kreuzes- und Kerkertod erleiden.» Doch sei dies nur eine schöne Utopie, weshalb er glaube, dass wir «mit aller Kraft helfen müssen, alle materiellen Machtmittel unter die Kollektiv-Verfügung aller

Werktätigen zu bringen». In einem Schreiben an den Schweizer Schriftsteller Carl Seelig, mit dem er in mehreren Briefen über Rosa Luxemburg diskutiert, schreibt er: «Es schmerzt mich, daß Sie wohl das Große an Rosa L. erkennen und lieben, aber vor dem Größten dieser Frau steht Ihre Seele unbegreifend» – dieses sei, dass sie «mit ihrer unendlichen Liebe alle Geschöpfe» umfasst habe: «R. L. sagte 1918 in einer Versammlung: ‹Jede Träne, die geflossen ist, obwohl sie abgewischt werden konnte, ist eine Anklage gegen uns.› Unsere Seele schreit auf, wenn wir den Freund vernichten, töten, und sie schreit ebenso laut auf, wenn wir den Gegner, den Feind, den Menschen, das Tier, jedes Geschöpf vernichten, töten.»[241]

Rosa Luxemburg: Marxistische Theoretikerin, bedeutende Vertreterin des proletarischen Internationalismus, Antimilitaristin, Gründungsmitglied der KPD, Revolutionärin – am 15. Januar 1919 von der Reaktion ermordet. Zuvor, während des Ersten Weltkriegs, verbringt sie insgesamt drei Jahre und vier Monate in verschiedenen Gefängnissen, bis sie im November 1918 im Zuge der Novemberrevolution befreit wird und nach Berlin zurückkehren kann. Als Mitherausgeberin der Zeitung *Die Rote Fahne* nimmt sie täglich Einfluss auf die Entwicklung der Revolution. In einem ihrer ersten Artikel fordert sie die Amnestie aller politischen Gefangenen und die Abschaffung der Todesstrafe. Denn eine ihrer Grundüberzeugungen ist, wie sie einmal in einem Brief schreibt: «Ich weiß, für jeden Menschen, jede Kreatur, ist eigenes Leben das einzige, einmalige Gut, das man hat, und mit jedem kleinen Flieglein, das man achtlos zerdrückt, geht die ganze Welt jedesmal unter; für das brechende Auge dieses Fliegleins ist alles so gut aus, als wenn der Weltuntergang alles Leben vernichtete.»[242]

Moshe Zuckermann interpretiert das Denken und Handeln Rosa Luxemburgs als visionären Kampf um Versöhnung von Mensch und Natur. Ihr Leben und ihr Tod stehen für ihn «im Zeichen einer gedachten wie gelebten Aufbäumung gegen erlittenes Leid von Mensch und Tier, der existenziellen Weigerung, sich mit den Repressionsstrukturen fehlgelaufener zivili-

---

241 GEBHARDT 1983, 250ff.

242 Brief an Sophie Liebknecht vom 24. November 1917. Alle Briefe sind nach folgender Ausgabe zitiert: Rosa Luxemburg: *Gesammelte Briefe.* 5 Bände, Berlin 1982–1984. Im Folgenden wird jeweils nur noch im Text das Datum des zitierten Briefes genannt.

satorischer Entwicklung abzufinden und zu versöhnen». Ihren Kampf um Befreiung und Freiheit der Leidenden in Gesellschaft und Natur, den Kampf gegen menschgemachte Repression, habe Rosa Luxemburg mit selbsterfahrener Repression, die in der Auslöschung ihres Lebens gemündet sei, bezahlt. «Dieser Preis steht für etwas, das über das grauenvolle Ende der Revolutionärin hinausgeht: das unweigerlich mitzubedenkende Opfer, welches man der Emanzipation darzubieten hat, wenn es darum geht, ein menschliches Dasein zu schaffen, in dem Leid von Mensch und Tier historisch überwunden wären.»[243]

In einem Artikel für *Die Rote Fahne*, das publizistische Organ des Spartakusbundes, schreibt Luxemburg am 18. November 1918: «Rücksichtsloseste revolutionäre Tatkraft und weitherzigste Menschlichkeit – dies allein ist der wahre Odem des Sozialismus.» Eine Welt müsse umgestürzt werden – «aber jede Träne, die geflossen ist, obwohl sie abgewischt werden konnte, ist eine Anklage, und ein zu wichtigem Tun eilender Mensch, der aus roher Unachtsamkeit einen Wurm zertritt, begeht ein Verbrechen».[244] Ihr zu entgegnen, die Revolution habe eben ihren Preis und der Mensch müsse schließlich essen, hieße nach Zuckermann nichts weniger, als die fundamentale Weigerung, Leiden in welcher Form auch immer zu akzeptieren, preiszugeben. Empathie und Leiderfahrung seien bei Rosa Luxemburg ein zentrales Moment, sie sei sogar der Überzeugung gewesen, dass es keine Emanzipation des Menschen ohne Emanzipation der Natur geben könne. Zuckermann plädiert deshalb dafür, die

243 «Rosa Luxemburg – erlebtes Leid, Mitgefühl und gesellschaftliche Revolution. Gedanken über den visionären Kampf um Versöhnung von Mensch und Natur», Vortrag von Moshe Zuckermann beim Internationalen Antirepressionskongress «New Roads of Solidarity» am 9.10.2010 an der Universität Hamburg.

244 LUXEMBURG 2000, 406. – Dies erinnert an eine Stelle in Clara Zetkins Aufsatz *Louise Michel nach ihren Memoiren* (1886), wo Zetkin über Michel schreibt: «Ihr Erbarmen umfaßt nicht nur die Menschheit, nein, die ganze Lebewelt, da, wie sie selbst sagt, ‹dieselbe eine ununterbrochene Kette bildet und in der Natur sich nichts trennen läßt›. Und dies Gefühl, dessen feinste Wurzel und Ausläufer das Mitleid für den Wurm ist, der sich zertreten krümmt, es entfaltet sich zur herrlichen Blüthe in dem Schmerz um den Menschen, welcher unter der Wucht ungesunder, unnatürlicher Verhältnisse körperlich, geistig und moralisch zermalmt am Boden liegt, es zeitigt als Frucht die hilfsbereite That, welche dem Individuum und der ganzen Menschheit Erlösung bringen will» (ZETKIN 1886, 211f.).

theoretische Forderung nach internationaler Solidarität um den Komplex umfassender Leiderfahrung zu erweitern.[245] Wenn es darum geht, die Solidarität mit den Unterdrückten auf die quälbaren Körper – egal, welcher Spezies sie angehören – auszuweiten und die Befreiung der Tiere in die Forderung nach einem Ende der Ausbeutungsverhältnisse mit aufzunehmen, so kann das Denken Rosa Luxemburgs in dieser Hinsicht tatsächlich visionäre Impulse geben.

Als *Briefe aus dem Gefängnis* sind die Schreiben Rosa Luxemburgs an ihre Freundin Sophie Liebknecht, die Frau von Karl Liebknecht, berühmt geworden. In ihnen vergleicht die Inhaftierte ihre eigene Situation mit jener eines Tiers im Käfig oder «eines wilden Tieres im Zoo»; ihr Herz sei «schon gewöhnt, zu parieren wie ein gut dressierter Hund». Dennoch betont sie ihrer Freundin gegenüber, die sie mit den Kosenamen «Sonitschka» und «Sonjuscha» anschreibt, stets, sie sei ruhig und heiter, und ermahnt auch sie immer wieder: «Bleiben Sie ruhig und heiter, trotz alledem!» Luxemburg ist vom 10. Juli bis zum 26. Oktober 1916 in Berlin inhaftiert, im Polizeigefängnis am Alexanderplatz und im Frauengefängnis in der Barnimstraße. Im Herbst wird sie in die Festung Wronke in Posen verlegt. Der Ort, zu Deutsch «Krähenwinkel», liegt in dem von Preußen annektierten und dem Deutschen Reich eingegliederten polnischen Gebiet. Im Juli 1917 schließlich wird sie in die Breslauer Gefängnisanstalt überführt.

In der Haft beschäftigt Luxemburg sich, wie sie schreibt, viel mit Pflanzen- und Tiergeografie. Auch ihren Freundinnen Sophie Liebknecht und Mathilde Jacob rät sie, viel im Freien zu sein, zu «botanisieren». Sie selbst kann das nur begrenzt. In ihrer Haftzeit in Wronke besteht immerhin die Möglichkeit, Zuflucht in einem kleinen Garten zu nehmen; diese nutzt sie intensiv. Im Garten begegnen ihr auch die verschiedensten Tiere. Besonders angetan haben es ihr Vögel, das merkt man schon daran, dass sie ihre Freundin Sophie Liebknecht in den Briefen stets als ein «Vögelein» bezeichnet. Mitte November 1917 beispielsweise schreibt sie: «Sonitschka, mein liebes Vöglein, wie oft denke ich an Sie; vielmehr sind Sie mir ständig gegenwärtig, und stets habe ich das Gefühl, Sie seien einsam und verweht wie ein frierender Sperling, und ich müßte um Sie sein, um Sie

245 Vgl. «Antirep2010: Moshe Zuckermann würdigt Rosa Luxemburg», 26.10.2010, schattenblick.de/infopool/politik/report/prber047.html.

aufzuheitern und zu beleben.» Nachdem sie über den Vogelzug geschrieben hat, dass dort verschiedene Arten, die sich sonst als Todfeinde befehden, friedlich nebeneinander die große Reise südwärts übers Meer machen, man sogar beobachtet habe, dass auf dieser Reise große Vögel viele kleine auf ihrem Rücken transportieren,[246] meint sie: «Wenn es also mal auch für uns heißt, in Sturm und Drang ‹über das große Meer› zu fliegen, dann nehmen wir die Sonitschka auf den Buckel, und sie wird uns dort unterwegs sorglos zwitschern.»

Bereits im Dezember 1916 weiß sie Luise Kautsky in der ihr eigenen tragischen Komik zu berichten, Elstern seien ihr «einziges Auditorium hier» – sie bringe ihnen «die weltstürzendsten Ideen und Losungen bei und lasse sie dann wieder losflattern». Luxemburg bedient sich einer Sprache, die frei von speziesistischen Wendungen ist; Tiere nimmt sie keineswegs als bloßes Exemplar oder als Objekt von Studien wahr, im Gegenteil begegnen sie ihr stets als Individuen mit je eigener Persönlichkeit. Zu einigen Vögeln, denen sie in ihrer Haftzeit in Wronke begegnet, entwickelt sie eine besondere Beziehung und bezeichnet sie schnell als ihre Freunde. Am 23. Mai 1917 schreibt sie an Sophie Liebknecht, sollte sie im Herbst noch in Wronke sein, «dann werden alle meine Freunde wieder zurückkehren und an meinem Fenster Futter suchen; ich freue mich schon jetzt auf die eine Kohlmeise, mit der ich besonders befreundet bin».

Doch im Herbst ist Rosa Luxemburg nicht mehr in Wronke. Am 22. Juli 1917 wird sie ins Gefängnis in Breslau überführt. Dort sind die Haftbedingungen schlechter. Am 2. August schreibt sie an Sophie Liebknecht: «Was mir hier fehlt, ist natürlich die relative Bewegungsfreiheit, die ich dort hatte, wo die Festung den ganzen Tag offenstand, während ich hier einfach eingesperrt bin, dann die herrliche Luft, der Garten und vor allem die Vögel! Sie haben keine Ahnung, wie ich an dieser kleinen Gesellschaft hing.» Bedrückt berichtet sie Hans Diefenbach am 13. August, in Breslau führe sie das regelrechte Dasein einer Strafgefangenen. Auf dem gepflasterten Gefängnishof gibt es nichts zu entdecken.

---

246 An den Arzt Hans Diefenbach, mit dem sie befreundet ist, schreibt sie in diesem Zusammenhang: «Wenn ich so etwas lese, bin ich erschüttert und lebensfreudig gestimmt, daß ich sogar Breslau für einen Ort halte, in dem Menschen leben können.»

Ob in Wronke oder in Breslau: Immer wieder bricht unter den Haftbedingungen das Gefühl der Verzweiflung durch. Am 30. März 1917 schreibt die Gefangene, wieder an Hans Diefenbach: «Ich fühle mich wie eine erfrorene Hummel; haben Sie schon mal im Garten an den ersten frostigen Herbstmorgen eine solche Hummel gefunden, wie sie ganz klamm, wie tot, auf dem Rücken liegt im Gras, die Beinchen eingezogen und das Pelzlein mit Reif bedeckt? Erst wenn die Sonne sie ordentlich durchwärmt, fangen die Beinchen sich langsam zu regen und zu strecken an, dann wälzt sich das Körperchen um und erhebt sich endlich mit Gebrumm schwerfällig in die Luft. Es war immer mein Geschäft, an solchen erfrorenen Hummeln niederzuknien und sie mit dem warmen Atem meines Mundes zum Leben zu wecken. Wenn mich Arme doch die Sonne auch schon aus meiner Todeskälte erwecken wollte!» Auch am 5. Juni geht es ihr wieder sehr schlecht. An Sophie Liebknecht schreibt sie: «Seit ich Ihnen meinen letzten Jubelbrief über die Frühlingsherrlichkeit schrieb, ist es hier plötzlich kalt und grau geworden, und ich leide Qualen. […] ich weiß gar nichts mehr, ich verstehe nichts, nichts, als daß ich leide.» Der Anblick eines sterbenden Schmetterlings wird nun zum Symbol für ihre eigene Lage: «Das halbtote Pfauenauge, das ich gerettet habe, ist in mein Zimmer zurückgekehrt, hat sich in einen dunklen Winkel mit zusammengeklappten Flügeln hingehockt und bleibt regungslos. Ich werde ebenso tun.» Am 8. Juni schließlich berichtet sie über den Tod des Pfauenauges, der sie sehr mitnimmt: «Mein kleiner Freund, den ich so hütete, ist mir doch heute nacht gestorben, und ich schicke Ihnen seine Leiche. Ich sah gerade noch nach ihm, wie es ihm gehe, als er die letzte Zuckung machte und mit ausgebreiteten Flügelchen flach auf das Fenster fiel. Sehen Sie, wie seine Beinchen krampfhaft gekrümmt und an den Körper gepreßt sind: Das ist die typische Haltung des Todeskampfes bei allen Tieren. Ich konnte heute die ganze Nacht kein Auge schließen.»

In ihrer Haftzeit in Breslau hält Rosa Luxemburg im Dezember 1917 auch eine Erfahrung fest, die «zum Eindrucksvollsten, was sich in sozialistischer Literatur zum Thema ‹Solidarität mit den Tieren› findet»,[247] gehört: Büffel, als Zugtiere vor einen Karren gesperrt, werden von Soldaten auf dem Gefängnishof

247 nd-aktuell.de/artikel/95668.die-linke-und-der-marxismus-ohne-fleisch.html.

geprügelt, bis sie bluten. Dies mit anzusehen, bedeutet für Rosa Luxemburg, «einen scharfen Schmerz» zu erleben. Sie schreibt: «Sie stammen aus Rumänien, sind Kriegstrophäen … Die Soldaten, die den Wagen fuhren, erzählen, daß es sehr mühsam war, diese wilden Tiere zu fangen, und noch schwerer, sie, die an die Freiheit gewöhnt waren, zum Lastdienst zu benutzen. Sie wurden furchtbar geprügelt, bis sie begreifen lernten, daß sie den Krieg verloren hatten und daß für sie das Wort gilt: ‹vae victis› [wehe den Besiegten] … An hundert Stück der Tiere sollen in Breslau allein sein; dazu bekommen sie, die an die üppige rumänische Weide gewohnt waren, elendes und karges Futter. Sie werden schonungslos ausgenutzt, um alle möglichen Lastwagen zu schleppen, und gehen dabei rasch zugrunde. Vor einigen Tagen kam also ein Wagen mit Säcken hereingefahren. Die Last war so hoch aufgetürmt, daß die Büffel nicht über die Schwelle bei der Toreinfahrt konnten. Der begleitende Soldat, ein brutaler Kerl, fing an, derart auf die Tiere mit dem dicken Ende des Peitschenstiels loszuschlagen, daß die Aufseherin ihn empört zur Rede stellte, ob er denn kein Mitleid mit den Tieren hätte! ‹Mit uns Menschen hat auch niemand Mitleid›, antwortete er mit bösem Lächeln und hieb noch kräftiger ein … Die Tiere zogen schließlich an und kamen über den Berg, aber eins blutete … Sonitschka, die Büffelhaut ist sprichwörtlich an Dicke und Zähigkeit, und die war zerrissen. Die Tiere standen dann beim Abladen ganz still, erschöpft, und eins, das, welches blutete, schaute dabei vor sich hin mit einem Ausdruck in dem schwarzen Gesicht und den sanften schwarzen Augen wie ein verweintes Kind. Es war direkt der Ausdruck eines Kindes, das hart bestraft worden ist und nicht weiß, wofür, weshalb, nicht weiß, wie es der Qual und der rohen Gewalt entgehen soll … Ich stand davor, und das Tier blickte mich an, mir rannen die Tränen herunter – es waren seine Tränen, man kann um den liebsten Bruder nicht schmerzlicher zucken, als ich in meiner Ohnmacht um dieses stille Leid zuckte. Wie weit, wie unerreichbar, verloren die schönen freien, saftiggrünen Weiden Rumäniens! Wie anders schien dort die Sonne, blies der Wind, wie anders waren die schönen Laute der Vögel, die man dort hörte, oder das melodische Rufen der Hirten. Und hier – diese fremde, schaurige Stadt, der dumpfe Stall, das ekelerregende muffige Heu mit faulem Stroh gemischt, die fremden, furchtbaren Menschen und – die Schläge, das Blut, das aus der frischen Wunde rinnt … Oh, mein armer Büffel, mein armer, geliebter Bruder, wir stehen hier beide so ohnmächtig und stumm und sind nur eins in Schmerz, in Ohnmacht, in Sehnsucht.»

Das Denken Rosa Luxemburgs ist bestimmt von einer natürlich empfundenen, grundsätzlichen Verbundenheit mit allen fühlenden Wesen; man kann von einem Solidaritätskonzept sprechen, für das Speziesgrenzen keine Rolle spielen. Am 2. Mai 1917 etwa schreibt sie, sie habe am Tag vorher über das Schwinden von Singvögeln gelesen und meint: «Mir war es so weh, als ich das las. Nicht um den Gesang für die Menschen ist es mir, sondern das Bild des stillen unaufhaltsamen Untergangs dieser wehrlosen kleinen Geschöpfe schmerzt mich so, daß ich weinen mußte.» Sogleich stellt sie eine Verbindung her mit dem Schicksal der Indigenen Nordamerikas, die genauso «von ihrem Boden verdrängt und einem stillen, grausamen Untergang preisgegeben» würden. Weiterhin schreibt sie: «Aber ich bin ja natürlich krank, daß mich jetzt alles so tief erschüttert. Oder wissen Sie? Ich habe manchmal das Gefühl, ich bin kein richtiger Mensch, sondern auch irgendein Vogel oder ein anderes Tier in mißlungener Menschengestalt; innerlich fühle ich mich in so einem Stückchen Garten wie hier oder im Feld unter Hummeln und Gras viel mehr in meiner Heimat als – auf einem Parteitag. Ihnen kann ich ja wohl das alles ruhig sagen: Sie werden nicht gleich Verrat am Sozialismus wittern. Sie wissen, ich werde trotzdem hoffentlich auf dem Posten sterben: in einer Straßenschlacht oder im Zuchthaus. Aber mein innerstes Ich gehört mehr meinen Kohlmeisen als den ‹Genossen›. Und nicht etwa, weil ich in der Natur, wie so viele innerlich bankrotte Politiker, ein Refugium, ein Ausruhen finde. Im Gegenteil, ich finde auch in der Natur auf Schritt und Tritt so viel Grausames, daß ich sehr leide.»

Tatsächlich stirbt Rosa Luxemburg nicht einmal zwei Jahre später im revolutionären Kampf. Nachdem sie im Hotel Eden verhört und schwer misshandelt worden ist, gibt der rechte Freikorps-Offizier Waldemar Pabst den Befehl, sie zu ermorden – mit Wissen und Duldung der SPD-Regierung. Erpicht auf eine finanzielle Belohnung, schlägt der am Seitenausgang bereitstehende Jäger Otto Wilhelm Runge sie mit einem Gewehrkolben nieder. Der Freikorps-Leutnant Hermann Souchon springt bei ihrem Abtransport auf den Wagen auf und erschießt die Schwerverletzte mit einem aufgesetzten Schläfenschuss. Ihre letzten

Worte sind: «Nicht schießen!» Die Leiche von Rosa Luxemburg wird im Berliner Landwehrkanal entsorgt. Ihr letzter Artikel in der *Roten Fahne* vom 14. Januar 1919 mit dem Titel *Die Ordnung herrscht in Berlin* endet mit den berühmten Worten: «Ihr stumpfen Schergen! Eure ‹Ordnung› ist auf Sand gebaut. Die Revolution wird sich morgen schon ‹rasselnd wieder in die Höh' richten› und zu eurem Schrecken mit Posaunenklang verkünden: Ich war, ich bin, ich werde sein!»[248]

Der Tierbefreiungsbewegung kann die speziesübergreifende Solidarität, die Verbundenheit, die Rosa Luxemburg mit allen leidenden Wesen fühlte – an Hans Diefenbach schrieb sie am 7. Januar 1917: «Sie wissen, ich fühle und leide mit jeglicher Kreatur» – eine Quelle der Inspiration sein. Aus Sicht dieser Bewegung nicht nachvollziehbar ist, dass Luxemburg keine Verbindung herstellte zwischen dieser Empfindung und dem eigenen Konsum von Tierprodukten. Hier ist sie offensichtlich, wie die meisten Menschen noch heute, einem psychischen Mechanismus erlegen, der für eine Bewusstseinslücke sorgt, dafür, dass die Verbindung zwischen Fleisch, das als Nahrung betrachtet wird, und dem Tier, von dem es stammt, nicht hergestellt oder verdrängt wird. Die US-amerikanische Psychologin Melanie Joy beschreibt diese Art von falschem Bewusstsein als ein System, das sie als «Karnismus» bezeichnet und als eine Unterkategorie des Speziesismus beschreibt; es handle sich um «das Glaubenssystem, das uns darauf konditioniert, bestimmte Tiere zu essen» – und dabei die natürlich empfundene Empathie mit anderen Lebewesen auszublenden. Über lange Zeit hinweg sei es gar nicht als solches erkannt oder benannt worden, Joy schreibt: «Das Patriarchat hat Tausende von Jahren existiert, ehe es von Feministinnen als Ideologie benannt wurde. Das Gleiche gilt für den Karnismus.»[249] Die Bewusstseinslücke in unserer Wahrnehmung «blockiert unseren

248 LUXEMBURG 2000, 536.

249 JOY 2013, 32, 34. – In der Blütezeit einer Ideologie kämen die Mythen, die diese legitimieren, selten auf den Prüfstand; erst, wenn das System zusammenbreche, würden sie als lächerlich erkannt – und genauso, wie erst im 19. Jahrhundert ein breiteres gesellschaftliches Bewusstsein darüber entstand, dass Frauen nicht «von Natur aus» zum Eigentum des Mannes bestimmt sind, so erwache zum jetzigen Zeitpunkt das Bewusstsein darüber, dass Tiere nicht «von Natur aus» dazu da sind, um von Menschen gegessen zu werden (ebd., 123).

Ekel und unsere Empathie. Und sie blockiert unser Bewusstsein davon, dass beim Fleischessen eine Diskrepanz zwischen unseren Wertvorstellungen und unserem Verhalten besteht.»[250] So nehme uns diese Art der Dissoziation die Fähigkeit, Entscheidungen zu treffen, die unseren wahren Empfindungen entsprechen würden – wir hätten die Ideologie, die das Essen von Tierfleisch legitimiert, derart verinnerlicht, dass sie uns, scheinbar aus freien Stücken,[251] dazu bringe, an unserer eigenen Unterdrückung mitzuwirken und ein System zu unterstützen, das auf Herrschaft und Unterwerfung beruhe.

Der Begriff «Vegetarismus» kommt in der siebenbändigen Rosa-Luxemburg-Werkausgabe nur einmal vor: In der Einleitung des von ihr übersetzten Werks *Die Geschichte meines Zeitgenossen* (1919) von Wladimir Korolenko merkt Luxemburg an, Anton Tschechow habe «aus Oppositionsgeist gegen die asketisch-moralisierende Tendenz» bei Tolstoi einmal gesagt, «Dampf und Elektrizität enthielten mehr Menschenliebe als geschlechtliche Keuschheit und Vegetarismus».[252] Man kann davon ausgehen, dass sie letzteren für einen Ausdruck kleinbürgerlicher Ideologie hält, so wie Boykotte im Allgemeinen. Als während der Proteste gegen die Lebensmittelteuerung in Württemberg – am 15. September 1912 versammeln sich in Stuttgart annähernd 10.000 Menschen, um gegen die Erhöhung der Fleischpreise zu protestieren – ein Fleisch- und Wurstboykott beschlossen wird, kommentiert sie das in einem Brief an Clara Zetkin als «Hornidee», und weiter: «Rein kleinbürgerliches Kampfmittel, individuelle Aktion statt Massenaktion.»

Mit Letzterem hat sie allerdings Recht: Boykotte sind in der kapitalistischen Gesellschaft tatsächlich nur sehr begrenzt wirksam. Aus dieser Perspektive nimmt der Veganismus in der Tier-

---

250 Ebd., 156.

251 «Die meisten Menschen, die Fleisch essen, haben keine Ahnung davon, dass sie sich nach den Grundsätzen eines Systems verhalten, das viele ihrer Wertvorstellungen, Vorlieben und Verhaltensweisen festgelegt hat. Was sie ihre ‹freie Entscheidung› nennen, ist in Wirklichkeit das Ergebnis eines eng begrenzten Spektrums an Optionen, die bereits vorab für sie ausgewählt worden sind. Zum Beispiel ist ihnen nicht klar, dass sie gelernt haben, menschliches Leben so viel höher einzustufen als bestimmte Arten von nichtmenschlichem Leben, dass es ihnen angemessen scheint, ihre eigenen geschmacklichen Vorlieben wichtiger zu nehmen als das Überlebensinteresse anderer Arten.» (ebd., 120).

252 LUXEMBURG 2000, 307.

befreiungsbewegung einen überproportional großen Stellenwert ein. Der marxistische Philosoph Marco Maurizi, der selbst in der Tierbefreiungsbewegung aktiv ist, sagt dazu: «Tierrechtsaktivisten predigen Veganismus als einen Lifestyle, der ‹die Welt verändert›, wenn ihn nur alle übernehmen würden. Als ob das Problem deine fleischessenden Tanten wären und nicht Unternehmen, die Milliarden Profite machen und ganze Regionen des Planeten kontrollieren. Die irreführende Idee hinter dieser Praxis ist, dass ein ‹Vorurteil› gegen Tiere die Ursache des Leidens sei und man dagegen einen Kreuzzug führen müsse. Dabei brauchen wir vielmehr eine realistische Analyse der Gesellschaftsstruktur, um einen Ausweg für uns und die Tiere aus dem integralen Ausbeutungssystem zu finden, in dem wir leben.»[253] Natürlich glaubt Maurizi, dass es nicht sinnlos ist, individuell so zu handeln, wie man sich eine freie Gesellschaft vorstellt[254] – es kommt aber darauf an, nach diesem individuellen Schritt nicht stehenzubleiben: Wenn sich jemals etwas an den herrschenden Verhältnissen ändern soll, muss ein politisches Programm verfolgt werden, das deren Umsturz zum Inhalt hat.

Dass der Vollzug der sozialen Umwälzung, der notwendig ist, um wahre Emanzipation zu erreichen, sehr wahrscheinlich weitere leidvolle Erfahrungen produziert, dessen ist Rosa Luxemburg sich vollkommen bewusst. In der ihr eigenen Art und Weise aber versteht sie es, das Leiden nicht zu dem ihr Denken bestimmenden Faktor werden zu lassen. Sie bleibt «ruhig und heiter», lebt, wie sie schreibt, «ständig in einem freudigen Rausch», ihre

253 STACHE 2021, 58.

254 «Sicherlich können wir mit unseren kleinen täglichen Handlungen einen Funken von Befreiung in die Welt bringen, aber wir könnten niemals die Möglichkeiten einer befreiten Welt vollständig leben. ‹Es gibt kein richtiges Leben im Falschen›. Ein freies und gewaltfreies Leben für alle (ob menschlich oder nicht-menschlich) wird von einer Gesellschaft frei organisiert werden, die völlig anders ist als unsere. Alle Versuche, die zukünftige Welt zu imaginieren, indem man sie mit den *disiecta membra* der gegenwärtigen zusammensetzt, ähneln einem Frankenstein-Monster. […] Genau wie eine Welt ohne Tierausbeutung keine antispeziesistische Welt ist, sondern vielmehr eine nicht-speziesistische (d.h. eine Welt, die den Speziesismus überwunden hat, die nicht mehr gegen Speziesismus kämpfen muss), wird auch eine solche Welt keine ‹vegane› Welt sein, sondern vielmehr eine Welt, die den Kampf gegen Lebensstile hinter sich gelassen hat, die auf der systematischen Ausbeutung der Natur beruhen.» (MAURIZI 2021, 83).

grundsätzlich lebensfrohe und lebensbejahende Einstellung wird durch missliche äußere Umstände kaum berührt. Die aus ihrem Marxismus resultierende materialistische Geschichtsauffassung, zu der das Bewusstsein gehört, als Mensch aus der Natur zu stammen, selbst Natur zu sein, und die daraus abgeleitete tief empfundene Verbundenheit mit den zahlreichen anderen Wesen, welche die Natur neben dem Menschen hervorgebracht hat, hilft ihr davon abzusehen, Fragen nach dem Sinn des Leidens zu stellen und spendet ihr Trost und Zuversicht.

Am 23. Mai 1917 schreibt sie: «Sonjuscha, Sie sind erbittert über meine lange Haft und fragen: ‹Wie kommt das, daß Menschen über andere Menschen entscheiden dürfen. Wozu ist das alles?› [...] Mein Vöglein, die ganze Kulturgeschichte der Menschheit, die nach bescheidenen Schätzungen einige zwanzig Jahrtausende zählt, basiert auf der ‹Entscheidung von Menschen über andere Menschen›, was in den materiellen Lebensbedingungen tiefe Wurzeln hat. Erst eine weitere qualvolle Entwicklung vermag dies zu ändern, wir sind ja gerade jetzt Zeugen eines dieser qualvollen Kapitel, und Sie fragen: ‹Wozu das alles?› ‹Wozu› ist überhaupt kein Begriff für die Gesamtheit des Lebens und seine Formen. Wozu gibt es Blaumeisen auf der Welt? Ich weiß es wirklich nicht, aber ich freue mich, daß es welche gibt, und empfinde als süßen Trost, wenn mir plötzlich über die Mauer ein eiliges ‹Zizi bä› aus der Ferne herübertönt.»

Dennoch ist sie sich der ganzen Ungerechtigkeit und des Wahnsinns des «großen Irrenhauses», das unsere momentane Gesellschaft darstellt, stets bewusst und verdrängt dieses Wissen und auch die Wut darüber nicht: «Ich weiß noch, wie ich mit heißen Tränen in Zürich als Studentin einmal Professor Sibers ‹Otscherki perwobytnoi ekonomitscheskoi kultury› las, wo die systematische Verdrängung und Austilgung der Rothäute Amerikas durch die Europäer beschrieben ist, und ich ballte die Fäuste vor Verzweiflung, nicht nur, daß solches möglich war, sondern daß das alles nicht gerächt, bestraft, vergolten worden ist. Ich zitterte vor Schmerz, daß jene Spanier, jene Angloamerikaner längst gestorben und vermodert sind und nicht wiedererweckt werden können, damit an ihnen all die Martern, die sie den Indianern zugefügt, vorgenommen werden.» Doch dies seien «kindische Auffassungen», weist sie sich selbst zurecht – Luxemburg weiß genau, dass auch alle heutigen Ungerechtigkeiten, dass «all die Niedertracht sich in dem Wust historischer unbeglichener Rechnungen» verlieren werden.

Auch die heutige menschliche Gesellschaft ist nicht solidarisch, sondern nach dem Prinzip von Konkurrenz und Ausbeutung gestaltet, sowie noch immer großenteils beherrscht von dem Stumpfsinn Tieren gegenüber, den bereits Rosa Luxemburg beklagt hat. Der Ungerechtigkeit gegenüber gleichgültig zu werden, ist ihr nie gelungen. Kämpfe wie ihrer können heutige Kämpfe inspirieren, und die von Repression betroffene Bewegung stärken. Luxemburg zu lesen gibt Mut und Zuversicht. Einmal sagt sie über sich: «Ich fühle mich in der ganzen Welt zu Hause, wo es Wolken und Vögel und Menschentränen gibt.» Inhaftiert, von der ganzen Welt isoliert, fühlt sie sich umso stärker verbunden mit allen Wesen, die des Leidens fähig sind – mit menschlichen und nichtmenschlichen Tieren. An Sophie Liebknecht schreibt sie am 12. Mai 1918: «So bin ich aus meiner Zelle nach allen Seiten durch unsichtbare, feine Fäden an tausend kleine und große Kreaturen geknüpft [...]. Sie gehören auch zu all diesen Vögeln und Kreaturen, um die ich von weitem innerlich vibriere.»

3.2 Gegen jede Ausbeutung: Der Internationale Sozialistische Kampfbund

Könnte eins jener unglücklichen Geschöpfe eine Geschichte der Tiere schreiben, die Leidensgeschichte des Proletariats sähe dagegen aus wie eine Schilderung des goldenen Zeitalters [...]. Rufen wir Proletarier etwa nach einer humanen Ausbeutung? Oder gilt unser Kampf nicht vielmehr der Ausbeutung überhaupt? Gilt er aber der Ausbeutung überhaupt, dann dürfen wir auch nicht selbst ausbeuten; im Gegenteil: gerade die Ausgebeuteten selbst sind am ehesten in der Lage, die Qualen der Tiere nachzufühlen.
Willi Eichler.

Frankfurt, 20. Mai 1935: Adolf Hitler weiht feierlich den ersten Teilabschnitt der Reichsautobahn ein. Gut sichtbar sind in der Nacht zuvor überall auf den Fahrbahnen antifaschistische Parolen angebracht worden – der Propagandafilm zum Einweihungsakt muss deshalb später an zahlreichen Stellen gekürzt werden –, außerdem wurden durch die Beschädigung von Kabeln Lautsprecher außer Betrieb gesetzt. Es handelt sich um eine Widerstandsaktion der Frankfurter Gruppe des *Internationalen Sozialistischen Kampfbunds* (ISK). Seit seinem Verbot 1933 arbeitet der ISK im Untergrund, begeht Sabotageakte, schleust politische Flüchtlinge aus, druckt und verbreitet illegal Flugblätter. Zur Tarnung und Finanzierung des Bundes dient ein Netz vegetarischer Gaststätten in Köln, Berlin, Hamburg, Frankfurt am Main und Bochum – denn die Mitglieder des ISK leben alle vegetarisch.

Nachdem im Juni 1932 das zwei Monate vorher ergangene Verbot von SS und SA wieder aufgehoben wird, gibt es innerhalb von nur einem Monat 99 Tote bei Auseinandersetzungen. Am 17. Juli, am sogenannten Altonaer Blutsonntag, sterben 16 Menschen aus der Wohnbevölkerung durch Polizeikugeln. In diese Zeit fällt die Publikation des *Dringenden Appells:* Am 25. Juni unterzeichnen sieben ISK-Mitglieder sowie 26 linksliberal oder sozialistisch eingestellte bekannte Persönlichkeiten die Forderung des ISK nach einer taktischen Zusammenarbeit von KPD und SPD bei der Reichstagswahl im Juli, um einen Wahlsieg der Faschisten zu verhindern – unter den Unterzeichnenden befinden sich Franz Oppenheimer, Erich Kästner, Käthe Kollwitz, Heinrich Mann, Arnold Zweig, sowie Albert Einstein.[255] Im Text, der in der Zeitung des ISK *Der Funke* veröffentlicht sowie auf den Litfaßsäulen Berlins plakatiert wird, heißt es: «Die Vernichtung aller persönlichen und politischen Freiheit in Deutschland steht unmittelbar bevor, wenn es nicht in letzter Minute gelingt, unbeschadet von Prinzipiengegensätzen alle Kräfte zusammenzufassen, die in der Ablehnung des Faschismus einig sind. Die nächste Gelegenheit dazu ist der 31. Juli. Es gilt, diese Gelegenheit zu nutzen und endlich einen Schritt zu tun zum Aufbau einer einheitlichen Arbeiterfront, die nicht nur für die parlamentarische, sondern auch für die weitere Abwehr notwendig sein wird.» Der Appell schließt mit dem Satz: «Sorgen wir dafür, daß nicht Trägheit der Natur und Feigheit des Herzens uns in die Barbarei versinken

255 Einstein sprach bekanntlich bereits davon, dass nichts die Chancen für das Überleben auf der Erde so sehr erhöhen würde wie die Evolution zu einer vegetarischen Ernährungsweise, und forderte die Menschen dazu auf, ihr Mitgefühl auf alle lebenden Kreaturen auszuweiten.

lassen!»[256] Im Sinn des Aufrufs veranstaltet der Bund vor den Wahlen insgesamt 77 Veranstaltungen in fast allen Großstädten Deutschlands; viele beteiligen sich am «Volksbegehren der Arbeiterschaft für die Einheitsfront» – so kann etwa der ISK in Braunschweig und Celle innerhalb von 14 Tagen bis zu 6000 Unterschriften sammeln. Überall werden Aufkleber verklebt, auf welchen die beiden Abzeichen der Eisernen Front und der Antifa gemeinsam dargestellt sind, mit dem Schriftzug: *Schafft Einheit gegen den Faschismus!*

Der Kampfbund geht 1925 aus dem seit 1917 bestehenden *Internationalen Jugendbund* (IJB) hervor. Beide Organisationen werden gegründet und geführt vom Göttinger Philosophen Leonard Nelson und seiner Mitarbeiterin Minna Specht. Was Nelson zur Gründung des Jugendbundes veranlasst hat, beschreibt er 1922 rückblickend mit den Worten: «Es kann in der Welt nicht besser werden durch bloße Vorschläge und Programme. Es kann auch nichts dadurch besser werden, daß junge Menschen in einem sorgfältig ausgewählten pädagogischen Milieu zur Entfaltung ihrer guten Anlagen gelangen, in der Hoffnung, daß sie sich schon behaupten und andere in den Bannkreis ihrer Persönlichkeit ziehen werden. Es kann nur dadurch besser werden, daß sich den despotischen Organisationen, wie sie im Dienst des Imperialismus, des Kapitalismus, des Klerikalismus wirken, eine Organisation freier Menschen entgegenstellt, die, indem sie den Kampf um die Macht aufnimmt, überhaupt erst die Aussicht eröffnet, daß alle auf die Befreiung der Menschheit gerichteten Bestrebungen ihrerseits einen Erfolg erzielen.»[257]

Bis zur Novemberrevolution 1918, als der bis zu diesem Zeitpunkt fast ausschließlich akademisch geprägte IJB anfängt, unter der sozialistischen Arbeiterjugend zu agitieren, haben sich Zellen in Berlin, München, Frankfurt am Main, Magdeburg und Kassel gebildet. Später entstehen auch in der Schweiz Ortsgruppen. Die Zahl der Mitglieder wird aber 120 nicht überschreiten – was sicher mit an den rigiden Anforderungen liegt. In einem Aufruf aus dem Juni 1919 fordert der IJB zwar alle, «denen es ernst ist mit dem Kampf um soziale und internationale Gerech-

---

256 *Dringender Appell für die Einheit*, in: *Der Funke* Nr. 147 (25.6.1932), 2 (library.fes.de/inhalt/digital/funke/pdf/1932/19320625.pdf).

257 NELSON 1972, 350.

tigkeit», zum Beitritt auf,[258] dieser ist aber an Bedingungen geknüpft: Voraussetzungen sind etwa der Austritt aus der Kirche sowie die Annahme einer vegetarischen Lebensweise. Die Mitglieder werden außerdem verpflichtet, in den Organisationen der linken Arbeiterbewegung mitzuarbeiten. Vor allem in den kommunistischen und sozialdemokratischen Jugendverbänden werden sie aktiv. Durch Unvereinbarkeitsbeschlüsse werden sie aber zuerst aus den Verbänden der KPD (1922) und dann auch aus der SPD (1925) ausgeschlossen, was den Anlass für die Neugründung der Organisation als ISK gibt.

Der Kampfbund ist der Form nach eine Partei. Er wird nie zu Wahlen antreten, jedoch Empfehlungen abgeben – meist für die KPD. Gegründet wird er am 1. Januar 1926. Im Gründungsflugblatt wird als Grund für den Ausschluss der IJB-Mitglieder aus der Sozialdemokratischen Partei angegeben, diese hätten «das Geschäftsgeheimnis aufgedeckt, auf das sich die Bonzenherrschaft in der Partei ebenso gründet wie die Herrschaft der Bourgeoisie in der bürgerlichen Republik»; ihr wirkliches Verschulden sei der Versuch gewesen, aus der SPD eine revolutionäre, sozialistische Partei zu machen. Der Agitationstext schließt mit den Sätzen: «Wir haben den Mut zu eigenem Denken; wir haben den Mut zur sozialistischen Tat, getreu dem Wort von Karl Marx: Die Befreiung der Arbeiter kann nur das Werk der Arbeiter selbst sein. Genossen, Arbeiter! Schließt die Reihen! Helft am Aufbau unseres Internationalen Sozialistischen Kampfbundes!» Die SPD sieht das gänzlich anders. Im Bericht des Heidelberger Parteitags vom 14. September 1925 wird der «Nelson-Bund» als «Sekte, die sich an die Jungsozialisten und die Arbeiterjugend heranmacht» bezeichnet – was Nelson lehre, sei das Gegenteil von Marxismus und Demokratie.[259]

Man kann die politische Theorie des IJB nicht gerade als das Gegenteil von Marxismus bezeichnen; tatsächlich schränkt Nelson aber zentrale Forderungen der marxistischen Arbeiterbewegung ein. So heißt es im Programm des Bundes etwa, die Aufhebung eines Zehntels des Großgrundbesitzes würde genügen, um die Macht des Großgrund- und des Industriekapitals zu brechen: «Durch diese einzige Aktion also könnte die soziale Frage

258 LINK 1961, 63.
259 Ebd., 100f., 92.

gelöst werden.»[260] Hier steht das Programm deutlich unter dem Einfluss der Konzeption des liberalen Sozialismus, wie ihn Franz Oppenheimer formuliert hat. Seine eigene Position zu Liberalismus und Sozialismus formuliert Nelson 1924 folgendermaßen: «Wir werden das Richtige beider Gedanken vereinigen, indem wir auf der einen Seite die rechtliche Freiheit der einzelnen gegen staatliche Bevormundung in Schutz nehmen, auf der anderen Seite aber dem Staat das Recht und die Pflicht zuweisen, in das freie Spiel der Kräfte einzugreifen, um es auf die Bedingung des Rechts einzuschränken.»[261]

Als Philosoph neukantianischer Prägung legt Nelson viel Wert auf den Rechtsbegriff. In seinem *System der philosophischen Rechtslehre und Politik* (1924) proklamiert er auch ein Recht der Tiere. Es heißt dort: «Es ist der untrüglichste Maßstab für die Rechtlichkeit des Geistes einer Gesellschaft, wie weit sie die Rechte der Tiere anerkennt. Denn während die Menschen sich nötigenfalls, wo sie als einzelne zu schwach sind, um ihre Rechte wahrzunehmen, durch Koalition, vermittelst der Sprache, zu allmählicher Erzwingung ihrer Rechte zusammenschließen können, ist die Möglichkeit solcher Selbsthilfe den Tieren versagt, und es bleibt daher allein der Gerechtigkeit der Menschen überlassen, wie weit diese von sich aus die Rechte der Tiere achten wollen.»[262] Die dialektische Methode, in der er den hegelschen «Geisterspuk» – in materialistischer Verwandlung – fortwirken sieht, verwirft Nelson dagegen: «Es ist bekannt, welche Anwendung Marx und Engels von dieser Dialektik, wie sie sie von Hegel übernommen haben, auf die Theorie und Geschichte der kapitalistischen Gesellschaft machen. Die kapitalistische Gesellschaftsordnung, in der wir leben, soll allmählich in ihr Gegenteil umschlagen»,[263] schreibt er, und widerspricht dem Glauben an, wie es im Vorwort des *Kapitals* heißt, «mit eherner Notwendigkeit wirkenden und sich durchsetzenden Tendenzen»[264] in der

260 Ebd., 65. – Im 18. Jahrhundert, so Link an anderer Stelle, habe die Theorie, dass die Ausbeutung durch den Großgrundbesitz begründet sei, der Wirklichkeit entsprochen und revolutionären Charakter im Kampf der Bourgeoisie gegen den Feudalismus gehabt, aber: «Im zweiten Viertel des 20. Jahrhunderts konnte sie jedoch keineswegs die Wirklichkeit der hochindustrialisierten Staaten treffen» (ebd., 125).

261 NELSON 1964, 255.

262 Ebd., 289.

263 NELSON 1962, 488.

264 MEW 23,12.

Geschichte, die zwangsläufig zum Übergang zur sozialistischen Gesellschaftsform führen sollen.[265] Nelson macht darauf aufmerksam, dass der hypothetische Charakter der fraglichen Notwendigkeit bei Marx und Engels selbst zum Ausdruck kommt: «Hätte jemals einer die Traktate des historischen Materialismus aufmerksam gelesen, so wäre ihm nicht entgangen, daß die Verfasser im Ernst selbst nicht an diese Notwendigkeit glauben. Die Klassiker dieser Theorie wenigstens sprechen vorsichtigerweise von dieser Notwendigkeit meist nur in der verklausulierten Form, daß das fragliche Geschehen eintreten muß, *wenn nicht* dieses oder jenes andere Geschehen eintreten soll, – etwa davon, daß das moderne Industrie-Proletariat die klassenlose Gesellschaft einführen muß ‹bei Strafe des Versinkens in chinesisches Kulitum› oder, ‹falls nicht die ganze moderne Gesellschaft untergehen soll›.»[266]

Für die Verwirklichung des Sozialismus sind wir nach Nelson deshalb allein auf eine Bedingung aus dem Überbau angewiesen: Auf die menschliche Einsicht. Daraus leitet der Philosoph eine *ethische Pflicht* zur Führung des Klassenkampfs ab, da nur so eine Gesellschaft ohne Ausbeutung von Mensch und Tier errichtet werden könne. An die Stelle der dialektischen Notwendigkeit setzt Nelson die rechtliche Notwendigkeit und meint, damit den Sozialismus erst wahrhaft wissenschaftlich

---

265 Link merkt an, bei dieser Polemik Nelsons dürfe nicht außer Acht gelassen werden, «daß die Mehrzahl der sozialistischen Theoretiker dieser Periode unter dem Einfluß naturwissenschaftlich-kausalmechanistischen Denkens den originären Marxismus verfälscht hatten [...], zumal die Frühschriften von Marx und Engels zu dieser Zeit noch nicht vollständig publiziert waren. Soweit Nelson also den Vulgär- und Quasimarxismus – wie er sich z.B. auch in den Reden auf dem Heidelberger Parteitag äußerte – attackierte, war seine Kritik berechtigt» (LINK 1961, 119).

266 NELSON 1972, 580. – Was daraus folgen muss, ist «kein Pessimismus, sondern das Bekenntnis zur Praxis, deren die Theorie bedarf. Marx hat das Gesetz der herrschenden unmenschlichen Ordnung aufgedeckt und die Hebel gezeigt, die man ansetzen muß, um eine menschlichere zu schaffen [...]. Wenn der Sozialismus unwahrscheinlich ist, bedarf es der um so verzweifelteren Entschlossenheit, ihn wahr zu machen [...]. Die sozialistische Gesellschaftsordnung wird von der Weltgeschichte nicht verhindert, sie ist historisch möglich; verwirklicht wird sie aber nicht von einer der Geschichte immanenten Logik, sondern von den an der Theorie geschulten, zum Bessern entschlossenen Menschen, oder überhaupt nicht» (HORKHEIMER 1987, 342ff.).

begründet zu haben. Seinen Standpunkt zum Marxismus fasst er in der Schrift *Die bessere Sicherheit – Ketzereien eines revolutionären Revisionisten* (1927) zusammen. Ihr stellt er ein Zitat von Lenin – «Ohne revolutionäre Theorie kann es auch keine revolutionäre Bewegung geben» – und ein Zitat von Marx voran: «Jedes Urteil wissenschaftlicher Kritik ist mir willkommen.» Als das große Verdienst der marxistischen, historisch-materialistischen Geschichtsauffassung hält er fest, dass sie die Frage weg vom bloßen Ideal des Sozialismus, hin zur Frage nach den Mitteln seiner Verwirklichung gelenkt und Klarheit darüber geschaffen habe, dass ein gesellschaftliches Ideal nur im Kampf um den Besitz der gesellschaftlichen Macht erreicht werden könne. «Die Gedanken, die in einem bestimmten Gesellschaftszustand herrschen werden, hängen ab von dem Interesse der in dieser Gesellschaft herrschenden Klasse, die vermöge ihrer Herrschaft über die Produktionsmittel auch hinsichtlich der Gedanken verfügt, die darüber disponieren kann, was in der übrigen Gesellschaft gedacht wird, genau so wie darüber, was die übrige Gesellschaft an Nahrung zu verzehren hat.»[267] Damit sich das ändert, ist nach Auffassung Nelsons die Organisierung des antikapitalistischen Widerstands notwendig. Für ihn steht fest: Die Welt wird sich nie nach dem richten, was in den Büchern steht – und wenn es tausendmal wissenschaftlich begründet ist. Nicht die Theorie bestimme die Praxis, sondern die Macht der für oder gegen eine Sache sich einsetzenden Interessen. Mit der Absicht, diese Macht aufzubauen, wird der ISK gegründet: In der Satzung wird als Zweck des Bundes der Kampf für die Verwirklichung der ausbeutungsfreien Gesellschaft benannt.

Aufgrund der rigiden Anforderungen, die schon die Mitgliederzahl des IJB bei maximal 120 gehalten hat, kommt der ISK über eine Anzahl von 300 Parteimitgliedern nicht hinaus. Das Umfeld der Sympathisanten beträgt gegen Ende der Weimarer Republik allerdings bis zu 1000 Personen. Zu dieser Zeit hat die Partei Ortsverbände in 32 Städten Deutschlands. In Hamburg, Köln, Kassel, Wolfenbüttel und Braunschweig gibt es ISK-Heime – in Köln in Verbindung mit einem vegetarischen Restaurant, in verschiedenen anderen Heimen werden Gemeinschaftsküchen für Arbeitslose eingerichtet. International tritt die Organisation

267 NELSON 1962, 478.

unter den Namen *Militant Socialist International, Internationale Militante Socialiste* und *Internacio de Socialista Kunbatalo* auf. Als Außenstellen werden zeitweise China, Bulgarien und England geführt. Doch nur in London entwickelt sich ein Ortsverein mit einer größeren Mitgliederzahl, dessen Bedeutung durch die Einreise von Willi Eichler und anderer ISK-Mitglieder im Exil noch steigt.[268] Eichler übernimmt nach dem Tod von Nelson im Jahr 1927 die Leitung des ISK. Ab Anfang 1932 gibt der Bund eine eigene Tageszeitung mit dem Titel *Der Funke* heraus – jene Zeitung, in der auch der *Dringende Appell* gedruckt wird. Die Forderung nach Tierrechten ist im Blatt kein Randthema, sondern Gegenstand zahlreicher Artikel. Analytisch scharf werden Verbesserungen im gesetzlichen Tierschutz verurteilt, wenn sie auf menschenfeindlicher Ideologie beruhen: Als etwa Thüringen das Schächten verbietet, prangert die Zeitung an, das Verbot entstamme weniger der Tierfreundlichkeit als vielmehr der Judenfeindlichkeit.[269]

Der ISK leistet eine stimmige Faschismusanalyse – Minna Specht schreibt, der Aufstieg Hitlers sei «ökonomisch unterbaut» und prognostiziert, die sozialistischen Elemente im Programm der NSDAP würden in dem Augenblick beiseitegeschoben werden, «wo die NS von den Kapitalisten für ihre Zwecke eingesetzt werden».[270] Am 30. Januar 1933 trifft diese Vorhersage ein: Hitler wird zum Reichskanzler ernannt. Am 3. Februar bittet der ISK-Vorstand die Unterzeichner des *Dringenden Appells,* ihre Unterschrift zu erneuern. Der Aufruf wird am 12. Februar veröffentlicht, am 17. Februar wird die Zeitung *Der Funke* verboten. Bereits seit Herbst 1932 hat der ISK sich auf die Illegalität vorbereitet – Mitgliederbücher sind verbrannt, Schriften ausgelagert. Kleine Widerstandszellen, die aus jeweils fünf Personen bestehen, sind gebildet worden. Sie können ihre Widerstandsarbeit aufrechterhalten, bis eine Verhaftungswelle, die im Dezember 1937 beginnt und bis Februar 1938 anhält, die weitere Arbeit im Inland unmöglich macht. Nur wenigen Illegalen gelingt noch rechtzeitig die Flucht ins Ausland. Viele werden zu Gefängnis- und Zuchthausstrafen verurteilt, in Konzentrationslager eingeliefert oder zum berüchtigten Straf-

268 LEMKE-MÜLLER 1996, 13f.

269 Ausgabe vom 4.10.1932. Digitalisierte Ausgaben der Zeitung können hier eingesehen werden: library.fes.de/inhalt/digital/funke/funke.html.

270 LINK 1961, 129.

bataillon 999 eingezogen. Nicht alle überleben diese qualvolle Zeit.

Die theoretische Konzeption des ISK im Widerstand findet ihren Niederschlag in einer Broschüre, die 1934 veröffentlicht wird. Sie ist in drei Hauptabschnitte aufgeteilt, der dritte trägt als Überschrift die Frage Lenins: *Was tun?* Es wird der Aufbau einer revolutionären Kaderpartei im Sinne des ISK und seiner von Nelson entwickelten Theorie gefordert. Noch während des Zweiten Weltkriegs aber, in der Schrift *Rußland und die Komintern* (1942), erhebt der ISK schwere Vorwürfe gegen die sowjetische Politik, und Anfang August 1945 beschließen etwa 30 Mitglieder, der SPD beizutreten; im Dezember gibt Willi Eichler die Auflösung des ISK bekannt. Eichler und weitere ehemalige ISK-Mitglieder beteiligen sich daraufhin maßgeblich an der Schaffung des reformistischen Godesberger Programms der Sozialdemokraten, das 1959 die Wende der SPD von einer Arbeiter- zur Volkspartei markiert. Für die Vorstellungen zur Wirtschafts- und Sozialordnung, welche im Programm formuliert werden, steht das Schlagwort *Wettbewerb soweit wie möglich, Planung soweit wie nötig.* Das ehemalige ISK-Mitglied Grete Hermann hält Nelsons Erwägungen für «mitbestimmend für jene Programmkommission der SPD, in der die Grundwerte und Leitlinien des ‹freiheitlichen Sozialismus› beraten wurden».[271] Angesichts der klassenkämpferischen Vehemenz Nelsons aber kann man davon ausgehen, dass er sich, konfrontiert mit dem Beitrag, den seine einstigen Genossinnen und Genossen zum sogenannten «demokratischen Sozialismus» der SPD leisten, verraten gefühlt hätte. Verraten werden jedenfalls die Tiere: Sie spielen im Godesberger Programm schlicht keine Rolle.

Was das Verhältnis Nelsons zur Sowjetunion angeht, so ist unbestritten, dass er sich der welthistorischen Bedeutung der Oktoberrevolution bewusst ist sowie eine tiefe Sympathie und Bewunderung für die Radikalität und Tatkraft Lenins zeigt. 1927 schreibt er: «Die Hoffnungen der wenigen, die wirklich den Sozialismus wollen, richten sich heute auf die Bolschewiki.»[272] Er versucht, Einfluss auf die politische Entwicklung in der Sowjetunion zu nehmen und unternimmt eine Reise nach Moskau. Nelson schreibt, das Land werde regiert aus einem Zusam-

271 HENRY-HERMANN 1985, 211.

272 HEYDORN 1992, 21.

menspiel von «Angst, Mißtrauen und Eifersucht der rivalisierenden Gruppen».[273] Er ist enttäuscht. «Das war ein trauriger Abschluß, und wir nahmen in jedem Sinn von dem toten Lenin Abschied», heißt es in seinem Reisebericht.[274] Am real existierenden Sozialismus missfällt Nelson natürlich auch die gesellschaftliche Stellung der Tiere. Wirklicher Sozialismus schließt für ihn die Beachtung des Rechts der Tiere mit ein: «Ein Arbeiter, der nicht nur ein ‹verhinderter Kapitalist› sein will und dem es also ernst mit dem Kampf gegen jede Ausbeutung ist, der beugt sich nicht der verächtlichen Gewohnheit, harmlose Tiere auszubeuten, der beteiligt sich nicht an dem täglichen millionenfachen Mord, der an Grausamkeit, Rohheit und Feigheit alle Schrecknisse des Weltkrieges in den Schatten stellt, – das sind Angelegenheiten, Genossen, die entziehen sich der Abstimmung», sagt er 1926, und weiter: «Entweder man will gegen die Ausbeutung kämpfen, oder man lässt es bleiben. Wer als Sozialist über diese Forderungen lacht, der weiß nicht, was er tut. Der beweist, dass er nie im Ernst bedacht hat, was das Wort Sozialismus bedeutet.»[275] In Moskau leidet er besonders an den Schreien der Versuchstiere, die aus den Kellerfenstern des Physiologischen Instituts der Kommunistischen Akademie dringen: In seinem Reisebericht beschreibt er «das jammervolle Geheul dieser gefolterten Tiere», das nicht aufhöre – «tagaus, tagein, Stunde für Stunde».[276]

---

273 VORHOLT 1991, 61.
274 HEYDORN 1992, 21.
275 NELSON 1972, 361ff.
276 FRANKE 1997, 217.

3.3 Im Namen vieler Millionen Tiere: Sowjetunion und DDR

Die kapitalistische Produktion entwickelt daher nur die Technik und Kombination des gesellschaftlichen Produktionsprozesses, indem sie zugleich die Springquellen allen Reichtums untergräbt: die Erde und den Arbeiter.
Karl Marx.

Als der Slawist Peter Brang während eines Moskauer Studienaufenthaltes im Herbst 1977 in den Katalogen der Leninbibliothek zufällig auf den Titel *Vegetarianskoe Obosrenie (Vegetarische Rundschau)* stößt, ist er erstaunt: Von einer Verbreitung vegetarischer Gedanken und entsprechender Lebensweisen im vorrevolutionären Russland – von der Zeitschrift gibt es die Jahrgänge 1909 bis 1915 – hat er bis zu diesem Zeitpunkt nichts gewusst. In seinem Buch *Ein unbekanntes Russland. Kulturgeschichte vegetarischer Lebensweisen von den Anfängen bis zur Gegenwart* interpretiert er das als Hinweis darauf, «wie gründlich die Tabuisierung aller mit dem Vegetarismus verbundenen Fragen in der Sowjetunion» gewesen sei. Es sei auch kein Zufall, dass die erste russische Studie über Tolstois Vegetarismus erst 1992 publiziert worden sei.[277]

Vegetarisches Gedankengut hat in Russland eine lange, allerdings religiös geprägte Tradition. Sie hängt damit zusammen, dass für das russisch-orthodoxe Mönchstum, im Gegensatz zum westlichen – mit Ausnahme der Trappisten und der Kartäuser –, das «qualitative Fasten», die Enthaltung vom Fleischverzehr, eine allgemeine Grundregel ist. Auch für die einfachen Gläubigen beträgt die Gesamtzahl der Fastentage während des Kirchenjahres mehr als 220. In Russland hat der Verzicht auf Fleisch in Kirche und religiösen Sekten also eine gewisse Verbreitung. Die Fastenzeiten würden «von reich und arm, in Stadt und Land, mit großer Gewissenhaftigkeit befolgt», berichtet Jenny Schulz, eine der frühen Aktivistinnen des Vegetarismus in Russland, 1906 den Lesern der deutschen Zeitschrift *Vegetarische Warte*, und merkt an: «Dieses ist wohl auch vielfach der Grund, weshalb die hiesige Bevölkerung so leicht für

277 BRANG 2002, 9.

den Vegetarismus zu gewinnen ist.» Der religiöse Hintergrund bleibt nicht ohne Auswirkungen auf die russischen Schicksale des modernen, seit Mitte des 19. Jahrhunderts erneuerten Vegetarismus: Dieser ist dem Verdacht des Sektierertums ausgesetzt. Brang schreibt: «Wohl hat es immer wieder im Verlaufe der Geschichte in verschiedenen Teilen Europas religiöse Bewegungen gegeben, zu deren Glaubenssätzen die Beschränkung auf pflanzliche Ernährung gehörte. Man denke an die Bogomilen und die Katharer. Aber die Ausbreitung dieser Bewegungen liegt Jahrhunderte zurück, und ebenso auch die erbitterte Verfolgung ihres Ketzertums durch Kirche und Staat. Wer in Westeuropa und auf dem nordamerikanischen Kontinent sich der seit etwa 1850 im Wachsen begriffenen neuen Vegetarierbewegung anschloss, musste keinen Ketzerverdacht und entsprechende Sanktionen befürchten [...]. Im Zarenreich und auch in der Sowjetunion war dies anders. Auch wer ‹einfach so›, aus persönlichen Motiven, ganz ohne Fleisch auskommen wollte, machte sich verdächtig. Denn ein erheblicher Teil der von der Obrigkeit verfolgten und als Gefahr für die etablierte Ordnung betrachteten Sekten predigten seit Jahrhunderten den Fleischverzicht, und später tat dies auch Tolstoi – mit seiner von der offiziellen kirchlichen Lehre abweichenden Interpretation der christlichen Botschaft.»[278]

Als «Zeitpunkt des Erwachens der vegetarischen Idee in Russland» kann man das Jahr 1878 betrachten, als der *Bote Europas (Vestnik Evropy)* den Aufsatz *Die Ernährung des Menschen in seiner Gegenwart und Zukunft* von Professor Andrej N. Beketov druckt, ein Plädoyer für den Vegetarismus. Darin heißt es: «Wir alle sind so sehr daran gewöhnt, Fleisch zu essen, oder zu sehen, wie andere dies tun, dass der Gedanke an die Tötung (ubijstvo) jener Tiere, deren Stücke vor uns in der Schüssel liegen, uns gar nicht in den Sinn kommt. Dort, irgendwo draussen vor der Stadt steht das Schlachthaus, ein widerlicher, stinkender und bluttriefender Ort, wo man würgt, ausweidet, hackt und das Blut aus den Adern fliessen lässt; aber wer wirft nach dorthin auch nur einen flüchtigen Blick? Dort irgendwo jenseits der Donau [...] liegen Tausende von toten oder halbtoten menschlichen Körpern, zerfleischt und auf alle Weise entkräftet; aber was will man machen – der Krieg ist ein notwendiges

278 Ebd., 15, 23. – Brang verwendet die Schreibweise Tolstoj; der Einheitlichkeit halber hier und in weiteren Zitaten zu Tolstoi angepasst.

Übel, das auch seine guten Seiten hat, denn es reinigt gleich einem Gewitter die gesellschaftliche Atmosphäre, wie der berühmte Feldmarschall Moltke sagt. Mich dünkt, dass diese zwei Schlachtorte in unvergleichlich engerer Verbindung zu einander stehen, als man gewöhnlich meint; dass das Metzger- und das Kanonenfleisch (la chair de la bocherie et la chair à canon) zwei Erscheinungen sind, die einander bestimmen oder zumindest einander stützen.»[279]

Den Blick ins Schlachthaus, zu dem Beketov auffordert, tut Leo Tolstoi vierzehn Jahre später. Der berühmte Schriftsteller wird als Sohn eines Grafen geboren. Mit neun Jahren wird er Vollwaise, mit 18 erbt er das Landgut *Jasnaja Poljana*, das etwa 220 Kilometer südlich von Moskau liegt. Zum Erbe gehören fünf Dörfer und mehrere Hundert Leibeigene. Um deren Lage durch Landreformen zu verbessern, bricht Tolstoi 1847 sein Studium ab. Nach dem Militärdienst – seine Berichte aus dem Krimkrieg machen ihn als Schriftsteller bekannt – beginnt er, Schulen einzurichten, die sich an der Pädagogik Rousseaus orientieren. In Briefen äußert er immer wieder Bedenken angesichts des reich gedeckten Gutshaustisches während der ringsum bei den Bauern herrschenden Not. Diese fasst er in einem sozialkritischen Traktat zusammen, an dem er zwischen 1882 und 1886 schreibt. Es trägt den Titel *Was sollen wir denn tun?* Hier wendet er sich, nach dem Besuch eines Moskauer Nachtasyls, in heftiger Anklage gegen den Luxus der oberen Klassen. Indem er die herrschende Gesellschaftsordnung als «maskierte Sklaverei» entlarvt, mit der die «Faulen und ewig Feste Feiernden» die «Ausgehungerten und ewig Arbeitenden» in Knechtschaft halten, kommt er zu dem Schluss: «Eigentum ist heutzutage die Wurzel allen Übels.»[280]

Tolstoi beobachtet, wie die Reichen sich «mit Lendenbraten und Stör» vollstopfen. Er selbst beginnt am 1. Juni 1884, kein Fleisch mehr zu essen. Zu Beginn der 1890er Jahre behandelt er die Frage des Vegetarismus dann in einer besonderen Schrift, die den Charakter eines Manifests trägt: *Die erste Stufe*, entstanden im Juni 1891, manchmal auch übersetzt als «Der erste Schritt». Darin konstatiert er, dass der Vegetarismus «die erste Stufe auf dem Weg zu einem moralischen Leben» sei. Die Zen-

279 Ebd., 46. – Der russisch-türkische Krieg von 1877/78 war gerade mit dem Berliner Kongress zu Ende gegangen.

280 STOLZENBERG 1992, 15.

sur greift ein und streicht Passagen über das Kirchenchristentum und über den Luxus der oberen Klassen. In *Die erste Stufe* wird etwa die gerade von Papst Leo XIII. herausgegebene *Enzyklika Rerum Novarum* als, so Tolstoi, «Scheinwiderlegung der sozialistischen Lehre vom Unrecht des Eigentums» entlarvt. Der Graf dagegen hat erkannt: «Greise, Kinder und Frauen, welk und abgezehrt durch harte Arbeit, schlaflose Nächte, Elend, Mangel und Krankheit, verbringen ihr Leben mit rastlosem Schaffen für uns, jene Dinge des Luxus und der Weichlichkeit hervorzubringen, welche für sie selbst ganz unerschwinglich, für uns jedoch nicht zum Überfluß, sondern zur Notdurft des Tages gehören. Muß denn nicht jeder moralische Mensch, ich will nicht sagen Christ, sondern nur einer, der sich zur Humanität oder selbst nur zur Gerechtigkeit bekennt, den Trieb in sich fühlen, solches Leben abzustellen, nicht mehr die Gegenstände des Luxus zu gebrauchen, die unter so schreienden Verhältnissen der Arbeit hergestellt werden?» In dem Traktat wird auch der Besuch eines Schlachthauses in der Stadt Tula beschrieben. Über die Schlachtung eines Stieres heißt es: «Nach fünf Minuten starrt da ein roter Kopf an Stelle des schwarzen, ohne Haut, mit gläsern stierenden Augen, denselben Augen, aus welchen eben noch ein so mutig helles und warmes Leuchten hervorgestrahlt hatte.»[281]

1891 beschließt der Schriftsteller endgültig, sich aus seiner Position als Gutsbesitzer zu lösen und überträgt sein Vermögen in zehn gleichen Teilen auf seine Frau und die neun noch lebenden Kinder. Kurz darauf erfährt er von Hungersnöten in den mittleren und südöstlichen Provinzen Russlands. Er reist ins Hungergebiet und organisiert Hilfe. Insgesamt richtet er 246 Volksküchen für Erwachsene und 124 für Kinder ein, in denen zweimal am Tag 13.000 Menschen verpflegt werden. Für Tiere richtet er Futterstellen ein. Die Ausbeutung von Mensch und Tier sieht Tolstoi stets im Zusammenhang, was pointiert in seinem berühmten Ausspruch über Schlachthäuser und Schlachtfelder zum Ausdruck kommt. Peter Brang meint: «Neben dem ‹tierschützerischen› Aspekt hatte die ethische Motivation bei Tolstoi auch eine soziale Komponente. Immer wieder muss man sich, will man sich über seine Radikalität in der Forderung nach Vereinfachung und Selbstbescheidung wundern, die ihn umge-

281 BARTOLF 1996, 36, 51f., 66.

bende Wirklichkeit vor Augen halten. Er fand es unerträglich, dass im Herrenhaus viel Mühe auf exquisite, raffinierte Speisen verwandt wurde, während ringsum bittere Armut und periodisch immer wieder Hunger herrschten. Die Situation ähnelte teilweise der, die weltweit den Beginn des 21. Jahrhunderts kennzeichnet, da in den Supermärkten der Industriestaaten die Regale sich von leckerem Hunde- und Katzenfutter biegen, während in der Dritten Welt täglich Tausende verhungern. Nur lag die Not, im Unterschied zur Gegenwart, nicht in weiter Ferne, war sie nicht lediglich anonymisiert auf dem Bildschirm zu sehen – man begegnete ihr täglich hautnah.»[282]

Im April 1909 schreibt Tolstoi in sein Tagebuch: «Es bedeutet sehr viel – sich darüber klar zu werden, dass die Beschäftigung von Bediensteten und das Töten von Tieren schlecht ist», im Mai 1910 hält er fest, es sei ihm peinlich, sich bei Tisch bedienen zu lassen, und in 30 Jahren werde man «erstaunt sein, dass Menschen andere bedient haben»; «die Armut der Leute und die Leiden der Tiere sind furchtbar», heißt es schon 1857. Ein Eintrag im November 1909 lautet: «Wir zwingen sie (die Hühner) zum Eierlegen, und wenn sie einige Eier gelegt haben, dann lassen wir sie brüten. Und dann vernichten wir alle Hähnchen.»[283]

Die erste Stufe erscheint 1892 und löst ein gewaltiges Echo in der russischen Öffentlichkeit aus. In der Folge gibt es Bestrebungen, den Vegetarismus in eine organisierte Form zu bringen. Indes macht die zaristische Staatsordnung mit ihrer Polizeiwillkür das Eintreten für eine vegetarische Lebensweise zu einem gefährlichen Unternehmen: Versammlungen zu veranstalten und Vorlesungen über Vegetarismus zu halten, wird an vielen Orten verboten. Ein Anfang 1891 in Moskau eröffnetes Restaurant muss wieder schließen: «Schon das Wort ‹Vegetarismus› schien den Behörden als etwas Furchtbares und Subversi-

---

282 BRANG 2002, 90. – Horkheimer schrieb über Tolstoi: «Ich esse, und die erdrückende Mehrzahl der Menschen hungert, viele sterben an Hunger […]. In diesem Augenblick werden unzählige Menschen auf der Welt absichtlich gequält, gefoltert, körperlich und geistig umgebracht: Männer, Frauen, Kinder, Greise, Tiere – in unbeschreiblichem Leiden; mir geht es *zufällig* erträglich» – so weit habe Tolstoi gedacht, doch: «Seine Ratschläge für Änderung waren schlecht, er hat die gesellschaftliche Ursache der Übel nicht klar erkannt und darum den Weg zu ihrer Abschaffung nicht gesehen» (HORKHEIMER 1987, 449).

283 BRANG 2002, 95ff., 99.

ves», schreibt Brang.[284] Als 1894 schließlich doch das erste vegetarische Restaurant in Moskau eröffnet werden kann, streicht die Polizei auf einem Schild mit der Aufschrift *Vegetarianskaja stolovaja / Vegetarisches Speisehaus* sowohl den deutschen Text wie auch das Wort «vegetarianskaja» aus, es blieb nur das Wort «stolovaja». 1901 wird in Petersburg als erster russischer Zusammenschluss von Vegetariern die Petersburger *Vegetarische Gesellschaft* gegründet, eine Gesellschaft mit stark wissenschaftlichem Charakter, unter Mitwirkung von Ärzten und Professoren. Anfang 1903 beträgt die Zahl der vegetarischen Restaurants in Russland sieben, ein Jahr später gibt es allein in Moskau vier. 1911 wird in Moskau das erste «Vegetarische Volksrestaurant» eröffnet, das preiswertes Essen anbietet. 1909 erscheint die erste Nummer der russischen *Vegetarischen Rundschau.* Als Gipfelpunkt der vegetarischen Bewegung in Russland ist das Jahr 1913 anzusehen; der Beginn des Ersten Weltkriegs setzt allen gesamtrussischen vegetarischen Aspirationen ein Ende.

Es gibt zu dieser Zeit explizit linke vegetarische Theorien. Der Anarchist Evgenij Losinski etwa veröffentlicht im Jahr 1910 in der russischen *Vegetarischen Rundschau* einen Artikel über *Vegetarismus und Anthropophagie*, in dem er einen «sozialen Vegetarismus» fordert, der einen Umsturz der bestehenden Verhältnisse beinhalten soll: Im Rahmen der gegenwärtigen Gesellschaftsstruktur könne einer aufhören, Tiere zu essen, aber, durch die Tatsache seiner privilegierten sozialen Lage, doch fortfahren, «sich vom Fleisch seiner Nächsten zu nähren». Bis zur Abschaffung der sozialen Ausbeutung im Leben der Gegenwart könnten alle vegetarischen Bemühungen fast nur eine medizinische Bedeutung haben, nicht aber eine wahrhaft moralische. Er wirft der vegetarischen Bewegung seiner Zeit vor, «in der erdrückenden Mehrheit eine herrschaftliche» zu sein, die ausschließlich von kulinarisch-medizinischen Motiven getragen werde, mit mehr oder minder großer Beimischung eines gewissen Sentimentalismus an die Adresse der Tiere. Dann heißt es: «Aber dieser ideologische Glitzertand darf uns nicht täuschen. [...] Die soziale Hauptkomponente der gegenwärtigen vegetarischen Bewegung – das sind die gebildeten Klassen der Gesellschaft, die schon durch die blosse Tatsache ihrer privile-

284 Ebd., 28.

gierten Bildung und Erziehung ganze Massen von sozial schutzlosen, ganz zu Boden getretenen Leben menschlicher Wesen verschlungen haben und verschlingen. Der heutige typische Vegetarier ist ein Menschenfresser, der seinen Magen im Verlauf seines kannibalischen Lebens verdorben hat und eine Gesundung über den Ersatz der Fleischnahrung durch die pflanzliche sucht, ohne natürlich um nur ein Jota die Grundlagen seiner herrschaftlichen, kannibalischen Existenz zu ändern. Die Sache ist die, dass ein im vegetarischen Sinn Sich-Lossagen von der ‹Fleischnahrung› (ubojnoe pitanie) unvergleichlich leichter ist als von dem ‹Sich-Nähren am Fleisch seiner Nächsten›, die zu den gefressen werdenden Gesellschaftsschichten gehören. Es ist z. B. viel leichter, unter verschiedenen lockenden Losungen vegetarische Restaurants zu organisieren als, und sei es auch nur in diesen Restaurants, auf die Ausbeutung gemieteter physischer Arbeit zu verzichten, auf deren Unterwerfung unter eine 12- bis 14stündige Arbeitskatorga. Deshalb auch beobachten wir um uns herum einen eigenartigen Typ von Leuten, zwiegesichtige Janusse von Vegetarier-Anthropophagen, die durch ihre Existenz die ohnehin schon sehr bunte soziale Maskerade vergrössern.» Eine «mutige und unbeirrte Einführung vegetarischer Prinzipien in allen Sphären des Lebens, des persönlichen wie des sozialen» sei nötig – eine scharfe Analyse, die sicher auch heute richtig ist. Tolstoi äußert sich zu Losinskis Artikel – er schreibt dem Verfasser am 10. Oktober 1910, er sei mit dem Inhalt vollkommen einverstanden: «Dieser Artikel ist auch deshalb nützlich, weil er die falsche Vorstellung vieler Vegetarier zerstört, sie hätten dadurch, dass sie sich mit gesunder Nahrung und nicht von Leichen ernährten, etwas sehr Gutes getan und unterschieden sich dadurch von anderen Menschen.»[285]

Bis zu ihrem Tod im Jahr 1914 widmet vor allem die Sensationspresse der Schriftstellerin Natalia Nordman viel Aufmerksamkeit wegen ihres Vegetarismus und ihrer sonstigen exzentrischen Ideen. Sie ist die verheiratet mit dem Maler Ilja Repin, der in der Sowjetunion großes Ansehen genießen wird – seine Werke werden als Vorbild des sowjetischen sozialistischen Realismus gefeiert werden. Was kaum bekannt ist: Seine Frau und er werden unter dem Einfluss Tolstois ab etwa 1891 Vegetarier, in der heutigen Terminologie würde man sie sogar als Veganer

285 Ebd., 244f., 247.

bezeichnen. Nordman ist die Tochter eines Admirals und einer Adligen; entsprechend erhält sie eine standesgemäße Bildung. 1884, kaum zwanzigjährig, hält sie sich für ein Jahr in den USA auf und arbeitet dort als Kuhhirtin auf einer Farm. Sie begeistert sich für die Suffragetten, wird zur Frauenrechtlerin, träumt davon, auf gesetzlichem Weg für die versklavten Hausbediensteten, die bis zu 18 Stunden arbeiten, den Achtstundentag einzuführen. Im Jahr 1909 formuliert sie dunkle Ahnungen: «Wir, die Intelligenz, die Herren, sind allein, um uns wimmeln Millionen von uns fremden Existenzen», stellt sie fest, und fragt: «Haben wir wirklich keine Angst, dass sie plötzlich die Ketten zerreissen und uns mit ihrer Dunkelheit, ihrem Unwissen und ihrem Wodka übergiessen?» Selbst in *Jasnaja Poljana* verlassen sie solche Gedanken nicht. «Und man fühlt», schreibt sie dort, «da stehen inmitten eines Waldes zwei halbleere Häuser, und nicht weit davon Hunderte und Tausende feindlich gesinnter Menschen. In der Stille der dunklen Nacht träumt man die Röte der Brände, den Schrecken der Überfälle und Plünderungen.» Sie prognostiziert, dass die Ausgebeuteten «früher oder später die Oberhand gewinnen, die ganze alte Kultur hinwegfegen und alles auf ihre Weise, auf neue Weise bauen» werden.[286]

Die höheren Klassen «fühlen die Gefahr, die ihnen droht», bemerkt Tolstoi in *Das Reich Gottes ist inwendig in Euch* (1894), einem Werk, in dem die Widersprüche in seiner Lehre deutlich zutage treten. Er weiß genau: «Der Arbeiter unserer Zeit wird, wenn auch seine Arbeit leichter wäre, als die Arbeit der früheren Sklaven, wenn er selbst den Achtstundentag erreichte und einen Tagelohn von drei Dollars, nicht aufhören zu leiden, weil er Dinge schafft, deren er sich nicht bedienen wird, weil er nicht für sich nach eigenem Wunsche arbeitet, sondern gezwungen im allgemeinen nach der Laune der im Ueberfluß und in Muße lebenden Menschen, im besonderen für den Gewinn eines reichen Mannes, des Besitzers einer Fabrik»; er sieht darin auch einen «schreienden Widerspruch zwischen dem, was sein sollte, und dem, was ist».[287] Doch anstatt mit Marx dafür zu plädieren, im Zuge einer revolutionären Erhebung «alle Verhältnisse umzuwerfen, in denen der Mensch ein erniedrigtes, ein geknechtetes, ein verlassenes, ein verächtliches Wesen ist»,[288] predigt

286 Ebd., 177.
287 TOLSTOI 1911, 194, 189f.
288 MEW 1, 385.

Tolstoi in mystizistischer Art und Weise die Umkehr zu einem urchristlichen Leben, das, nach dem Vorbild der Bergpredigt,[289] von vollständigem Gewaltverzicht geprägt sein soll. Der Kirche wirft er als «wesentlichste» Abweichung «von der Lehre Christi» vor, dass sie das Gebot «Widerstrebet nicht dem Uebel mit Gewalt» – moderner ausgedrückt: «*Non-resistance*» – nicht anerkenne.[290] Inspiriert von dieser und anderen Schriften Tolstois bildet sich eine christlich-anarchistische, radikal-pazifistische Bewegung von Tolstoi-Jüngern, die sich oft in Landkommunen und -siedlungen zusammenschließen, Privateigentum und jegliche staatlichen Institutionen ablehnen und sich vegetarisch oder vegan ernähren.

Auf die Ambivalenzen bei Tolstoi weist auch Lenin hin: Im Werk des utopischen Sozialisten komme die Stärke und Kraft der bäuerlichen Massenbewegung, welche die Zarenmonarchie beendet hat, zum Ausdruck – aber auch deren Schwäche und Beschränktheit, insofern sie noch nicht auf die Beseitigung der Herrschaft der Bourgeoisie gezielt habe. Entsprechend sei es in erster Linie ein Spiegel der politischen Ereignisse der Epoche nach 1861 bis zum Jahr 1905. In jener Phase, in der sich das noch von den Fronherren beherrschte Russland auf die bäuerlich-bürgerliche Revolution vorbereitete, habe Tolstoi «alle Heimsuchungen der ‹Epoche der ursprünglichen Akkumulation›» angeprangert. Lenin beschreibt, wie ab 1861 das alte patriarchalisch geprägte Russland begann, sich unter dem Einfluss des Weltkapitalismus aufzulösen: Die ruinierten Bauern flohen in die Städte, wo sie gezwungen waren, ihre Arbeitskraft sehr billig zu verkaufen; innerhalb kurzer Zeit konnte so eine Großindustrie entstehen. Diese rasche, harte und jähe Zerstörung des alten Russlands sei es, die sich bei Tolstoi widerspiegle: «Der Protest von Millionen Bauern und ihre Verzweiflung – das ist in Tolstois Lehre zusammengeflossen.» Die moderne Arbeiterbewegung habe ebenfalls gegen manches zu protestieren – aber an nichts zu verzweifeln. Verzweiflung sei denjenigen Klassen

---

289 «Ihr habt gehört, dass gesagt worden ist: Auge für Auge und Zahn für Zahn. Ich aber sage euch: Leistet dem, der euch etwas Böses antut, keinen Widerstand, sondern wenn dich einer auf die rechte Wange schlägt, dann halt ihm auch die andere hin. Und wenn dich einer vor Gericht bringen will, um dir das Hemd wegzunehmen, dann lass ihm auch den Mantel» (Matth. 5, 38–40).

290 TOLSTOI 1911, 2, 7.

eigentümlich, die zugrunde gehen, die Klasse der Lohnarbeiter aber wachse und erstarke. Das russische Proletariat solle Tolstois Erbe übernehmen und daran arbeiten: Es werde den ausgebeuteten Massen die Bedeutung der Kritik an Staat, Kirche und privatem Grundeigentum auseinandersetzen – doch nicht, damit die Massen «sich beschränken auf Selbstvervollkommnung und Seufzen nach einem gottgefälligen Leben, sondern damit sie sich erheben, um einen neuen Schlag zu führen gegen die Zarenmonarchie und den gutsherrlichen Grundbesitz, die beide im Jahre 1905 nur leicht angeschlagen worden sind, aber vernichtet werden müssen».[291]

Lenin würdigt also die kritischen Elemente bei Tolstoi, sieht seine Lehre aber als Ausdruck einer vergangenen historischen Epoche und damit als überholt an. Außerdem kritisiert er, Tolstoi habe die Naivität der patriarchalen Bauern, ihre Fremdheit gegenüber der Politik, ihren Mystizismus und den Wunsch, der Welt den Rücken zu kehren, in seine Lehre einfließen lassen – und sich auch selbst vom revolutionären Kampf der Massen nach 1905 völlig ferngehalten. In einem Artikel mit dem Titel *Leo Tolstoi als Spiegel der russischen Revolution* (1908) schreibt er über den Schriftsteller: «Einerseits ein wunderbar starker, unmittelbarer und aufrichtiger Protest gegen gesellschaftliche Verlogenheit und Heuchelei, anderseits ein ‹Tolstoianer›, d.h. ein verschlissener, hysterischer Jammerlappen, russischer Intellektueller geheißen, der sich öffentlich an die Brust schlägt und sagt: ‹Ich bin schlecht, ich bin ekelhaft, aber ich lasse mir die sittliche Selbstvervollkommnung angelegen sein: ich esse kein Fleisch mehr und nähre mich jetzt von Reiskoteletts›.» Tolstoi sei «groß, soweit er die Ideen und Stimmungen zum Ausdruck bringt, die zur Zeit des Anbruchs der bürgerlichen Revolution in Rußland unter den Millionenmassen der russischen Bauernschaft aufkamen», aber «lächerlich als Prophet, der neue Rezepte zur Rettung der Menschheit erfunden hat – und ganz erbärmlich sind daher die ausländischen und russischen ‹Tolstoianer›, die ausgerechnet die schwächste Seite seiner Lehre zum Dogma erheben wollen».[292]

Letztere führt Lenin 1916 unter den Gruppierungen an, die, wie Anarchisten, Anhänger Kautskys oder die sogenannten Sozialrevolutionäre, «das Proletariat verwirren», weshalb

291 LW 16, 329, 337, 331.

292 LW 15, 198, 201.

man gegen sie «einen rücksichtslosen Kampf führen» müsse. Weiter schreibt er: «Unsere Partei lehnt sowohl die Tolstoische Lehre als auch den Pazifismus ab und hat erklärt, daß die Sozialisten im gegenwärtigen Krieg bestrebt sein müssen, ihn in einen Bürgerkrieg des Proletariats gegen die Bourgeoisie, für den Sozialismus umzuwandeln.»[293] Im November 1918 betont er, der Sozialismus sei zwar «überhaupt gegen die Gewaltanwendung Menschen gegenüber», daraus habe jedoch «außer den christlichen Anarchisten und Tolstoianern noch niemand gefolgert, daß der Sozialismus gegen die revolutionäre Gewalt sei. Von ‹Gewalt› schlechthin reden, ohne die Bedingungen zu analysieren, die die reaktionäre von der revolutionären Gewalt unterscheiden, heißt ein Spießbürger sein, der sich von der Revolution lossagt.»[294]

Die Tolstoi-Jünger werden überall überwiegend als weltfremde Idealisten wahrgenommen. So beschreibt beispielsweise der 1939 geborene Schriftsteller Amos Oz in seinem im Original 2002 erschienenen autobiografischen Roman *Eine Geschichte von Liebe und Finsternis* die Tolstoianer des Jerusalemer Viertels seiner Kindheit als «fanatische Vegetarier, Weltverbesserer, Moralapostel, Freunde der Menschheit, Freunde eines jeden Lebewesens, von tiefem Naturempfinden durchdrungen, und sie alle sehnten sich nach dem Landleben, einem einfachen und reinen Leben der Arbeit auf Feldern und in Obstgärten». Allerdings hätten nicht einmal Topfpflanzen unter ihren Händen gedeihen wollen: «Vielleicht gossen und gossen sie, bis die Pflanzen verfaulten, vielleicht vergaßen sie zu gießen, oder vielleicht war es auch die Schuld der heimtückischen britischen Mandatsmacht, die unserem Wasser Chlor zusetzte.»[295]

Nicht nur in der frühen israelischen Kibbuz-Bewegung, auch in Ländern wie England und den USA findet der Tolstoianismus Verbreitung; besonders aktiv sind Tolstoianer im späten 19. und frühen 20. Jahrhundert auch in den Niederlanden. In Russland erleben die in der Zarenzeit allenfalls geduldeten Tolstoianer-Kolonien nach der Februarrevolution und in der frühen Sowjetzeit einen großen Aufschwung. Es gibt bis zum Beginn der Kollektivierung und des ersten Fünfjahresplans, also bis zum Jahr 1928, Hunderte von ihnen; die Gesamtzahl dieser

---

293 LW 23, 164, 203.
294 LW 28, 285.
295 OZ 2004, 10f.

Tolstoianer wird für Ende 1917 auf fünf bis sechs Tausend geschätzt. Sie wirtschaften zum Teil sehr erfolgreich, erzielen auf Landwirtschaftsausstellungen erste Preise. Aus dem Jahr 1920 ist ein Brief erhalten, in welchem Tolstois Arzt sich an den ersten Volkskommissar für das Bildungswesen mit dem Vorschlag wendet, verschiedene Schriften Tolstois, darunter auch Texte über Vegetarismus, nun, nach der Revolution, in den sowjetischen Schulen einzuführen. Eine Tolstoi-Gesamtausgabe mit insgesamt 90 Bänden erscheint in Sowjetrussland ab 1928. Die Tolstoianer werden zu diesem Zeitpunkt vonseiten des Staats, den sie ablehnen, mit Restriktionen belegt. 1928 findet in Moskau noch ein mehrtägiges Treffen statt, zu dem Hunderte von Tolstoianern aus dem ganzen Land kommen. Im Jahr darauf wird die Moskauer Tolstoi-Gesellschaft verboten; die vegetarischen Restaurants existieren zunächst weiter, meist unter der Bezeichnung «Diät-Restaurants». Um 1930 werden die Tolstoi-Kommunen und -Kooperativen zwangsumgesiedelt.[296]

Anders ist die Entwicklung in Bulgarien. Während der ersten Hälfte des 20. Jahrhunderts blüht das Tolstoianertum dort: Es entsteht eine Vegetariergesellschaft mit hohen Mitgliederzahlen, 1926 findet ein Vegetarierkongress statt, an dem 400 Menschen teilnehmen. Im gleichen Jahr wird eine landwirtschaftliche Tolstoianer-Kommune gegründet, der die Regierung auch nach 1944, also nach der Machtübernahme der Bulgarischen Kommunistischen Partei, Achtung zollt, weil sie die beste Kooperativwirtschaft des Landes ist. Im Jahr 1931 berichtet Magnus Schwantje, dass in Bulgarien selbst in vielen kleinen Dörfern, in denen fast nur Bauern wohnen, Vegetariergruppen bestehen; in Sofia besitzt die vegetarische Gesellschaft ein Haus von sieben Stockwerken, in dem sich ein großes vegetarisches Restaurant, ein vegetarisches Hotel und Wohnungen von Vegetariern befinden. Als Schwantje im Jahr 1922 Mitglieder des *Vereins der vegetarisch lebenden bulgarischen Studenten* in Deutschland trifft, äußern diese ihm gegenüber Verwunderung darüber, dass in deutschen vegetarischen Vereinen vorwiegend diätetische Fragen behandelt würden, während die bulgarischen Vegetarier in ihren Zusammenkünften hauptsächlich über ethische und soziale Fragen debattierten. Sie wundern sich auch darüber, dass in deutschen vegetarischen Blättern manchmal

296 Vgl. BRANG 2002, 283ff.

nationalistische Ansichten ausgesprochen würden, während in Bulgarien «fast jeder Vegetarier es als ganz unvereinbar mit den sittlichen Grundsätzen des Vegetarismus betrachte, über andere Völker geringschätzig und gehässig zu urteilen und den Krieg für berechtigt zu erklären».[297]

In der Sowjetunion veröffentlicht die Zweimonatsschrift *Gesundheit der Ernährung*, das «Organ der Leningrader gesundheitswissenschaftlichen vegetarischen Gesellschaft», im Zusammenhang mit dem Tolstoi-Jubiläum 1928 noch einen kurzen programmatischen Aufsatz unter dem Titel *L. N. Tolstoi und der Vegetarismus*. Darin wird Stellung bezogen gegen «Vegetarier, welche den Gewaltverzicht gegen die Exploiteure propagieren». Man sei für einen wissenschaftlich begründeten Vegetarismus, für eine Ernährungsreform im Interesse der Masse des ganzen Proletariats, für eine rationale gesunde Ernährung der sozialistischen Gesellschaft: «Wir sind überzeugt, dass bei rationaler Reform der Ernährung die Arbeiter, Bauern und Werktätigen der UdSSR nicht nur ihre physischen Kräfte stärken, sondern auch eine Ersparnis von 1.500.000.000 Rubeln haben werden».[298]

In der ersten Auflage der Großen Sowjetenzyklopädie, die im selben Jahr erscheint, wird der Vegetarismus allerdings als reine Ideologie verworfen, als idealistische Illusion, erfunden und genährt von den sentimentalsten Menschen der herrschenden Klassen. Die Ernährungsgewohnheiten, so heißt es, seien klassengebunden, und alle Menschen hätten Anrecht auf eine freie Wahl ihrer Nahrung. In der zweiten Auflage heißt es 1951, alle Argumente, die von Vegetariern zugunsten einer rein pflanzlichen Ernährung angeführt würden, seien unwissenschaftlich, kurz und bündig wird festgestellt, der Vegetarismus, der «auf falschen Hypothesen und Ideen» beruhe, habe «in der Sowjetunion keine Anhänger». Im Jahr 1987, also schon während der Perestroika, stellt man am Ernährungswissenschaftlichen Institut der Akademie der medizinischen Wissenschaften fest, dass Erfahrungen beim Erforschen des Vegetarismus vor allem im Ausland gesammelt worden sind – neben zehn russischen werden 47 englische Titel in einer Veröffentlichung aufgeführt. Im Ausland sei bereits der Terminus «vegany» verbreitet, während in der sowjetischen populären Litera-

297 SCHWANTJE 1976, 162.
298 BRANG 2002, 110f.

tur als «vegetariancy» auch Leute bezeichnet würden, die sich beim Fleischverzehr mit geringen Mengen begnügen.[299]

Laut Peter Brang gibt es nach 1928 lediglich zwei Bereiche, wo vegetarisches Gedankengut weiterhin fortexistieren kann oder sogar gepflegt wird: Die wissenschaftliche Utopie in der Ernährungsforschung und die wissenschaftliche Fiktion in der schönen Literatur. Als Hauptvertreter der ernährungswissenschaftlichen Utopie tritt Alexander Nesmejanov hervor. Er ist organischer Chemiker, von 1951 bis 1961 Präsident der sowjetischen Akademie der Wissenschaften – und Vegetarier. 1979 veröffentlicht er das Buch *Die Nahrung der Zukunft*. Dieses Werk propagiert eine «synthetische Ernährung», es heißt darin: «Wenn wir uns mit Fleisch ernähren, sind wir gezwungen, Millionen von Ochsen, Hammeln, Schweinen, Gänsen, Enten und Hühnern zu töten und Tausende und Abertausende von Menschen an kaltblütiges Blutvergießen, an blutige und schmutzige Arbeit zu gewöhnen. Und das passt sehr schlecht mit einer Erziehung zu Naturliebe, Güte und Herzlichkeit zusammen.» Die synthetische Nahrung werde diesen Widerspruch ein für alle Mal beseitigen: «Es wird Fleisch geben, aber ohne Blutvergießen. Es wird Tiere geben, aber im Park und in der Freiheit.» Weiter heißt es, mittels Soja könne man, wenn Geruch, Geschmack und Farbe zugeführt würden, jegliche Fleischsorten ersetzen, was in Japan mit Tofu schon lange geschehe; dort erzeuge man jährlich eine Million Tonnen Sojaprodukte, in den USA etwa eine halbe Million. Der Wissenschaftler listet mehr als ein Dutzend verschiedener Fleischsorten auf, die von einer amerikanischen Firma angeboten würden, hergestellt aus Soja und Mais. Tatsächlich wird dann auch in der Sowjetunion versucht, die Sojabohne, die inzwischen vor allem in der Ukraine angebaut wird, zur Verbesserung der Ernährungssituation einzusetzen.[300]

Alexander Kasanzev, der nach seinem naturwissenschaftlichen Hochschulabschluss während zehn Jahren in Fabriken und in der Forschung tätig ist, beginnt 1940 mit dem Abfassen von Science-Fiction-Romanen. In seinem Werk *Die Faeten* (1978) wird ein Marsbewohner auf der Erde empfangen. Man bringt ihm zu Essen. «Er schaute ängstlich auf die Gerichte. Dal´ übersetzte seine Worte: ‹Ich flehe Sie an zu verstehen, dass

299 Ebd., 33, 263.

300 Ebd., 292, 273.

die Marsbewohner keine Leichen essen.› Tanja wurde verlegen: ‹Wie denn, wie denn! Das sind synthetische Produkte. Auf der Erde hat man ebenso wie bei Euch auf dem Mars gelernt, künstliches nährendes Eiweiß herzustellen.› – ‹Ich wusste, dass es so sein wird›, lächelte der Gast und schob vorsichtig ein kleines Stückchen in den Mund.» – Auch bei Abram Terz dient wissenschaftlich-fantastische Fremdperspektive dazu, Kritik am Umgang der Kulturmenschheit mit dem Tier zu üben. In seiner Kurzerzählung *Pchenz* (1961) lässt er einen Außerirdischen sagen: «Immer schon hat mich der Sadismus in der Gastronomie beeindruckt. Zukünftige Küken werden in flüssiger Form gegessen. Die Eingeweide von Schweinen werden mit ihrem eigenen Fleisch gefüllt. Eine Eierspeise mit Wurst ist in Wirklichkeit nichts anderes als ein Darm, der sich selbst verschluckt hat und mit Hühnerfehlgeburten begossen wurde.» Weiter heißt es: «Was wäre, wenn man einen Menschen auf die gleiche Art zubereitete? Man nehme irgendeinen Ingenieur oder Dichter, spicke ihn mit seinem eigenen Hirn, stecke in das angeröstete Nasenloch ein Zweiglein Petersilie und serviere ihn den Kollegen zum Mittagessen! Nein, alle Qualen Christi, des Jan Hus oder Razins sind gering, verglichen mit den Qualen eines Fisches, der an einem Haken aus dem Wasser gezogen wird. Jene wussten wenigstens, warum sie litten.»[301] Im bekannten Buch *Der futurologische Kongress* (1971) von Stanislav Lem gibt es im Jahr 2039 nur noch künstliche Milch. In *Die gierigen Dinge des Jahrhunderts* (1965) von Arkadi und Boris Strugazki gibt es «Synthesatoren», die «Beefsteaks aus Luft» herstellen. «Schade, daß Malthus tot ist! Die ganze Welt würde ihn jetzt auslachen!», heißt es dort.[302]

Als ein weiteres Beispiel dafür, wie Solidarität mit Tieren in der Sowjetunion künstlerisch zum Ausdruck kommt, ist der

---

301 Ebd., 303f.

302 LAUE 2017, 338. – Thomas Malthus behauptete in seinem *Essay on the Principle of Population* (1798), William Godwin kritisierend, dass die Bevölkerung schneller wachse als die Verfügbarkeit von Ressourcen, was zwangsläufig zu «Überbevölkerung» und Hungersnöten führen müsse. Marx polemisiert im *Kapital* gegen Malthus: «Es war natürlich weit bequemer und den Interessen der herrschenden Klassen, die Malthus echt pfäffisch idolatrisiert, viel entsprechender, diese ‹Übervölkerung› aus den ewigen Gesetzen der Natur als aus den nur historischen Naturgesetzen der kapitalistischen Produktion zu erklären» (MEW 23, 551).

Dichter Wladimir Majakowski zu nennen, in dessen Werken Tiere eine wichtige Rolle einnehmen. In einem seiner bekanntesten Texte, der *Ode an die Revolution* (1918), einer Lobpreisung der Oktoberrevolution, beschreibt er, wie revolutionäre Seeleute, obschon sie sich mitten im Kampf befinden, eine Katze von einem sinkenden Schiff retten. Insofern beinhaltet, wie es in einem akademischen Papier zum Thema heißt, seine Darstellung des sozialistischen revolutionären Kampfes «eine Versöhnung mit nichtmenschlichen Tieren».[303] Im Poem *Der Fliegende Proletarier* (1925) trinkt man in der utopischen Gesellschaft der Zukunft Milch, die aus Wolken gewonnen und nicht Kühen abgepresst wird. Im Bericht über seine Amerikareise schildert Majakowski mit Entsetzen den Horror der Chicagoer Schlachthöfe, den Upton Sinclair schon 1905 in *The Jungle* beschrieb. Dem in seinem Gedicht *Wolkenkratzer im Längsschnitt* (1925) entwickelten Bild der kapitalistischen Gesellschaft der USA nach bleiben Tieren bestenfalls die Krümel zum Leben, die vom Tisch der bürgerlichen Menschenwelt herunterfallen, während Kapitalisten auf ihre Kosten riesige Gewinne machen. Zum Gedicht *Gute Behandlung der Pferde* (1918) merkt Lawrence L. Stahlberger, Professor für Slawistik an der Stanford University, an, dass hier das «Leiden des gefallenen Pferds das Leiden aller Kreaturen umfasst – von Mensch und Tier». Majakowski, bis heute der bekannteste sowjetische Dichter, ist in den 1920er Jahren immerhin «eine Art sowjetischer Popstar».[304]

Gesamtgesellschaftlich muss man allerdings feststellen, dass die Frage nach der Stellung der Tiere in der Gesellschaft im real existierenden Sozialismus eine ähnlich marginalisierte Rolle spielt wie im kapitalistischen Westen. Hüben wie drüben gilt effizientere Tierausbeutung als Fortschritt, Fleischkonsum wird zum Gradmesser des Wohlstands und steigenden Lebensstandards. In der DDR entstehen «konzentrierte Tierproduktionsanlagen» und «Kombinate für industrielle Mast». Tiere sind weiterhin Produktionsmittel und Ware; der, wie es in einer Dissertation zum Thema heißt, «anthropozentrisch orientierte, ökonomische Tierschutz» in der DDR zielt «vorrangig auf die Gesunderhaltung der landwirtschaftlichen Nutztiere zum Zwecke der Produktionssicherung und -optimierung».[305] Ab 1968 wird der

303 STACHE 2023-1, 2.
304 MUT 2023-1, 55ff.
305 STOCK 2014, 92.

Tierschutz staatlich organisiert. Vegetarismus ist, ähnlich wie in der Sowjetunion, in der breiten Bevölkerung weitgehend unbekannt. In der Öffentlichkeit bekannte Persönlichkeiten, die vegetarisch leben, sind etwa Erna und Kurt Kretschmann, ein Ehepaar, das die Bildungs- und Begegnungsstätte «Haus der Naturpflege» in Bad Freienwalde führt; ihr Vegetarismus hat seine Wurzeln in der Lebensreformbewegung. Mitunter wird sich auf das tierethische Konzept Albert Schweitzers und das Schlagwort von der «Ehrfurcht vor dem Leben» bezogen. In einer Vielzahl von Eingaben – in der DDR eine Möglichkeit, schriftliche Beschwerden oder Anregungen an staatliche Stellen zu übergeben, die verpflichtet sind, darauf zu reagieren –, wird auch versucht, Tierschutz-Anliegen mit Verweis auf sozialistische Prinzipien zu rechtfertigen. So wird etwa gefordert, dass ein Tierschutz auf «sachlicher, wissenschaftlichen Grundlage» aufgebaut werden solle. Im November 1960 argumentiert jemand aus Greifswald in einem Brief an Walter Ulbricht, alle «bedeutenden Menschen» seien auch «Tierfreunde» gewesen, darunter auch «unsere unvergessene Rosa Luxemburg», und «Tierfreunde» seien stets auch «Menschenfreunde und Friedenskämpfer» gewesen. Auf Hinweise zur Reduzierung des Fleischkonsums in den Eingaben wird 1989 standardmäßig geantwortet, «Auffassungen zur Reduzierung des Fleischverbrauches» stünden «im Widerspruch zur Meinung der übergroßen Mehrheit der Bevölkerung», man orientiere aber «seit einigen Jahren systematisch auf eine gesunde Ernährung unter Reduzierung von tierischem Fett und tierischem Eiweiß».[306]

Vereinzelt sehen Menschen in der DDR Vegetarismus als aussichtsreichere Möglichkeit an, gegen Massentierhaltung aktiv zu werden, als Eingaben und Demonstrationen. «Ich schreibe Ihnen im Namen vieler Millionen Tiere» beginnt ein Rundschreiben, in dem ein Ortsnaturschutzbeauftragter namens Andreas Hinz aus dem Kreis Strausberg 1988 Berliner Gaststätten dazu auffordert, den Verbrauch von Fleisch und Eiern zu reduzieren und auf ein vegetarisches Angebot umzustellen. In dem Brief heißt es: «Daß Hühner, Schweine und Mastrinder fast zur absoluten Bewegungsunfähigkeit verurteilt ihr Dasein fristen müssen, steht doch in krassem Widerspruch zur vielzitierten Menschenwürde.» Der Rundbrief führt dazu, dass Hinz zu einem

306 LAUE 2017, 267, 311.

Treffen mit dem Bürgermeister und dem Leiter der Kreisnaturschutzbehörde zitiert wird, die ihm erklären wollen, dass die Bevölkerung Bedarf an Fleisch habe und für eine pflanzliche Ernährung die Fläche nicht ausreichen würde.[307]

Im 1985 beim VEB Gustav Fischer Verlag Jena erschienenen populärwissenschaftlichen Buch *Vom Umgang mit Tieren* werden immerhin Fragen aufgeworfen wie etwa jene, «wie weit es zulässig ist, solche Begriffe aus dem menschlichen Lebensbereich wie Freiheit und Gefangenschaft mit ihren Folgeerscheinungen auf Tiere zu übertragen». Wenn Zoobesucher «einen Schauder empfinden, weil sie bei einem Blick in die leeren Gesichter mancher Menschenaffen hinter dicken Gitterstäben an die Insassen der Irrenanstalten alter Zeiten erinnert werden», so liege in solch einer Reaktion «keine Vermenschlichung des Tieres», sie sei «vielmehr Ausdruck des tiefen Gefühls dafür, daß hier die Würde eines Tieres verletzt wird, welches uns am nächsten verwandt ist»; sie hätten dann «am konkreten Objekt intuitiv erfühlt, was Albert Schweitzer als ‹Ehrfurcht vor dem Leben› bezeichnete». Einem Tier die Leidensfähigkeit abzusprechen bedeute «Rückfall in eine Zeit, in der das Tier lediglich eine Sache darstellte. Die Menschen, welche dies weiterhin tun, haben dafür leicht durchschaubare Gründe; denn damit wird jede ethische Verantwortung für die Probleme und Bedürfnisse der Tiere in Frage gestellt und die Diskussion darüber als gegenstandslos abgetan.» Über Tierexperimente heißt es: «Das Tier nur noch als Sache, als Mittel zu dem Zweck, mit wissenschaftlichen Erkenntnissen glänzen zu können? Wenn es soweit gekommen ist, dann stimmt etwas nicht mehr mit der Mensch-Tier-Beziehung. Das gilt nicht nur für die Versuchstiere.»[308]

Das 1989 formulierte Tierschutzgesetz ist zwar strenger als das der BRD – über Tierschutz-Positionen kommt die DDR auf staatlicher Ebene aber nicht hinaus. Tierrechtskonzepte werden vor allem im Rahmen der mit den Kirchen assoziierten Umweltbewegung formuliert. So fordert etwa eine Dresdner *Gruppe Tier* in einem Aufruf an Persönlichkeiten des öffentlichen Lebens im Jahr 1988: «Vor 200 Jahren wurden die Menschenrechte deklariert. Heute müssen endlich die Rechte der Tiere auf die Tagesordnung!» Eine Initiative namens *pro creatura* im brandenburgischen Schmetzdorf äußert 1989 den Gedanken,

307 STOCK 2014, 122ff.

308 MEYER 1985, 73ff., 153, 162ff.

«dass Solidarität mit den Leidenden nicht an der Artgrenze aufhören darf». Doch was die gesellschaftliche Stellung der Tiere angeht, so unterscheiden sich West- und Ostblock kaum. In einem Rundbrief an DDR-Umweltschützer stellt Sabine Krüger, die nach der «Wende» weiter im Tierschutzbereich aktiv bleibt und zu einer der Mitbegründerinnen von *Animal Life Deutschland* zählt, 1988 fest: «Die Tiere, die bitterweise für uns sterben müssen, sind Ware – weiter nichts.»[309]

3.4 Solidarität mit den quälbaren Körpern: Tiere in der Kritischen Theorie

Alle planmäßige Aktion aller Tiere hat es nicht fertiggebracht, der Erde den Stempel ihres Willens aufzudrücken. Dazu gehörte der Mensch. Kurz, das Tier benutzt die äußere Natur bloß und bringt Änderungen in ihr einfach durch seine Anwesenheit zustande; der Mensch macht sie durch seine Änderungen seinen Zwecken dienstbar, beherrscht sie. Und das ist der letzte, wesentliche Unterschied des Menschen von den übrigen Tieren, und es ist wieder die Arbeit, die diesen Unterschied bewirkt. Schmeicheln wir uns indes nicht zu sehr mit unsern menschlichen Siegen über die Natur. Für jeden solchen Sieg rächt sie sich an uns. Jeder hat in erster Linie zwar die Folgen, auf die wir gerechnet, aber in zweiter und dritter Linie hat er ganz andre, unvorhergesehene Wirkungen, die nur zu oft jene ersten Folgen wieder aufheben.
Friedrich Engels.

Dass eine Kritik am ausbeuterischen Verhältnis zur Natur und eine Konzeption von Solidarität, die über den Menschen hinausreicht, im real existierenden Sozialismus offiziell keine Rolle gespielt hat, hat vielfältige Ursachen, deren genaue Analyse den Rahmen dieser Einführung sprengen würde; ein Grund war gewiss, dass dessen politische Theorie und Praxis ungebrochen am aufgeklärt-bürgerlichen Glauben eines emanzipatorischen Fortschritts der Gesellschaft durch rationale Naturbeherrschung festhielt. Marx und Engels haben die Ausbeutung

309 SEIDEL 2007, 5.

der Natur durch den Kapitalismus zwar bereits in gewisser Weise mit bedacht, aber nicht ins Zentrum ihrer Gesellschaftstheorie gestellt; erst ab den 1940er Jahren richten bedeutende marxistische Theoretiker im Westen, von denen in diesem Buch schon öfter die Rede war, ihren Fokus darauf: Vertreter der sogenannten Frankfurter Schule. Dabei handelt es sich um Philosophen und Wissenschaftler unterschiedlicher Disziplinen am seit 1924 bestehenden Institut für Sozialforschung der Goethe-Universität in Frankfurt, deren bekannteste Vertreter Horkheimer, Adorno und Marcuse sind. Ihre Philosophie, die sie Kritische Theorie nennen, bereichert den marxistischen, historisch-kritischen Materialismus um die Forderung nach der Befreiung der Tiere – sie erkennen, wie einer von ihnen formuliert, «daß die Utopie in jene sich vermummt, denen Marx es nicht einmal gönnt, dass sie als Arbeitende Mehrwert liefern».[310]

Das Zitat stammt von Theodor W. Adorno. Der Philosoph kritisiert die «blinde Herrschaft über die Natur», die «in der Tradition der Ausbeutung und Quälerei an Tieren ihren allersinnfälligsten und faßlichsten Ausdruck hat».[311] Am deutlichsten wird diese Kritik in jener Schrift formuliert, die Adorno zusammen mit Max Horkheimer verfasst hat, und die als das Hauptwerk der Kritischen Theorie gilt. Die Rede ist von der berühmten Essaysammlung *Dialektik der Aufklärung*, welche im US-amerikanischen Exil während der Zeit des Zweiten Weltkrieges entsteht und in ihrer endgültigen Fassung im Jahr 1947 gedruckt wird. Die Autoren werfen darin die Frage auf, «warum die Menschheit, anstatt in einen wahrhaft menschlichen Zustand einzutreten, in eine neue Art von Barbarei versinkt», wollen also, wie sie es nennen, den Grund für die «Kreisähnlichkeit der Geschichte in ihrem Fortschritt» aufdecken.[312] Über Jahrhunderte hinweg hat der Verlauf des westlichen Zivilisationsprozesses als ein linear fortschreitender gegolten. Progressive Bewegungen zurückliegender Zeiten konnten stets darauf hoffen und vertrauen, dass der technische Fortschritt nach und nach zur Emanzipation des Menschen von Naturzwängen und letztlich zum Ende der Herrschaft des Menschen über den Menschen führen würde. Der systematische, industriell durchorganisierte Mord der deutschen Faschisten an den europäischen Juden markiert einen endgülti-

310 ADORNO 2003-4, 261.

311 ADORNO 1996, 215.

312 HORKHEIMER, ADORNO 1988, 1, 42.

gen Bruch mit dieser Auffassung: Beim Faschismus handelt es sich, wie Horkheimer und Adorno konstatierten, um einen Rückfall in die Barbarei – inmitten der technisch fortgeschrittensten Zivilisationen.[313] Auschwitz hat für sie das Misslingen der Kultur bewiesen; der Glaube an die Korrelation von technischem und moralischem Fortschritt, der auch die Hoffnung vieler war, die in der Vergangenheit für die Befreiung von Mensch und Tier gekämpft haben, ist dahin. Während die Revolutionärin Louise Michel im 19. Jahrhundert noch voller Zuversicht ausrufen konnte: «Alles, alles muß befreit werden, die Geschöpfe und die Welt, wer weiß, vielleicht die Welten? Wilde, die wir sind!»,[314] konstatiert Adorno nur noch: «In das Wunschbild des ungehemmten, kraftstrotzenden, schöpferischen Menschen ist eben der Fetischismus der Ware eingesickert.» Wie für Michel, so ist natürlich auch bei Adorno «daß keiner mehr hungern soll» eine Grundbedingung für eine befreite Gesellschaft – eine solche könnte aber «darauf sich besinnen, daß auch die Produktivkräfte nicht das letzte Substrat des Menschen, sondern dessen auf die Warenproduktion historisch zugeschnittene Gestalt abgeben. Vielleicht wird die wahre Gesellschaft der Entfaltung überdrüssig und läßt aus Freiheit Möglichkeiten ungenützt, anstatt unter irrem Zwang auf fremde Sterne einzustürmen.»[315]

---

313 «Wenn die Gaskammern heute als Zivilisationsbruch angesehen werden, dann deswegen, weil sie die Aporien dieser Zivilisation und ihr Zerstörungspotential aufzeigen. Die Vernichtung erschien als ein Gesicht der Zivilisation selbst», schreibt Enzo Traverso, und weiter: «Sofern die Guillotine den ersten Schritt hin zu einer Serialisierung der Praktiken des Tötens bezeichnet, stellt Auschwitz den industriellen Epilog im Zeitalter des fordistischen Kapitalismus dar. Aber der Übergang dauerte lange. Zwischen dem mechanischen Fallbeil, das nach 1789 für die Todesstrafe in Anwendung kam und der industriellen Vernichtung von Millionen von menschlichen Wesen gibt es mehrere dazwischenliegende Etappen. Die wichtigste in der zweiten Hälfte des 19. Jahrhunderts war wahrscheinlich die Rationalisierung der Schlachthöfe» (TRAVERSO 2003, 7, 40).

314 MICHEL 1979, 169.

315 ADORNO 2003-4, 179. – Auch an dieser Stelle scheint das Tier als utopisches Motiv auf: «Rien faire comme une bête, auf dem Wasser liegen und friedlich in den Himmel schauen, ‹sein, sonst nichts, ohne alle weitere Bestimmung und Erfüllung› könnte an Stelle von Prozeß, Tun, Erfüllen treten und so wahrhaft das Versprechen der dialektischen Logik einlösen, in ihren Ursprung zu münden. Keiner unter den abstrakten

Unter dem Begriff der Aufklärung fassen Horkheimer und Adorno nicht nur die so bezeichnete historische Epoche, sondern den gesamten westlichen Zivilisationsprozess: «Seit je hat Aufklärung im umfassendsten Sinn fortschreitenden Denkens das Ziel verfolgt, von den Menschen die Furcht zu nehmen und sie als Herren einzusetzen», lautet der erste Satz des Buches, weiter heißt es: «Aber die vollends aufgeklärte Erde strahlt im Zeichen triumphalen Unheils.» Die Philosophen stellen fest: «Jeder Versuch, den Naturzwang zu brechen, indem Natur gebrochen wird, gerät nur um so tiefer in den Naturzwang hinein. So ist die Bahn der europäischen Zivilisation verlaufen» – seit deren Beginn hatten die Menschen «immer zu wählen zwischen ihrer Unterwerfung unter Natur oder der Natur unter das Selbst. Mit der Ausbreitung der bürgerlichen Warenwirtschaft wird der dunkle Horizont des Mythos von der Sonne der kalkulierenden Vernunft aufgehellt, unter deren eisigen Strahlen die Saat der neuen Barbarei heranreift.»[316]

Das Mensch-Natur-Verhältnis der westlichen Kultur, das im Zuge der Europäisierung der Erde hegemonial geworden ist, ist ein in seinem Ursprung patriarchales und ist durch und durch von Herrschaft geprägt: «Was die Menschen von der Natur lernen wollen, ist, sie anzuwenden, um sie und die Menschen vollends zu beherrschen. Nichts anderes gilt.» In die Sphäre des Natürlichen, die es zu beherrschen gilt, fallen traditionell nicht nur die zu beherrschende Frau und der zu unterjochende Fremde: Der Prozess der Zivilisation hatte auch die unbeschränkte «Versklavung der Kreatur» zur Folge; seit ihrem Aufstieg zeigt die Spezies Mensch sich den anderen Arten als «furchtbarste Vernichtung». Die disqualifizierte Natur wird zum chaotischen Stoff bloßer Einteilung: Sie wird vom menschlichen Verstand geordnet, kategorisiert, eingeteilt, um sie besser beherrschen und ausbeuten zu können. Andere Tiere treten der menschlichen Wahrnehmung zunehmend weniger als Individuen, als vielmehr nur noch als bloße Vertreter ihrer Gattung gegenüber – so geht etwa das Versuchstier «verkannt als bloßes Exemplar durch die Passion des Laboratoriums».[317]

Begriffen kommt der erfüllten Utopie näher als der vom ewigen Frieden» (ebd.).

316 HORKHEIMER, ADORNO 1988, 9, 19, 38, 86.

317 Ebd., 10, 199, 16.

Die Abgrenzung gegenüber der Tierwelt war besonders wichtig für das Heraustreten des Menschen aus der Natur: «Die Idee des Menschen in der europäischen Geschichte drückt sich in der Unterscheidung vom Tier aus. Mit seiner Unvernunft beweisen sie die Menschenwürde.» Mit solcher Beharrlichkeit und Einstimmigkeit sei dieser Gegensatz «von allen Vorvorderen des bürgerlichen Denkens» immer wieder bestätigt worden, dass er wie nur wenige weitere Ideen zum Grundbestand der westlichen Anthropologie gehöre und noch heute anerkannt sei. Die Behavioristen – diese Wissenschaftler betrieben die Ablösung der Beobachtung freilebender Tiere durch das Laborexperiment[318] – hätten ihn «bloß scheinbar vergessen»: «Daß sie auf die Menschen dieselben Formen und Resultate anwenden, die sie, entfesselt, in ihren scheußlichen physiologischen Laboratorien wehrlosen Tieren abzwingen, bekundet den Unterschied auf besonders abgefeimte Art. Der Schluß, den sie aus verstümmelten Tierleibern ziehen, paßt nicht auf das Tier in Freiheit, sondern auf den Menschen heute. Er bekundet, indem er sich am Tier vergeht, daß er, und nur er in der ganzen Schöpfung, freiwillig so mechanisch, blind und automatisch funktioniert, wie die Zuckungen der gefesselten Opfer, die der Fachmann sich zunutze macht. Der Professor am Seziertisch definiert sie wissenschaftlich als Reflexe, der Mantiker am Altar hatte sie als Zeichen seiner Götter ausposaunt. Dem Menschen gehört die Vernunft, die unbarmherzig abläuft; das Tier, aus dem er den blutigen Schluß zieht, hat nur das unvernünftige Entsetzen, den Trieb zur Flucht, die ihm abgeschnitten ist.»[319]

---

318 Susann Witt-Stahl schreibt in ihrem Text *Der Speziesismus und seine Verflochtenheit mit herrschenden Ideologien. Anmerkungen und Verdächtigungen:* «Der behavioristische Reduktionismus diskreditiert empfindungsfähige Lebewesen schon allein durch seine Terminologie: Die Schreie der gequälten Labortiere werden als ‹Vokalisierung› der ‹Stimulus-Reaktion›, des Schmerzes bezeichnet, den die Experimentatoren ihren Opfern zufügen. Der Behaviorismus ist ein Paradebeispiel für die Funktionalisierung der Wissenschaft als Herrschafts- und Verfügungswissen. Er gewann sicher nicht zufällig an Einfluß im Zeitalter des Technologiefetischismus, am Vorabend zweier Weltkriege, die gigantische Vernichtungstechnologieschübe forderten und ein Selbstverständnis der Menschheit konstruierten, das ungehemmtes grenzenloses Wollen und Können miteinander verschmelzen lassen sollte» (WITT-STAHL 1999, 47).

319 HORKHEIMER, ADORNO 1988, 262.

Doch längst nicht nur im Tierexperiment drückt sich für die beiden Philosophen das fehlgeleitete Verhältnis zur Natur aus, zynisch müssen sie feststellen: «Die ganze Erde legt für den Ruhm des Menschen Zeugnis ab. In Krieg und Frieden, Arena und Schlachthaus, vom langsamen Tod des Elefanten, den primitive Menschenhorden auf Grund der ersten Planung überwältigen, bis zur lückenlosen Ausbeutung der Tierwelt heute, haben die unvernünftigen Geschöpfe stets Vernunft erfahren.» Im selben Abschnitt, der mit *Mensch und Tier* überschrieben ist, heißt es: «Dem blutigen Zweck der Herrschaft ist die Kreatur nur Material», und, in Bezug auf die Unterdrückung der Frau: «Wo Beherrschung der Natur das wahre Ziel ist, bleibt biologische Unterlegenheit das Stigma schlechthin, die von Natur geprägte Schwäche zur Gewalttat herausforderndes Mal» – eine Feststellung, die für alle unterdrückten Gruppen gilt: «Das prononcierte Menschengesicht, das beschämend an die eigene Herkunft aus Natur und die Verfallenheit an sie erinnert, fordert unwiderstehlich zum Totschlag auf. Die Judenkarikatur hat es seit je gewußt, und noch der Widerwille Goethes gegen die Affen wies auf die Grenzen seiner Humanität.» Die «Solidarität mit der Kreatur» wird nicht nur nicht ernst genommen, sondern gilt gar als Abfall von der Kultur: «In dieser vom Schein befreiten Welt, in der die Menschen nach Verlust der Reflexion wieder zu den klügsten Tieren wurden, die den Rest des Universums unterjochen, wenn sie sich nicht gerade selbst zerreißen, gilt aufs Tier zu achten nicht mehr bloß als sentimental, sondern als Verrat am Fortschritt.» An anderer Stelle heißt es: «Die Sorge ums vernunftlose Tier aber ist dem Vernünftigen müßig. Die westliche Zivilisation hat sie den Frauen überlassen.» Jenen war die vom Mann erzwungene Arbeitsteilung wenig günstig: Die Frau «wurde zur Verkörperung der biologischen Funktion, zum Bild der Natur, in deren Unterdrückung der Ruhmestitel dieser Zivilisation bestand. Grenzenlos Natur zu beherrschen, den Kosmos in ein unendliches Jagdgebiet zu verwandeln, war der Wunschtraum der Jahrtausende. Darauf war die Idee des Menschen in der Männergesellschaft abgestimmt.» Unter der bürgerlichen Herrschaft erreichte die Frau zwar «für die ganze ausgebeutete Natur die Aufnahme in die Welt der Herrschaft, aber als gebrochene».[320]

---

320 Ebd., 262ff.

Laut Horkheimer und Adorno schleppt die Menschheit all die Verstümmelungen, die ihr seit Jahrtausenden widerfahren, als gesellschaftliches Erbe mit sich: «Die lebendige Erinnerung an die Vorzeit, schon an die nomadischen, um wie viel mehr an die eigentlich präpatriarchalischen Stufen, war mit den furchtbarsten Strafen in allen Jahrtausenden aus dem Bewußtsein der Menschen ausgebrannt worden. Der aufgeklärte Geist ersetzte Feuer und Rad durch das Stigma, das er aller Irrationalität aufprägte, da sie ins Verderben führt.» Jedes gesellschaftliche Subjekt hat nicht nur an der Unterjochung der äußeren Natur – der menschlichen und der nichtmenschlichen – teilzunehmen, sondern muss, um das zu leisten, auch die Naturanteile in sich selbst beherrschen und unterdrücken: «Furchtbares hat die Menschheit sich antun müssen, bis das Selbst, der identische, zweckgerichtete, männliche Charakter des Menschen geschaffen war, und etwas davon wird noch in jeder Kindheit wiederholt.»[321] So muss das Kind sich etwa die Identifizierung und das Mitleid mit Tieren abgewöhnen – Horkheimer und Adorno sprechen in diesem Zusammenhang von einer Pädagogik, die den Kindern abgewöhne, kindisch zu sein. So gelte in Märchen die Verwandlung von Menschen in Tiere als Strafe. Eine solche, wie es in einem Aufsatz im soziologischen Sammelband *Gesellschaft und Tiere* zum Thema heißt, «negative Aufladung des Tierstatus und die Bedrohung, dem aufklärerischen Imperativ der vernünftigen Beherrschung der Welt nicht Folge leisten zu können»,[322] gemahne an das bürgerliche Tabu, mit welchem die Erinnerung oder die Einsicht in die innere Natur des Menschen und dessen mögliche Regression in den Tierstatus belegt sei. In der *Dialektik der Aufklärung* steht dazu: «Jedes Tier erinnert an ein abgründiges Unglück, das in der Urzeit sich ereignet hat» – und die «Zeichen der Ohnmacht, die hastigen unkoordinierten Bewegungen, Angst der Kreatur, Gewimmel, fordern die Mordgier heraus. Die Erklärung des Hasses gegen das Weib als die schwächere an geistiger und körperlicher Macht, die an ihrer Stirn das Siegel der Herrschaft trägt, ist zugleich die des Judenhasses.» Angst und Schwäche reizen «den Starken, der die Stärke mit der angespannten Distanzierung zur Natur bezahlt und ewig sich die Angst verbieten muß, zur blinden Wut. Er identifiziert sich mit Natur, indem er den Schrei, den

321 Ebd., 37, 40.
322 SEBASTIAN, GUTJAHR 2013, 106.

er selbst nicht ausstoßen darf, in seinen Opfern tausendfach erzeugt.»[323]

Wenn der Mensch das Bewusstsein seiner selbst als Natur sich abschneidet, kommt es, so Carsten Haker in seinem Aufsatz zum Mensch-Tier-Verhältnis in der Kritischen Theorie, «zur Projektion verdrängter Triebimpulse auf Tiere und andere Menschen, die als Tiere oder als tierähnlich verunglimpft werden und in deren Bestrafung und Verfolgung der Verdrängende seinem Unmut und seiner Aggression über die Verdrängung freien Lauf lassen und sich gleichzeitig als Vollstrecker der Zivilisation fühlen kann».[324] Dergestalt diente das Ausbeutungsverhältnis gegenüber den Tieren in der menschlichen Gesellschaft seit je als Legitimationsfolie für Gewalttaten an Menschen. In Anlehnung an Freud spricht die Kritische Theorie hier von *pathischer Projektion,* einer «Bespiegelung der eigenen Sehnsüchte und gesellschaftlich tabuierter Regungen, die nun auf Natur und hier insbesondere auf Tiere übertragen werden»[325] – aber eben auch auf Menschen. Adorno drückt das in seinem Aphorismus *Menschen sehen dich an,* der sich in seinem Werk *Minima Moralia – Reflexionen aus dem beschädigten Leben* (1951) findet, folgendermaßen aus: «Die stets wieder begegnende Aussage, Wilde, Schwarze, Japaner glichen Tieren, etwa Affen, enthält bereits den Schlüssel zum Pogrom. Über dessen Möglichkeit wird entschieden in dem Augenblick, in dem das Auge eines tödlich verwundeten Tiers den Menschen trifft. Der Trotz, mit dem er dieses Bild von sich schiebt – ‹es ist ja bloß ein Tier› –, wiederholt sich unaufhaltsam in den Grausamkeiten an Menschen, in denen die Täter das ‹Nur ein Tier› immer wieder sich bestätigen müssen, weil sie es schon am Tier nie ganz glauben konnten.»[326]

Nicht nur gründet also, wie in der Metapher Horkheimers, welche diesem Buch vorangestellt ist, der gesamte kapitalistische Gesellschaftsbau, den Adorno 1963 als eine große «Aktiengesellschaft zur Ausbeutung der Natur»[327] bezeichnet, auf dem Leiden der Tiere, die Herrschaft über sie ist auch in vielfältiger Art und Weise mit der Herrschaft des Menschen über den Menschen verbunden, weshalb die auf die Befreiung des

---

323 HORKHEIMER, ADORNO 1988, 264, 120.

324 HAKER 2007, 33.

325 BUJOK 2011, 298.

326 ADORNO 2003, 118.

327 ADORNO 1996, 216.

Menschen zielenden Emanzipationsbewegungen nicht zum Ziel führen können, solange sie diesen Aspekt ausblenden. Der Mensch teilt im Prozess seiner Emanzipation das Schicksal mit der übrigen Welt, die Geschichte der Anstrengungen des Menschen, die Natur zu beherrschen, ist auch die Geschichte der Herrschaft des Menschen über den Menschen. Marco Maurizi schreibt hierzu, die ganze Geschichte der Zivilisation finde in der Sklaverei der Natur ihren Ursprung und in der menschlichen Sklaverei ihre logische Fortsetzung: «Die verwaltete Welt, die wir heute erleben, ist die Vollendung jener ursprünglichen Gewalt. Die Unterdrückung der Tiere ist nicht nur Teil der Geschichte der Freiheit, sondern auch unserer eigenen Sklaverei. Die Gewalt, die wir gegen Tiere übten, schlägt gegen uns um.»[328]

So wie Naturbeherrschung Menschenbeherrschung einschließt, ist die Solidarität der Menschen «ein Teil der Solidarität des Lebens überhaupt», wie Horkheimer schreibt, und weiter: «Der Fortschritt in der Verwirklichung jener wird auch den Sinn für diese stärken. Die Tiere bedürfen der Menschen.»[329] Doch wenn der Prozess der Zivilisation als der Versuch des Menschen, sich vom Naturzwang zu emanzipieren, ständig Herrschaft reproduziert, ist das Ziel der befreiten Gesellschaft für Mensch und Tier dann überhaupt erreichbar, oder muss die Geschichte des Menschen nicht vielmehr in die Katastrophe führen? Folgt aus der menschlichen Blindheit gegenüber der Natur, «dass sich die Menschheit selber ausrottet»?[330] Nicht, wenn die Vernunft sich auf ihre Ursprünge besinnt und die ihr innewohnenden zerstörerischen Mechanismen versteht; es gilt: «Die Vernunft des Menschen, mit der er Tag für Tag unermessliches Leid über die Tiere bringt, ist nicht nur ein Herrschaftsorgan – sie birgt auch die Möglichkeit der Versöhnung mit der Natur und der Befreiung derer, mit denen der Mensch durch Vergangenes eins ist.»[331]

---

328 MAURIZI 2012, 39. – Ähnlich Nick Fiddes in seiner Untersuchung *Fleisch. Symbol der Macht:* «Der Rassismus, der sich in der Sklaverei und in der Ausbeutung des Reichtums der Nationen der ‹Dritten Welt› äußerte und äußert, hat ein gefährliches Vermächtnis sozialer und politischer Feindseligkeiten hinterlassen. Der Versuch unserer Kultur, eine unantastbare Autorität gegenüber der wilden Natur auszuüben, hat uns eine Umweltkatastrophe beschert, die, das ist jetzt klar, die menschliche Gesellschaft an den Rand des Untergangs führt» (FIDDES 1993, 271).

329 HORKHEIMER 1988, 136.

330 HORKHEIMER 1996, 629.

331 WITT-STAHL 2007, 7.

Die Selbstzerstörung der Aufklärung kann nur das aufgeklärte Denken selbst aufhalten, indem es reflektiert auf das ihm immanente rückläufige Moment. Horkheimer und Adorno schreiben: «Aufklärung ist mehr als Aufklärung, Natur, die in ihrer Entfremdung vernehmbar wird. In der Selbsterkenntnis des Geistes als mit sich entzweiter Natur ruft wie in der Vorzeit Natur sich selber an [...] als Blindes, Verstümmeltes. Naturverfallenheit besteht in der Naturbeherrschung, ohne die Geist nicht existiert. Durch die Bescheidung, in der dieser als Herrschaft sich bekennt und in Natur zurücknimmt, zergeht ihm der herrschaftliche Anspruch, der ihn gerade der Natur versklavt. Durch solches Eingedenken der Natur im Subjekt, in dessen Vollzug die verkannte Wahrheit aller Kultur beschlossen liegt, ist Aufklärung der Herrschaft überhaupt entgegengesetzt.»[332] In der Selbsterkenntnis des Geistes als mit sich selbst entzweiter Natur erkennt er sich selbst «als blind beherrschend und durch Herrschaft verstümmelt. Diese Reflexion, in der Geist Herrschaft zurücknimmt, ist jedoch auf den Begriff, Resultat der Naturbeherrschung, angewiesen.»[333] Oder, wie es im Kapitel *Die Revolte der Natur* in Horkheimers *Zur Kritik der instrumentellen Vernunft* (1967) heißt: «Kurzum, wir sind zum Guten oder Schlechten die Erben der Aufklärung und des technischen Fortschritts. Sich ihnen zu widersetzen durch Regression auf primitive Stufen, mildert die permanente Krise nicht, die sie hervorgebracht haben. Im Gegenteil, solche Auswege führen von historisch vernünftigen zu äußerst barbarischen Formen gesellschaftlicher Herrschaft. Der einzige Weg, der Natur beizustehen, liegt darin, ihr scheinbares Gegenteil zu entfesseln, das unabhängige Denken.»[334]

Dabei gilt: «Davon, daß der Widerspruch zwischen theoretischer Humanität und praktischer Barbarei überwunden wird, der diese Zivilisation wie eine schändliche Krankheit durchzieht, um so schändlicher, je gewaltiger der Reichtum und die Fähigkeiten sind, hängt es ab, ob der technische Fortschritt zu einer höheren Gestalt der menschlichen Zusammenarbeit führt. Die größeren Mittel der Gesellschaft fordern größere moralische Differenziertheit [...]. Dem Leben, das der raffinierten Quälerei des Schwachen sich verdankt, haftet selber die Schwäche an. Es wird sich gegen primitivere, brutalere menschliche und außer-

---

332 HORKHEIMER, ADORNO 1988, 46f.

333 HAKER 2007, 45.

334 HORKHEIMER 1991, 135.

menschliche Kräfte schließlich nicht mehr behaupten können. Die Kultur des Professors, der zum Gaudium die geschändeten Tauben flattern ließ, ist schon der Hohn auf die Kultur, und die Studenten, die ihm folgen, können sie nicht verteidigen.»[335]

Herbert Marcuse sieht in der ab den 1960er Jahren sich bildenden Protest- und Gegenkultur und in der Neuen Linken einen Anlass zur Hoffnung: Hier zeigen sich erste Bemühungen um «ein neues Verhältnis zwischen Mensch und Natur – seiner eigenen und der äußeren Natur», dessen Entwicklung für eine künftige Revolution unabdingbar sei. Das Bindeglied zwischen der Befreiung des Menschen und der der Natur trete «heute in den wichtigen ökologischen Vorstößen der radikalen Bewegung deutlich zutage», heißt es im Kapitel *Natur und Revolution* in *Konterrevolution und Revolte* (1972). Marcuse spricht hier von «Befreiung der Natur als Mittel der Befreiung des Menschen» und schreibt: «Was gegenwärtig geschieht, ist die Entdeckung (oder vielmehr die Wiederentdeckung) der Natur als einer Verbündeten im Kampf gegen die ausbeuterischen Gesellschaften, in denen die Vergewaltigung der Natur die Vergewaltigung des Menschen verschärft. Die Entdeckung der befreienden Kräfte der Natur und ihrer entscheidenden Rolle beim Aufbau einer freien Gesellschaft wird zu einer neuen Kraft gesellschaftlicher Veränderung.»[336] In seinem 2020 erschienenen Buch über das Verhältnis von Natur und Freiheit bei Marcuse fasst Ulrich Ruschig zusammen: «Marcuse traut sich zu formulieren: Ja, es geht um die Befreiung der Natur! Und: Diese Befreiung der Natur bildet ein zentrales, konstitutives und unverzichtbares Element im Kampf gegen die Herrschaft des Kapitals.» Ruschig zitiert Marx, der 1844 schrieb, man müsse die versteinerten Verhältnisse dadurch zum Tanzen zwingen, dass man «ihnen ihre eigne Melodie vorsingt», und meint dann: «45 Millionen Küken werden pro Jahr mit dem Gas CO_2 getötet – das ist die ‹eigne Melodie›, die den abstrakten Kapitalzweck – Geld zu investieren, um mehr Geld zu erzielen – zum Ausdruck, i.e. zum Erklingen bringt. Man muß, indem man diese Melodie den Menschen *vorsingt*, sie ‹vor sich selbst *erschrecken* lehren, um [ihnen; U.R.] *Courage* zu machen› (MEW 1, 381).»[337]

335 HORKHEIMER 1985, 106f.

336 MARCUSE 2004-9, 63ff.

337 RUSCHIG 2020, 13, 29.

4. Auf dem Weg zur Revolution?

4.1 Ein Neuanfang: Die Entstehung der modernen Tierbefreiungsbewegung ab den 1960er Jahren

Wir sind eine gewaltfreie Guerilla-Organisation, die sich der Befreiung von Tieren verschrieben hat.
Band of Mercy.

Die Schriften der Kritischen Theorie haben zwar maßgeblichen Einfluss auf die Studentenbewegung – die *Dialektik der Aufklärung* etwa findet während der 1960er Jahre als Raubdruck in deutschen Studentenkreisen Verbreitung –, die Überlegungen der Frankfurter zum Mensch-Natur- und zum Mensch-Tier-Verhältnis aber werden in kein politisches Programm übersetzt. Zwar findet sich etwa die Wolkenkratzer-Metapher Horkheimers auch bei Rudi Dutschke,[338] es ist aber nicht bekannt, dass Tiere für ihn oder die Studentenbewegung insgesamt ein Thema sind.

Dennoch tut sich etwas: Im Rahmen der von 68ern angestoßenen Neuen Sozialen Bewegungen entsteht, ausgehend von England, in den 60er und 70er Jahren eine neue, zweite Tierrechts- und Tierbefreiungsbewegung. Der Tierrechtsgedanke hat sich hier in der Friedensbewegung erhalten: Donald Soper, methodistischer Geistlicher und ein führendes Mitglied der *Campaign for Nuclear Disarmament,* äußert sich entschieden gegen die Vivisektion. Seit 1937 ist er in der *Peace Pledge Union* (PPU) aktiv, woraus seine Ablehnung der Jagd resultiert; von 1967 bis zu seinem Tod übernimmt er die Präsidentschaft der *League against Cruel Sports* (LACS). «Durch diese Verknüpfung gelang es der Tierrechtsbewegung, im öffentlichen Diskurs präsent zu bleiben und letztlich den Sprung ins neue Zeitalter zu

338 Er führt auch ausdrücklich «das unbeschreibliche, unausdenkliche Leiden der Tiere, die Tierhölle der menschlichen Gesellschaft» an (DUTSCHKE 1968, 56f.).

vollziehen», meint Mieke Roscher in ihrer historischen Untersuchung der britischen Tierrechtsbewegung.[339] Die Gruppe um die seit 1936 erscheinenden *Peace News,* die ab 1961 das offizielle Mitteilungsorgan der PPU werden, sei dabei als ein Bindeglied der sich überlappenden Friedens- und Alternativbewegung mit radikal-pazifistischen oder gewaltlos-anarchistischen Positionen zu betrachten, die als Ausgangsbasis für neuere Netzwerke fungiert. Ronnie Lee, Mitbegründer der *Animal Liberation Front* (ALF), sieht sich eine Zeit lang ihrer Tradition verpflichtet. *Peace News* nehmen die Themen Vegetarismus und Tierrechte als festen Bestandteil in der Berichterstattung auf und stellen der ALF später eine Infrastruktur zur Verfügung. Gerade die Waffen herstellende Industrie entwickelt sich zum gemeinsamen politischen Gegner von Friedens- und Tierrechtsbewegung.

«Häufig wird behauptet, die moderne Tierrechtsbewegung habe sich in den 1970er Jahren aus dem philosophischen Nachdenken über den moralischen Status der Tiere entwickelt», schreibt Klaus Petrus in seinem 2013 erschienenen Buch über die Tierrechtsbewegung. Dies stimme aber nicht: «Tatsächlich verfügt kaum eine andere Sozialbewegung über einen derart ausgereiften theoretischen Überbau. Dass sich die Tierrechtsbewegung zu jener Zeit formieren konnte, hatte aber einen anderen Grund: die Protestbewegungen der 1960er Jahre. Sie machten mit Themen auf sich aufmerksam, die auch für BefürworterInnen von Tierrechten interessant waren. Dazu gehörten die Vorbehalte der Neuen Linken gegenüber der Industriegesellschaft mit ihrem übersteigerten Konsumverhalten oder die Kritik der Anti-Atombewegung an einem Weltbild, das in der Natur bloß eine für den Menschen verfügbare Ressource sieht. Auch in puncto Aktionsformen waren die ‹Neuen Sozialen Bewegungen› prägend. Beispielsweise hatten die in autonomen Kreisen weit verbreitete Ablehnung hierarchischer Organisationsformen sowie die Befürwortung von direkten Aktionen unmittelbaren Einfluss auf eine neue Gruppe von JagdgegnerInnen. Sie gründete sich 1963.» Die Rede ist von der *Hunt Saboteurs Association* (HSA), die auch heute noch in ganz Großbritannien aktiv ist. Sie müsse «im Rückblick als eine der Initialzündungen der modernen Tierrechtsbewegung» gelten.[340]

---

339 ROSCHER 2009, 254.
340 PETRUS 2013, 15f.

Die HSA spaltet sich 1963 von der gemäßigten LACS ab und gruppiert sich um Dave Wetton. Wetton stammt aus einer Arbeiterfamilie aus Tooting «mit starkem sozialistischen Background»; direkte Aktionen gegen den Jagdsport sind für ihn die logische Verlängerung der Proteste gegen den Vietnamkrieg und die Apartheid. Die Aktionen der HSA, etwa Sit-ins, sind von der Studentenbewegung inspiriert. Die von der Jugendrevolte getragene «counterculture» popularisiert auch den Vegetarismus wieder. Diesen verstehen die Gegenkulturen der 1960er Jahre als Teil einer antimilitaristischen Alternative: «Man könne nur glaubwürdig gegen kriegerisches Morden argumentieren, wenn man sich selbst von mörderischem Verhalten gegenüber dem unschuldigen Tier praktisch distanziere, so die Darlegung. Vegetarismus war also zum Bestandteil des kulturellen Wandels avanciert, der mit politischen und sozialen Veränderungen einherging. Das Insistieren darauf, den Vegetarismus als persönlichen Schritt und gleichsam als politischen Akt zu begreifen, förderte eine Politisierung, die sich maßgeblich auf die zweite Tierrechtsbewegung auswirkte.»[341]

Ab 1970 nimmt die sich radikalisierende Gegenkultur in Form der Stadtguerilla den bewaffneten Kampf auf. Die *Angry Brigade* führt innerhalb zweier Jahre in London vor den Botschaften Franco-Spaniens und weiterer Länder, vor Banken und Wohnsitzen von Politikern insgesamt 25 Bombenanschläge aus. Ronnie Lee äußert Bewunderung für das Konzept und die Methoden der Gruppe. Die Gründung unabhängig voneinander operierender Zellen ab 1976 lässt auch die IRA zum Vorbild der späteren ALF werden. 1972 gründen Lee und Clifford Goodman, die beide Vorstandsmitglieder der HSA sind, zusammen mit vier anderen Personen die ALF-Vorgängerorganisation *Band of Mercy.* Der Name soll an eine Jugendgruppe der moderaten Tierschutzorganisation *Royal Society for the Prevention of Cruelty to Animals* erinnern, die sich 1875 abgespalten hat und der Lee ein radikales Potential unterstellt. Im November 1973 erfolgt der erste Brandanschlag der *Band of Mercy* gegen das sich im Bau befindliche Laboratorium des pharmazeutischen Großbetriebs *Hoechst* in Milton Keynes. In einem Zeitraum von zwei Jahren verübt die Gruppe insgesamt acht Anschläge, bevor sie gefasst wird. Am 24. März 1975 werden Lee und Goodman zu

341 ROSCHER 2009, 422, 260.

drei Jahren Haft verurteilt. Aus der Öffentlichkeit gibt es Sympathiebekundungen – was mit auf Richard Ryder, dem Vater der Wortneuschöpfung «Speziesismus», zurückzuführen ist, der in dem Verfahren als Experte gehört wird. Ryder zeigt sich von den Aktionen beeindruckt und bezahlt Goodmans Kaution. Nach Lees Anklage übernehmen *Peace News* die Sammlung von Spenden für seine Verteidigung. Alle überschüssigen Gelder sollen, so Lees Wunsch, für die «Befreiung der Tiere und die Bezwingung des Speziesismus» verwendet werden. Ab dem Ende der 1980er Jahre unterstützt die HSA darüber hinaus die ALF und ähnliche Gruppen, veröffentlicht die Namen von Gefangenen der Bewegung und macht Werbung für das radikale Tierbefreiungs-Magazin *Arkangel*. Mieke Roscher weist darauf hin, dass die Aktionen für die Befreiung der Tiere zu dieser Zeit zumindest von einem Flügel der Friedensbewegung mitgetragen werden.[342]

Aufgrund des religiös klingenden Namens wird die *Band of Mercy* aufgelöst, im Juni 1976 stattdessen die ALF gegründet; in nur einem Jahr werden zehn Aktionen in ihrem Namen durchgeführt. Die ALF agiert nach vier Grundsätzen – jede vegan oder vegetarisch lebende Person, die sich an diese Richtlinien hält, kann sich als Teil der ALF bezeichnen und in deren Namen Aktionen durchführen. Die Grundsätze sind: Die Befreiung von Tieren aus den Stätten, in denen sie gequält werden und die Überführung an einen Ort, wo sie frei von Leiden bis zu ihrem natürlichen Ende leben können, das Zufügen ökonomischen Schadens für all jene, die von der Not und der Ausbeutung der Tiere profitieren, das Aufzeigen der Gewalt, denen Tiere hinter verschlossen Türen ausgesetzt sind mit Hilfe von gewaltfreien, direkten Aktionen und Befreiungen, sowie das Ergreifen aller notwendigen Vorsichtsmaßnahmen, damit weder Mensch noch Tier durch die Aktionen Schaden nehmen. Innerhalb kürzester Zeit bilden sich unabhängige Zellen im ganzen Land. Die neue Tierbefreiungsbewegung versteht sich als die ultimative Befreiungsbewegung, die in der Absicht handelt, sämtliche Mechanismen der Unterdrückung auf einmal anzugehen. «Allerdings war diese anarchistische Haltung, wenn überhaupt, wenig theoretisch fundiert», merkt Roscher an[343] – eine Feststellung, die wohl für die frühe linke Tierbefreiungsbewegung

342 Ebd., 434f.
343 Ebd., 384.

insgesamt gemacht werden kann. Da allerdings das Drängen nach gesellschaftlicher Veränderung in Großbritannien traditionell stark über den Klassenbegriff artikuliert und verhandelt wird, finden auch die Auseinandersetzungen zwischen der Tierrechtsbewegung und ihren politischen Gegnern oft in Verbindung mit Klassenkämpfen statt. So machen etwa Kampagnen gegen Schlachthäuser auf die miserablen Arbeitsbedingungen der dort Beschäftigten aufmerksam und zählen sie mit zur ausgebeuteten Gruppe. Die Themen Tierrechte und Tierbefreiung sind in der radikalen politischen Linken Großbritanniens allerdings alles andere als unumstritten. Die meisten marxistischen und sozialistischen Gruppen distanzieren sich relativ klar, eine Ausnahme bildet das 1991 gegründete *Socialist Movement for Animal Rights.* Innerhalb der autonomen Linken kommt es in den 1980ern zu einer Spaltung über die Thematik. Vor allem die 1983 gegründete anarchistische Gruppe *Class War* befürwortet Tierbefreiungsaktionen und bietet der Bewegung Platz in ihrem gleichnamigen Mitteilungsorgan an.

Bis zum Jahr 1984 werden in England mehr als 5000 Tiere befreit, ein Sachschaden von mindestens fünf Millionen Pfund entsteht, insgesamt finden bis zu diesem Zeitpunkt mehr als 400 Aktionen statt. Scotland Yard reagiert im Dezember 1984 mit der Gründung von *Animal Rights National Index*, der ersten Polizeitruppe, die speziell zum Kampf gegen die Tierbefreiungsbewegung gegründet wird. Bis Anfang der 90er Jahre soll sie die Daten von mehr als 20.000 Personen gesammelt haben, bis 1992 werden rund 200 Aktivisten inhaftiert. In der Folgezeit radikalisiert sich ein Teil der Szene: Eine neue Gruppe namens *Justice Department* gründet sich 1993 – allein bis Ende 1995 soll sie 150 Briefbomben verschickt haben.[344] Das Konzept autonom agierender Tierbefreiungs-Zellen hat nicht nur in England Erfolg, wo zeitweise im Durchschnitt täglich sechs Aktionen stattfinden, es breitet sich international aus. Nach Angabe eines 2006 erschienenen Handbuchs über «extremistische Gruppen» hat die ALF zu diesem Zeitpunkt Zellen in über 20 Ländern – in Deutschland seit den frühen 80ern.[345]

---

344 HAFERBECK, WIEDING 1998, 206f.
345 ROSCHER 2009, 505.

4.2 Krieg den Jagdhütten und Palästen: Der «autonome Tierschutz» in der BRD

Autonome TierschützerInnen begreifen sich als antipatriarchal. Das Gebilde Staat, das sich die Herrschenden geschaffen haben, fußt auf der Ausbeutung von Mensch und Tier, es erzeugt ständige Interessenskonflikte zwischen Menschen und der Natur, treibt die Menschen in einen nie endenden Vernichtungsfeldzug gegen die Tiere. In diesem repressiven System, in dem nicht mal die Menschen selbstbestimmt leben können, ist erst recht die Befreiung der Tiere ausgeschlossen.
Flugblatt des «autonomen Tierschutzes».

Raststätte Reinhardshain, A 5 zwischen Gießen und Alsfeld, 10. November 1991, kurz nach Mitternacht: Niemand beachtet den grünen Kleintransporter, auf dessen Ladefläche sieben Männer und vier Frauen sitzen. Sturmmaske, Handschuhe, Bolzenschneider – ein letztes Mal wird die Ausrüstung überprüft. Langsam rollt der Lieferwagen vom Parkplatz, gefolgt von zwei Pkw. Schon an der nächsten Ausfahrt verlässt der kleine Konvoi die Autobahn, über Landstraßen geht es zum Stadtrand von Oranienburg, bis in der sternenklaren Nacht ein eingezäuntes Gelände zu sehen ist. Die flachen Gebäude neben der mit Ketten verschlossenen Eingangspforte sind betongrau, auf einem Schild steht *VEB Pelztierfarm Oranienburg-Sachsenhausen*. Heute wird Neuland betreten: Die erste Tierbefreiungsaktion in den neuen Bundesländern findet statt.[346]

Im Westen werden militante Aktionen, die der ALF in England nachempfunden sind, seit den frühen 80er Jahren durchgeführt. Die erste dokumentierte Aktion findet am 8. Oktober 1981 statt: 48 Beagles werden bei *Leuschner* in Mienenbüttel befreit, der Schaden beträgt 25.000 DM. 1982 und 1983 erfolgen die ersten Brandanschläge in Berlin und in Münster.[347] Diese Taten werden vor Gericht verhandelt – der Prozess endet im Januar 1984 mit der Verurteilung eines Aktivisten zu zwei Jahren Freiheitsstrafe auf Bewährung. Seit diesem Jahr wird die Szene

346 HAFERBECK, WIEDING 1998, 61f.

347 Vgl. ebd., 245. – Eine ausführliche Chronik der Aktionen des autonomen Tierschutzes in Deutschland bis zum Jahr 1997 findet sich in *Operation Tierbefreiung* auf den Seiten 245ff.

systematisch von den Staatsschutzbehörden beobachtet. In der Öffentlichkeit werden ihre Aktionen eher positiv aufgenommen: Als im April 1984 Tiere aus Laboren der Universität Heidelberg befreit werden, sorgt das für großes Medienecho. «Kampf gegen Tierversuche: Jedes Jahr sterben bei uns 7 Millionen Tiere im Labor – die Gegner machen mobil», ist auf der Titelseite des Wochenmagazins *stern* zu lesen, die *taz* titelt 1985: «Terroristen, für die die Herzen schlagen»; im Artikel geht es um den Prozess wegen versuchter Brandstiftung am Rohbau eines zukünftigen Versuchslabors in Schleswig-Holstein. Die Angeklagten befinden sich in Isolationshaft, sie werden nach § 129a des Strafgesetzbuchs beschuldigt, Mitglied in einer terroristischen Vereinigung zu sein. Am «Beispiel RAF» exekutiere das Bundeskriminalamt eine neue Politik, kritisiert die *taz* am 10. Juli 1985: «Terrorist soll nicht mehr nur sein, wer die BRD im Untergrund mit der Waffe bekämpft, sondern auch derjenige, der Sympathie, in welcher Form auch immer, bekundet.»[348] Bei Reportern von *stern* und *Quick*, welche die Übergabe geretteter Tiere fotografieren und beschreiben, werden Hausdurchsuchungen in den Privatwohnungen vorgenommen, die Schreibtische in den Redaktionen werden durchwühlt, Tierheime im Münchner Bereich Razzien unterzogen.[349] Nach sechsstündigem Plädoyer der Anwälte und persönlichen Erklärungen der Angeklagten endet der Prozess am 14. Mai 1987 mit zur Bewährung ausgesetzten Freiheitsstrafen zwischen sieben und zwölf Monaten – von einer Terrororganisation ist nicht mehr die Rede.[350]

Die ersten Aktionsgruppen geben sich fantasievolle Namen – als beispielsweise im Februar 1987 im Hamburger Schanzenviertel zwei Lieferwagen der Norddeutschen Fleischfabrik angezündet werden, bekennen sich «Schweinchen Schlau und die Feuerteufel» zu dem Anschlag.[351] Der deutsche Name *Tierbefreiungsfront* findet erstmals im Jahr 1984 Verwendung. 1985 wird zum Zweck der öffentlichen Vermittlung von Tierbefreiungsaktionen in Mainz als Sprachrohr des autonomen Tierschutzes der *Bundesverband der TierbefreierInnen Deutschland e.V.* gegründet (seit 1998 *die tierbefreier e.V.*, seit 2021 *die tierbefreier*innen e.V.*), dessen Publikationsorgan 1992 das

348 Ebd., 21f., 101.

349 WALDEN, BULLA 1992, 214.

350 HAFERBECK, WIEDING 1998, 107.

351 Ebd., 248.

Magazin *Tierbefreiung* wird. Im nächsten Jahrzehnt werden aufgrund der über 400 autonomen Aktionen mit Tierrechts- oder Tierbefreiungs-Bezug über 50 Durchsuchungs- und Beschlagnahmeaktionen beim Verein stattfinden. Markus Schaak, bis 2003 erster Vorsitzender des Vereins, muss in seiner Amtszeit etwa zwanzig Hausdurchsuchungen über sich ergehen lassen.

Von Tierbefreiung als einem gesellschaftstheoretischen Konzept ist noch nicht die Rede: Die ersten Aktiven nennen sich «autonome Tierschützer». Werden in den ersten sechs Jahren des Autonomen Tierschutzes (A.T.) in Deutschland nahezu ausschließlich Tiere befreit, so beginnt Ende 1986 die Phase der Wirtschaftssabotage. In einem Flugblatt von 1988 heißt es: «Um die Tiere aus den Laboratorien der Tierfolterer zu befreien, müssen Türen aufgebrochen werden. Um die Aasfraß-Industrie bei der Massenvernichtung von Tieren zu stören, müssen Schlachtviehtransporter lahmgelegt werden. Um die Hobbymörder bei ihren blutigen Vergnügungen zu behindern, müssen Jagdeinrichtungen zerstört werden. Die AktivistInnen des A.T. arbeiten im Schutze der Anonymität und der Dunkelheit. Nur so können sie sich vor dem Zugriff der Staatsbüttel und den Gewehren der Hobbymörder schützen.»[352] Vor allem Hamburg wird zum Zentrum solcher Aktivitäten. Im 1998 erschienenen Buch *Operation Tierbefreiung* heißt es hierzu: «Daß ausgerechnet in Hamburg die militantesten Autonomen Tierschützer aktiv waren, hatte Gründe. Ein Gutteil von ihnen kam aus der Hausbesetzer- oder Anti-AKW-Szene. Sie hatten ein anarchistisches Selbstverständnis, und in der Regel zierte ihre Bekennerbriefe das A im Kreis mit Anarchisten-Stern. Diese neue Hamburger Tierbefreiergruppe sah den Tierschutz nicht als ein isoliertes gesellschaftliches Thema. ‹Tierausbeutung ist eine unvermeidliche Konsequenz basierend auf hierarchischer Ordnung›, so eine ihrer Feststellungen. ‹Wer Tiere befreien will, muß gegen Patriarchat und Kapitalismus kämpfen.› So war es nur konsequent, daß in den Bekennerbriefen zu den militanten Aktionen in Norddeutschland auch immer wieder Bezug auf andere gesellschaftliche Auseinandersetzungen, wie z.B. den Kampf um den Erhalt der ehemals besetzten Häuser in der Hamburger Hafenstraße, genommen wurde.»[353]

---

352 TAN 1993, 9.

353 HAFERBECK, WIEDING 1998, 35. – An anderer Stelle heißt es: «Je nachdem, welchen politischen Werdegang die Aktivisten persönlich vollzo-

Im Schanzenviertel werden allein im Jahr 1988 über 25 Anschläge auf Pelzgeschäfte verübt. Seit diesem Jahr, als das letzte Pelzgeschäft schließt, ist das Viertel «pelzfreie Zone», wird noch fünf Jahre später von der *Tierrechts-Aktion-Nord* (TAN), einer Unterstützergruppe des Autonomen Tierschutzes, berichtet.[354] Die TAN geht ursprünglich auf ein Aktionsbündnis aus dem Jahr 1987 zurück; in einer Publikation von 1995 heißt es rückblickend: «Diese Menschen kamen zum Einen aus bürgerlichen Gruppen und zum Anderen aus der anarchistisch-autonomen Bewegung. In ihrer Politik radikalisierten sie alle bis dahin bekannten Tierschutzgedanken und formulierten ein Verständnis, das die Ausbeutung der Tiere als weitere Herrschaftsform analysierte».[355]

Am 24. April 1987 ketten diese Menschen sich am Eingang des Hamburger Büros der Lufthansa an, um gegen die Transporte von Versuchstieren zu protestieren. Die Aktion am Internationalen Tag des Versuchstiers ist der Anfang einer ganzen Reihe von Aktionen jener Gruppe, die sich später zunächst den Namen *Tierschutz-Aktiv-Nord* gibt. So wird etwa im Dezember 1986 die jährlich stattfindende Hamburger Senatsjagd so lange gestört, bis «die fettgefressenen Bonzen» aufgeben. «Nicht nur, daß die Bourgeoisie mit ihren Kapitalistenkutschen als lärmende Horde in den Staatsforst einzieht, auch, daß gerade die Hamburger Umweltsenatorin Maring zu diesem Hobbymord einlädt, ist bezeichnend und spricht für ihr überaus gestörtes Verhältnis zur Natur», ist in der Presseerklärung des «Aktionsbündnisses gegen die Senatsjagd» und der Gruppe «Hau weg die Jäger» zu lesen. 1988/89 kommt es zu Ermittlungen gegen mutmaßliche Mitglieder der Gruppe wegen Unterstützung und Mitgliedschaft in einer kriminellen Vereinigung – mehrere Personen werden über Monate hinweg observiert. Mit der Kampagne gegen den Tierpark Hagenbeck, der noch in den 1930er Jahren sogenannte Völkerschauen ausgerichtet hat,

---

gen haben, sind viele Bekennerschreiben mit dem fünfzackigen Anarchistenstern versehen. Und es fanden auch animalisch aufgepeppte 68er Parolen wie ‹Krieg den Jagdhütten und Palästen› Einzug in die autonome Tierrechtsszene. Manchmal sind im Innern des Anarcho-Sterns die Umrisse einer Tierpfote und einer menschlichen Faust abgebildet, ein Symbol für die ‹Befreiung von Mensch und Tier›» (ebd., 196).

354 TAN 1993, 10.

355 VORBEREITUNGSGRUPPE 1995, 5.

macht TAN unter dem Motto «150 Jahre Hagenbeck – 150 Jahre Herrenmenschentum» auf die Kontinuitäten in der Ausbeutung von Mensch und Tier aufmerksam; die Blockade des Eingangs im Juni 1993 kann erst unter Einsatz einer Hundertschaft der Polizei geräumt werden. Ab 1993 steht TAN nicht mehr für Tierschutz-Aktiv-Nord, sondern für *Tierrechts-Aktion-Nord*. Als Grund wird angegeben: «Während TierschützerInnen häufig nur Verbesserungen wie z.B. ‹größere Käfige› oder ‹Schlachtung im nächstgelegenen Schlachthof› für die Tiere fordern, geht es TierrechtlerInnen um die Befreiung der Tiere von jeder menschlichen HERRschaft. TierrechtlerInnen fordern die Rechte von Tieren genauso wie die Rechte von Menschen (‹Für die Befreiung von Mensch und Tier›, ‹Gegen Käfige und Knäste›). Weil wir uns eben als TierrechtlerInnen verstehen, wollen wir dieses auch im Gruppennamen zum Ausdruck bringen, daher jetzt Tierrechts-Aktion-Nord.» Weiterhin heißt es: «Bündnisse mit anderen fortschrittlichen Bewegungen sind ein wichtiger Teil unserer Arbeit» – so finde es die TAN wichtig, «gegen Rassismus, Sexismus und Imperialismus» vorzugehen.[356]

Zur selben Zeit wird die *Vegane Offensive Ruhrgebiet* (VOR) gegründet. Im 1991 verfassten Selbstverständnis der überregionalen Gruppe, die sich bis ins Münster- und Rheinland hinein rekrutiert, heißt es: «Unter Anerkennung des staatlichen Gewaltmonopols und strikter Beachtung des Legalitätsprinzips glauben viele TierschützerInnen aus dem reformistischen Spektrum, schon dann eine Veränderung bewirkt zu haben, wenn es ihnen gelingt, mit Appellen an das Gute im Menschen den Tierschutzgedanken als individuelle Eigenschaft zu wecken (Missionarseifer). Ohne das gegenwärtige HERRschafts-, Ausbeutungs- und Unterdrückungssystem in seiner komplexen und verzahnten Ganzheit anzugreifen, beschränken sie ihre meiste Energie primär auf die bewußtseinsverändernde Kraft ihrer (nun ja wirklich) besseren Argumente. Für uns heißt dagegen konsequenter Tierschutz a) Störung des alltäglichen Lebensvernichtungsbetriebs und Eingriffe zur sofortigen (leider oft nur vorübergehenden) Beseitigung/Beendigung der Folter von Tieren, das heißt: Direkte Aktionen, Solidarität mit dem Autonomen Tierschutz. b) in der theoretischen Auseinandersetzung: Verbindung der Tierschutzproblematik mit anderen, inhaltsver-

356 TAN 1993, 3f.

wandten Themen wie z.B. Antifaschismus, Patriarchat, Sexismus (Jagd), der Vernichtungsethik Peter Singers, Ausbeutung des Trikont (‹Dritte Welt›), Gen- und Reproduktionstechnologie und Ökologie.»[357]

Hier wird deutlich, dass der moralphilosophische Ansatz Peter Singers aufgrund seiner «Vernichtungsethik»[358] niemals einen Anknüpfungspunkt für linke Tierbefreiungspolitik darstellte, im Gegenteil wurde er von der Bewegung von Anfang an kritisiert und zurückgewiesen.[359] Da aber im öffentlichen Diskurs das Wort «Speziesismus» in erster Linie durch Singers Buch *Animal Liberation* (1975) popularisiert wurde, wird Singer von Kreisen, die nicht über die lange Tradition des Tierrechts- und Tierbefreiungsgedankens in linken Bewegungen unterrichtet

---

357 VOR 1991-2.

358 Nachdem Singer in *Animal Liberation* seine Meinung kundgetan hat, dass bestimmte Lebewesen Merkmale aufweisen würden, die ihr Leben «wertvoller» machen, schreibt er: «Wenn wir also das Recht auf Leben auf diese Eigenschaften gründen, müssen wir diesen Tieren ein genauso großes, wenn nicht sogar ein größeres Lebensrecht zugestehen als solchen geistig behinderten oder senilen Menschen»; anschließend stellt er Überlegungen darüber an, ob «geistig schwerbehinderte und hoffnungslos senile Menschen kein Recht auf Leben haben und aus recht trivialen Gründen getötet werden dürfen, so wie heute Tiere» (SINGER 1996, 53).

359 Als die VOR Anfang 1992 die Redaktionsräume des Münsteraner Stadtblatts besetzte und eine ausführliche Darstellung ihrer politischen Forderungen im Blatt verlangte, wurde in Folge unter anderem ein Interview abgedruckt, in welchem ein Vertreter der Gruppe sagt: «Singer macht genau das, wogegen wir eintreten. Er teilt Leben in Verwertungskategorien ein» (STADTBLATT MÜNSTER 1992, 22). Am 15. Oktober 1996 fand die Veranstaltung «Bioethik: Euthanasie und Tierrechte am Beispiel Peter Singer» statt, organisiert von der Antifa Hameln-Pyrmont und der linken Tageszeitung *junge Welt;* die Referate hielten ein Mitarbeiter der Zeitschrift *Der Rechte Rand* sowie eine Aktivistin der *Tierrechts-Aktion-Nord (TAN)*. Die TAN publizierte im Jahr darauf beide Vorträge im Rahmen einer Broschüre mit dem Titel *Euthanasie und Tierrechte am Beispiel Peter Singer,* in deren Vorwort die Gruppe das Vorgehen kritisiert, «kollektiv der Tierrechtsszene Behindertenfeindlichkeit und Rechtslastigkeit anzuhängen, indem behauptet wurde/wird, daß alle sich auf Singer berufen, wobei fälschlicherweise davon ausgegangen wird, daß Singer Rechte für Tiere erfunden hat und Tierrechtler ist. Letzteres würden wir stark in Frage stellen oder ihm absprechen, ersteres ist erwiesenermaßen falsch» (TAN 1997, 3). Vgl. auch ROSCHER 2009, 412f.

sind, gerne als «Vater» des Tierrechtsgedankens stilisiert und seine Philosophie zur Kritik an der Tierbefreiungsbewegung hergenommen, obwohl diese sich niemals positiv auf sie bezogen hat. Was es im Übrigen bedeutet, wenn emanzipatorische Forderungen mit bürgerlicher Moralphilosophie verbunden werden, zeigt sich bereits auf den ersten Seiten des Buches von Singer – dort schreibt er zunächst, die Gewaltherrschaft gegen die Tiere könne «nur mit dem Leid verglichen werden, das die jahrhundertelange Tyrannei der Weißen über die Schwarzen bedeutet hat», dann heißt es: «Eine Befreiungsbewegung ist eine Forderung danach, Vorurteile und Diskriminierungen aufzugeben, die auf willkürlichen Merkmalen wie Rasse oder Geschlecht beruhen.»[360] Ausgeblendet wird, dass es jenen, die gegen die Sklaverei kämpften, eben nicht vorrangig um die «Forderung danach, Vorurteile und Diskriminierungen aufzugeben» ging, sondern dass das Ziel einer Befreiungsbewegung zuallererst die Abschaffung des konkret sich in Gewalt äußernden Ausbeutungsverhältnisses selbst sein muss.

Die VOR, die wie die TAN in der linksautonomen Szene verortet ist, macht nicht nur den Veganismus innerhalb dieser Subkultur bekannt – es ist auf den Anstoß dieser Gruppe zurückzuführen, dass in den Volksküchen der autonomen Zentren überwiegend vegan gekocht wird –, sie gibt auch den eigentlichen Startschuss für die junge Bewegung: Im ganzen Bundesgebiet werden neue Gruppen gegründet. Unter anderem entsteht als norddeutsches Äquivalent die *Vegane Attacke Nord* (VAN). Diese gibt zwischen 1994 bis 1996 das vierteljährlich erscheinende Magazin *vegan info – Forum für TierrechtlerInnen* heraus. In der achten Ausgabe gibt die VAN 1996 ihre Auflösung bekannt und betont, dass dies nicht zur Einstellung des Magazins führen solle, doch obwohl es in der neunten Ausgabe gelingt, diese nur von der Leserschaft schreiben zu lassen, wird diese die letzte. Mit ihrer Kritik an der Ausbeutung der Tiere lösen die VOR und die sich nach ihrem Vorbild bildenden Gruppen in der radikalen Linken eine heftige Diskussion aus, deren Ergebnis ist, dass die Fronten klarer werden, und dass sich die Bewegung, die sich nun Angriffen ausgesetzt sieht, die aus der eigenen «Szene» stammen, stärker mit ihren theoretischen Grundlagen auseinanderzusetzen beginnt.

360 SINGER 1996, 7, 11.

Ein ehemaliger Aktivist der TAN erinnert sich: «Als 1991 vor allem durch Anstöße von außen, Vegane Offensive Ruhrgebiet (VOR), das Thema Veganismus in der zuvor vegetarischen TAN Thema wurde, entwickelte sich auch eine überregionale ‹Bewegung›, bzw. Zusammenarbeit, die es ermöglichte, endlich Aktionen in größerem Rahmen durchzuführen und von dem Gefühl wegzukommen, allein und isoliert zu agieren. Da sich zeitgleich auch die inhaltlichen Auseinandersetzungen miteinander und innerhalb der linken Szene mit anderen Gruppen verstärkten, verlagerte sich auch sehr der Schwerpunkt hin zu einer theoretisch arbeitenden Gruppe.»[361]

Die Kritik an der VOR ist exemplarisch – «das ist widerlich, menschenverachtend! menschen und tiere sind nicht gleichzusetzen», schreibt jemand in einem «LeserInbrief» in der linksautonomen «Ruhrgebietsinfo». Dies sollen im Wesentlichen die Vorbehalte gegenüber Tierbefreiungsgruppen innerhalb der Linken bleiben. Die Gruppe verteidigt sich; in ihrer Stellungnahme, in der sie auch Rosa Luxemburgs Brief aus dem Gefängnis vom 2. Mai 1917 zitiert, heißt es: «Unser Kampf richtet sich dagegen, daß Menschen heute wie Tiere behandelt werden, aber auch dagegen, wie Menschen Tiere behandeln – was eben eine Grundlage für Menschenverachtung ist», und: «Wir werden nicht etwa deshalb angegriffen, weil es unwahr ist, was wir sagen, sondern weil es zu wahr ist. Wir machen die sichtbar, die durch Aufteilung und Zerstückelung unkenntlich gemacht werden, wir machen die Tiere wieder erkennbar.»[362] Man muss allerdings sehen, dass die junge VOR – damals übrigens noch unter dem Namen *Vegane Aktion Ruhrgebiet* – hier nicht nur zu Unrecht angegangen wird. So finden sich auf dem Flugblatt, das Thema der im Brief geäußerten Kritik ist, Slogans wie «All life is equal» und «Wenn du nicht Teil der Lösung bist – dann bist du Teil des Problems».[363] Die Redaktion der *Ruhrgebietsinfo* hat auch sicher Recht, wenn sie im Dezember 1991 an der jungen linken Tierbefreiungsbewegung kritisiert, dass sie «Tiernutzung als Nahrung für Menschen völlig unabhängig von historischen und gesellschaftlichen Bedingungen grundsätzlich als Herrschaft betrachtet» und feststellt, dass «das Ausblenden der gesellschaftlichen Zusammenhänge des Verhältnisses von Menschen zu Tie-

361 TAN 2002, 88.

362 VOR 1991-1.

363 VAR 1991.

ren eine falsche Orientierung beinhaltet».[364] Außerdem heißt es in dem Flugblatt der VOR: «35 Millionen Nerze weltweit jährlich in Tier-KZ's umgebracht».[365] Der KZ-Vergleich, der ähnlich auch in anderen linken Bewegungen gezogen worden ist, wird in den folgenden Jahren innerhalb der Bewegung scharf kritisiert;[366] spätestens im Zuge der Diskussionen um die 2002 gestartete Werbekampagne «Der Holocaust auf Ihrem Teller» der bürgerlichen Tierrechtsorganisation *People for the Ethical Treatment of Animals* (PETA) herrscht in der Bewegung Konsens darüber, dass solche Vergleiche zu verurteilen sind.[367] Diejenigen, die nach wie vor an ihm festhalten, wandern ins bürgerliche Lager ab und finden später Gehör bei der Rechten: Der Autor Helmut F. Kaplan etwa, der in den 90er Jahren noch Beiträge in der *Tierbefreiung* veröffentlicht hat, gibt im Frühjahr 2010 der rechtsradikalen Zeitschrift *Fahnenträger* ein Interview mit dem Titel «Der Holocaustvergleich wird immer wichtiger» – der Interviewer ist langjähriges, aktives NPD-Mitglied – und kooperiert mit der autoritären religiösen Sekte «Universelles Leben».[368]

Die kritische Reflexion eigener Inhalte führt zu einer Schärfung des Bewegungsprofils. Im Rückblick heißt es in einer Pu-

---

364 RUHRGEBIETSINFO 1991, 40.

365 VAR 1991.

366 So veröffentlicht etwa «eine TANlerin» in der Zeitschrift *vegan info* im Jahr 1996 einen Artikel mit dem Titel *Ein Diskussionsversuch zum Begriff «Tier-KZ»*, in dem es heißt: «Ich frage mich, ob nicht TierrechtlerInnen, wenn sie die schrecklichen Zustände in der Massentierhaltung mit Konzentrationslagern gleichsetzen, nicht mit dazu beitragen, den Terror des Nationalsozialismus in die Geschichte einzureihen und somit unbeabsichtigt Geschichtsrevisionismus betreiben. Was mir allerdings unklar ist, warum gerade ein Großteil der Autonomen denkt, an diesem Begriff festmachen zu können, daß sie sich nicht mit der Tierrechtsbewegung auseinandersetzen muß. In den 70ern bis zu den 80ern Jahren bestand ein Konsens innerhalb der Linken, Stammheim mit Auschwitz gleichzusetzen. Ein Geschichtsrevisionismus, der innerhalb der Linken niemals ernsthaft thematisiert worden ist, geschweige denn, daß sich kritisch damit auseinandergesetzt worden ist» (TAN 1996, 20).

367 Vgl. hierzu auch tierrechts-aktion-nord.de/texte/petakritik.html. – Dieser Text erschien zuerst in der *Tierbefreiung 43* im Jahr 2004.

368 Vgl. *Hauptsache für die Tiere? Wie unkritisch und unpolitisch darf die Tierrechtsbewegung sein?, Tierbefreiung* 67 (FRANZINELLI 2010). – «Gemeinsam für Tiere» forderte Kaplan schon in den 90ern in einem Beitrag in der *Tierbefreiung*, in dem er auch von der «Durchlässigkeit ideologischer Grenzen» sprach (KAPLAN 1996).

blikation, die zum 15jährigen Bestehen der TAN erschienen ist: «Die bürgerliche Tierrechtsideologie hatte für uns ausgedient, war sie doch an ihre Grenzen gestoßen und an eigenen Widersprüchen gescheitert. Als abgrenzbare und leicht zu identifizierende Argumentation war sie korrumpiert, aufgesogen und verdaut, unbrauchbar, die Verhältnisse zum Tanzen zu bringen. Die Suche hatte erneut begonnen.»[369] In der deutschsprachigen radikalen Linken kommt zu dieser Zeit mit dem «Drei zu Eins»-Papier[370] die im US-amerikanischen *Black Feminism* angestoßene Diskussion über die «Dreifachunterdrückungsthese» an – jetzt wird eifrig das Verhältnis des Klassenwiderspruches zu Rassismus und Sexismus diskutiert. Im Zusammenhang mit der Forderung, dass alle drei Unterdrückungsverhältnisse gleichermaßen anerkannt werden und nicht das Kapitalverhältnis als Haupt-, die anderen als Nebenwidersprüche gelten sollen, findet das Schlagwort *Triple Oppression* Verbreitung. In Anlehnung an die Band *Consolidated* formuliert die VOR: «Wir sagen nix mit triple oppression (Mode-Worthülse in der linken Szene: siehe z.B. das ‹Drei zu Eins› Papier) sondern UNITY OF OPPRESSION».[371] In der Folgezeit propagieren Gruppen wie VOR und TAN diesen Ansatz, der sich gegen alle Formen von Herrschaft und Unterdrückung gleichermaßen richten soll. Die TAN schreibt 1995: «Den unity-Ansatz wirklich umzusetzen, bedeutet für Menschen, die sich schwerpunktmäßig mit Tierrechten beschäftigen, sich ebenfalls mit anderen Unterdrückungsformen auseinandersetzen zu müssen. Dies kann auf unterschiedliche Arten erfolgen. Einige Menschen, die sich als Tierrechtlerinnen bezeichnen oder verstehen, sind auch auf anderen Gebieten politisch aktiv und setzen sich parallel in anderen Gruppen schwerpunktmäßig mit einer oder mehreren anderen Unterdrückungsformen auseinander. […] Einige sind möglicherweise zunächst ‹nur› über die Tierrechtsproblematik politisiert worden und setzen sich ausschließlich für Tierbefreiung ein. Daher halten wir es für notwendig, daß es auch innerhalb der sog. Tierrechtsszene Raum gibt, um sich mit

369 TAN 2002, 76.

370 VIEHMANN 1991.

371 VOR 1991-1. – Auf dem 1991 erschienenen Album *Friendly Fa$cism* gibt es einen Song mit dem Titel «Unity Of Oppression». Der Titel des Albums bezieht sich auf das 1980 von Bertram Myron Gross verfasste Buch, in dem er die zunehmenden Verstrickungen zwischen den politischen und den Wirtschaftseliten kritisierte.

anderen Unterdrückungsformen zu beschäftigen.» Von der Linken wird gefordert, sie solle sich mit ihrer eigenen Tierfeindlichkeit auseinandersetzen und ihren Speziesismus aufgeben.[372]

2002 stellen Martin Lejeune und Henry Lindenbaum in einem Text im Rahmen einer Veröffentlichung der TAN, der mit *Geschichte unseres Scheiterns* überschrieben ist, die Frage, «inwieweit das Aneinanderreihen möglichst vieler Unterdrückungsformen überhaupt inhaltliche Perspektiven eröffnet, oder ob diese Praxis nicht vielmehr einem Verwischen von Differenzen, Zusammenhängen und Ursprüngen und damit einer Beliebigkeit den Weg ebnet, die eine differenzierte Auseinandersetzung gerade verhindert». Zu umgehen sei diese Falle nur mittels «einer Herrschaftskritik, welche auf der Einsicht in die strukturelle Äquivalenz aller Unterdrückungsformen» gründe.[373] Solches leistet erst die Erschließung der marxistischen Theorie.

4.3 Kritische Gesellschaftstheorie: Vom subversiven Lebensentwurf zur politischen Bewegung

Wer noch immer nicht auf die Idee kommt, dass die In-Wert-Nahme von empfindungsfähigen Individuen, der Konsum ihrer Körperteile und -substanzen etwas mit Unterdrückung und Ausbeutung zu tun hat, der soll von Herrschaftskritik schweigen. Denn totaler, direkter und gewalttätiger kann Herrschaft nicht ausgeübt werden als durch den Prozess vollständiger Entindividualisierung und Verdinglichung, Zerstückelung und schließlicher Einverleibung des Herrschaftsobjekts.
Susann Witt-Stahl.

Im Jahr 1995 eskaliert ein sich seit Beginn der 90er anbahnender Konflikt in der linksautonomen Szene: Die «Tierrechtswoche» im Hamburger autonomen Zentrum *Rote Flora* muss nach nur drei Tagen am 15. Juni abgebrochen werden[374] – bereits beim Auftaktplenum, bei dem etwa 80 bis 100 Menschen an-

372 VORBEREITUNGSGRUPPE 1995, 71f.

373 TAN 2002, 80f.

374 Als Gründe werden angegeben, dass «a) eine Atmosphäre entstanden ist, in der Widersprüche (z.B. Rassismus gegen Tierrechte) gegeneinander ausgespielt wurden, und b) somit eine konstruktive Ausein-

wesend sind, kommt es zu Ausschlussforderungen. Eine autonome Gruppe aus Berlin vereinnahmt mit autoritärem Habitus die Räumlichkeiten und sprengt das gesamte Programm. Von der Vorbereitungsgruppe der TAN ist die Woche eigentlich dazu gedacht, der entstehenden Bewegung, die sich sehr heterogen darstellt, Struktur zu verleihen, Kräfte zu bündeln und theoretische Ansätze auszutauschen – denn es gibt keine gemeinsame theoretische Grundlage außer vielleicht der Propagierung des Veganismus und der Forderung nach der Abschaffung des Ausbeutungsverhältnisses gegenüber den Tieren. Die Vorbereitungsgruppe des Kongresses schreibt: «Es war von Anfang an unschwer zu verkennen, daß diese Bewegung aus sehr unterschiedlichen Menschen bestand, was sich an der Herkunft, der Ausdrucksweise, den Aktionsformen usw. zeigte. So waren die verschiedenartigsten Ansätze vertreten: VeganerInnen aus dem bürgerlichen Spektrum, denen es hauptsächlich um die Befreiung der Tiere ging; Autonome und AnarchistInnen, die die Befreiung der Tiere als einen Schritt im Kampf gegen Herrschaft betrachteten; Straight EdgelerInnen, die sich über die Hardcoremusik politisierten und neben der Ablehnung von tierischen Produkten für einen Lebensstil frei von Konsum und Drogen aller Art eintraten».[375]

Aus der US-amerikanischen Straight-Edge-Szene[376] stammt die Ideologie, an der sich der Konflikt entzündet: Die Strömung «Hardline», benannt nach einer EP der Hardcore-Band *Vegan Reich*, formuliert den Anspruch, einzig zu einer ganzheitlichen Analyse gefunden zu haben und somit die alleinige wirklich revolutionäre Bewegung zu sein. In Wahrheit vertritt sie ein durch und durch idealistisches Weltbild; im 1990 veröffentlichten «Hardline Manifesto» wird etwa behauptet, das kapitalistische System sei lediglich «die äußere Manifestation der verkommenen Werte der Menschen, die unsere Institutionen leiten»; Hard-

---

andersetzung und das Thema Tierrechte zu thematisieren nicht mehr möglich war» (VORBEREITUNGSGRUPPE 1995, 4).

375 VORBEREITUNGSGRUPPE 1995, 5.

376 Der Youth-of-Today-Song «No More» (1988) hatte den Vegetarismus in die Straight-Edge-Szene gebracht, «Vegan Straight Edge» war die bedeutendste Strömung innerhalb der Straight-Edge-Szene in den 1990ern (KUHN 2010, 19ff.). – Zu Tierbefreiung in Punk und Hardcore: RUDE 2015 (melodieundrhythmus.com/mr-2-2015/im-punk-geht-es-um-freiheit).

line sei ein «Glaubenssystem» mit einer eigenen Ethik, die auf der Überzeugung aufbaue, «dass alles Leben heilig ist und ein Recht darauf hat, ungehindert seiner natürlichen Vorsehung zu folgen».[377] Die Anhänger verstehen sich als Avantgarde, dabei führt ihre Orientierung an der sogenannten Tiefenökologie in Wirklichkeit zu einem regressiven Weltbild. Sie äußern sich beispielsweise gegen Abtreibung und Homosexualität. Eine gemäßigte Richtung, die in diesen beiden Punkten auf Distanz geht, nennt sich «Frontline». Seit 1993 hat «Hardline» sich mit der Publikation *Instinkt – Erdbefreiung* ein Sprachrohr geschaffen, das viele Menschen aus der Tierrechtsszene erreicht. Anhänger der ökozentrischen Bewegung «Earth First!», die in den USA und in England[378] eine gewisse Rolle spielt, aber in Deutschland nie mehr sein wird als ein kurzlebiges subkulturelles Phänomen, bringen Texte ein. Diese lesen sich in Teilen wie Ausführungen der am stärksten rückwärtsgewandten Strömungen der Lebensreformbewegung im 19. Jahrhundert. So ist etwa von einem «alten, prächtigen Zeitalter» die Rede, «als der Mensch noch Teil der Wildnis war, ein Tiervolk unter vielen». Die Entdeckung des Feuers bildet gleichsam einen Sündenfall, da sie zur «Einführung des Genusses von Tierfleisch» geführt habe. «Zurück zu unseren Wurzeln!», wird gefordert – jeder mögliche Schritt müsse getan werden, um «ein für allemal die natürliche Lebensweise des Menschen wiedereinzuführen». Das «Hauptübel der westlichen Zivilisation» sei der «egoistische Individualismus», Ziel sei die Wiedereinführung von Stammesgesellschaften und «die Rückführung des gespaltenen, entfremdeten, modernen Menschen und damit der gesamten Gesellschaft weg vom Materialismus in seine Wohnung Erde».[379] Der Mensch wird dabei als «Plage» bezeichnet, Naturkatastrophen als «Rache der Erde» gefeiert.[380] Entsprechend gerät die Strömung zunehmend in Kritik. Die Auseinandersetzung schlägt sich im Jahr 1995 unter anderem in der linksautonomen Zeitschrift *Interim* nieder – und eben auf der «Tierrechtswoche». Zur «Hardline»-Gruppe ist zu bemerken, dass es sich im Ganzen um nicht mehr als 15 Personen handelt – dennoch wird wegen ihnen die gesamte

377 KUHN 2010, 25f.

378 In Brighton wird 1992 eine «Earth Liberation Front» gegründet, welche sich am Modell der ALF orientiert.

379 EARTH FIRST 1994, 3f., 10.

380 EARTH FIRST 1995, 27, 2, 24.

Tierrechts- und Tierbefreiungsbewegung von gewissen Linken mit antiemanzipatorischen Inhalten in Verbindung gebracht.

Die fortschrittlichen Teile der Bewegung tragen sicher eine Mitschuld an dem Konflikt, da sie den regressiven Tendenzen in der eigenen Bewegung nicht von Anfang an vehement genug entgegentreten – im «Abschlußreader» der «Tierrechtswoche» heißt es: «Zugegeben werden muß, daß sich viele Menschen in der Tierrechtsbewegung längere Zeit nicht zu den biologistischen Äußerungen verhalten haben. Gerade die für viele zugängliche ‹Instinkt› hätte dazu bei näherer Betrachtung genügend Anlässe geboten und von daher muß sich die Bewegung die Kritik diesbezüglich gefallen lassen.» Andererseits ist der von der TAN formulierten Kritik an den «Autonomen» Recht zu geben – Diffamierung statt Auseinandersetzung und die Verfälschung von Inhalten gehören bis heute zum «guten» Ton in dieser Szene. In einem Text mit dem Titel *«Solidarität mit den quälbaren Körpern» – Über die längst vergessene Utopie einer herrschaftsfreien Welt* kritisiert die TAN die Gesellschaft der «Autonomen» als «ein repressives System kollektiver Verhaltensnormierung»; sie habe Formen bürgerlicher Herrschaft adaptiert und sei in den Abgrund von Religiosität versunken: «Die Anti-ismen (Anti-Faschismus, Anti-Sexismus etc.) sind transzendiert, Platzhalter für Götter geworden. Sie werden von wenigen mit Inhalt gefüllt, dialektisch geprüft (aus der Falschheit ihrer Thesen Wahrheiten erarbeitet), sie werden gesetzt. Sie bilden eine linke spekulative Metaphysik.» Weiter heißt es: «Politische Wahrheiten werden nicht entwickelt, sondern geglaubt. [...] Wer zweifelt, gilt als Ketzer, ihm droht Denunziation und Ausschluß aus dem zwanghaften Kollektiv der totalen Gesellschaft der ‹Autonomen›. Die Angst vor sozialer Isolation treibt in Opportunismus, Konformismus bishin zu Gehorsam oder in resigniertes Schweigen.»[381]

In diesem Text wendet sich die TAN nicht nur von den eigenen Wurzeln in der autonomen Szene ab, es wird sich seitens der Tierbefreiungsbewegung auch zum ersten Mal ernsthaft mit einem marxistischen Ansatz der Gesellschaftskritik auseinandergesetzt. Die Autorin weist im Zusammenhang mit ihrer Kritik daran, dass in der gesellschaftlichen Praxis der «Autonomen» die Forderung der Negation von Herrschaft eigentlich unerklärt bleibt, darauf hin, dass Adorno eine Moral der Be-

381 VORBEREITUNGSGRUPPE 1995, 7.

troffenheit durch das Leiden anderer, eine Solidarität mit den «quälbaren Körpern» vorgeschlagen hat,[382] und zitiert aus der Vorrede der *Dialektik der Aufklärung*, um aufzuzeigen, dass sich hinter dem strengen Regelschema des Rationalen das Irrationale verbirgt: «Wie Prohibition seit je dem giftigen Produkt Eingang verschaffte, arbeitete die Absperrung der theoretischen Einbildungskraft dem politischen Wahne vor.»[383]

Die Entfremdung der Gesellschaft der «Autonomen» von den Leiden der Unterdrückten werde deutlich in der Fetischisierung ihres Widerstands und seiner Symbolik, die als Ware gehandelt werde; sie knüpfe nahtlos an die bürgerliche Gesellschaft an und verrate somit die Utopie einer herrschaftsfreien Welt, einer Welt, in der Leiden, die durch «vernünftige Wesen» erzeugt werden, abzuschaffen sind. Die Verachtung von Tieren und Natur sei Teil der patriarchal geprägten Geschichte der Linken und ihres Scheiterns. Die Initiierung der «Tierrechtswoche» hätte der Klärung der Frage dienen sollen: «Gibt es eine Tierrechtsbewegung? oder besser: Gibt es eine Tierbefreiungsbewegung?» Sie habe gezeigt: «Die ‹Tierrechtsbewegung›, die einmal eine Tierbefreiungsbewegung werden wollte, hat die Spielregeln der Gesellschaft der ‹Autonomen› übernommen.» Das Fazit der Autorin lautet: «Bleibt die Erkenntnis, daß es keine ‹Tierrechtsbewegung› gibt und unter diesen Umständen auch nicht geben kann und soll. [...] Die Tierbefreiungsbewegung, die einmal eine werden will, darf sich weder vermarkten noch in entfremdeten Dogmen und Ersatzreligionen verlieren. Auch wenn die Utopie einer herrschaftsfreien, leidensfreien Welt nicht einlösbar ist, gibt es keine andere Wahl als so zu leben als wäre sie es, in ‹Solidarität mit den quälbaren Körpern›.»[384]

In der Zeit nach der «Tierrechtswoche» stagniert die Szene und bricht schließlich ein – dem raschen Anwachsen zu Beginn der 90er folgt ein jäher Absturz. Insofern kann die Veranstaltung «durchaus als Zäsur der in der BRD noch recht jungen Bewegung angesehen werden, denn danach war nichts mehr

---

382 In der *Negativen Dialektik* ist von «Solidarität mit den, nach Brechts Wort, quälbaren Körpern» die Rede (ADORNO 2003–6, 281). Eigentlich heißt es in Brechts Gedicht über den Freitod von Walter Benjamin: «All das sahst du / Als du den quälbaren Leib zerstörtest» (BRECHT 1976, 829).

383 HORKHEIMER, ADORNO 1988, 3.

384 VORBEREITUNGSGRUPPE 1995, 21f.

wie zuvor», heißt es in einem vier Jahre später erschienenen Reader mit dem Titel *Vegan Quo Vadis? Eine immanente Kritik an der Tierrechtsbewegung.*[385] Eine TAN-Aktivistin schreibt noch im Jahr 2002: «Durch diese Geschehnisse erlitt die Tierrechtsbewegung, die gerade erst zusammenwachsen wollte, einen Bruch, dessen Trümmer bis heute nicht restlos beseitigt werden konnten.»[386] Im November 1995 kommt es zum Bruch zwischen der TAN und dem *Bundesverband der TierbefreierInnen*, die TAN steigt aus dem Magazin *Tierbefreiung* aus. Die VOR löst sich 1996 auf.

Erschwerend kommt hinzu, dass speziesistische Linke zu einem niveaulosen Feldzug ausrücken: Der Journalist Peter Köpf erklärt in *Ein Herz für Tiere? Über die radikale Tierrechtsbewegung* (1996) das Buch *Animal Liberation* von Peter Singer fälschlicherweise zur «Bibel für Tierrechtler», Jutta Ditfurths im selben Jahr erschienenes Machwerk *Entspannt in die Barbarei. Esoterik, (Öko-)Faschismus und Biozentrismus* ist, wie es im Reader *Vegan Quo Vadis?* heißt, «ein Konglomerat von Tatsachenverdrehungen, Diffamierungen und böswilliger Polemik».[387] Ob im *Antifaschistischen Infoblatt* (32/95) oder in der *konkret* (9/96) – die «in der Regel abstrusen und haltlosen Attacken»[388] zehren an den Kräften. Etwas intellektuell über solche Diffamierungen Hinausgehendes wird die «Kritik» am Veganismus und am Tierbefreiungsgedanken, die ihren geistig-moralischen Tiefpunkt in den Absonderungen der sogenannten «antideutschen» Szene findet, nie erreichen.

1998 findet in den Niederlanden ein «Animal Rights Gathering» statt, zu dem viele Aktive aus Deutschland anreisen; dort wird ein bundesweites Tierrechtstreffen beschlossen, das im April 1999 unter dem Namen «Tierrechts-Aktions-Tage» in Mülheim stattfindet. Seit diesem Jahr erfolgt dann eine lose Folge von größeren Treffen. Seit der ersten Hälfte der 2000er Jahre entstehen wieder zunehmend linke Tierrechts- oder Tierbefreiungsgruppen. 2005 adaptieren das Kollektiv *Roots of Compassion* und die *Autonome Tierbefreiungsaktion Hannover* das Label

385 BONSAI 1999, 3.

386 TAN 2002, 91.

387 BONSAI 1999, 7.

388 TAN 2002, 92. – Hier heißt es auch: «Somit war es nicht mehr möglich, eigene politische Ansätze auszubauen, man reagierte nur noch statt zu agieren.»

und Symbol der Antifaschistischen Aktion – als *Antispeziesistische Aktion*. Bereits kurze Zeit später gibt es überall Neugründungen, die auf das Label zugreifen – allerdings verschwinden viele der Gruppen wieder so schnell, wie sie entstanden sind.

Bereits 1999 organisiert die TAN eine Veranstaltung unter dem Titel «Verachtet, geschlachtet und vergessen – Fleisch und die Ideologie institutionalisierter Gewalt gegen Tiere». Eine TAN-Aktivistin schreibt 2002: «Wider alle Erwartungen war dieser Abend sehr gut besucht, und vielleicht könnte man diesen Zeitpunkt auch als Anbruch einer neuen Konsolidierungsphase in der Tierrechts-Szene bezeichnen.»[389] Im Reader zur Veranstaltung findet sich auch ein Text über «Das Mensch-Tier-Verhältnis in der kritischen Theorie Adornos und Max Horkheimers».[390] Man hat begonnen, das historische Erbe zu erschließen – so findet sich etwa im Rahmen einer Artikelserie über «Philosophie und Tierrechte im 20. Jahrhundert» von Susann Witt-Stahl im Magazin *Tierbefreiung* im März 1999 ein Artikel zu Leonard Nelson und im Juli desselben Jahres einer zur Frankfurter Schule.[391] In den Jahren 2004 und 2005 veranstaltet die TAN zwei Workshops mit dem israelisch-deutschen Soziologen Moshe Zuckermann: «Dem blutigen Zweck der Herrschaft ist die Kreatur nur Material» und «Von der Aneignung der ‹natürlichen Dinge› zur ‹Solidarität mit den quälbaren Körpern›». 2008 wird in Hannover ein «Antispe-Kongress» veranstaltet, zwischen 2009, 2010 und 2016 finden auf der Burg Lohra im thüringischen Landkreis Nordhausen Tierbefreiungskongresse statt, 2012 gibt es in Hamburg Tierbefreiungstage. Auf dem Tierbefreiungskongress 2009 hält ein Referent der TAN, die ihre Kritik an der autonomen Szene in der Zwischenzeit weiter fundiert hat,[392]

---

389 Ebd., 94.

390 HAKER 1999.

391 WITT-STAHL 1999.

392 Am 6. Juni 2009 fand in Hamburg eine von der TAN organisierte Diskussionsveranstaltung zum Thema *Well adjusted people. Die «autonome Szene» auf dem rechten Weg der bürgerlichen Gesellschaft* statt. In der Veranstaltungsankündigung heißt es u.a.: «Der sich links wähnende Teil der Tierrechtsbewegung hat es bisher versäumt, sich ein eigenes Profil zu geben. Stattdessen eifert er in Optik und politischen Phrasen der ‹autonomen Szene› nach.» Damit trage er aber nicht eine radikal linke Politik in die Bewegung hinein, sondern bürgerliche Ideologie. «Einer Tierbefreiungsbewegung, die eine Überwindung der kapitalistischen Produktionsweise anstrebt und eine Versöhnung der Gesellschaft mit der

einen Vortrag zum Thema «Autonomer Antispeziesismus: Eine Kinderkrankheit der Tierbefreiungsbewegung», in dem er aufzeigt, dass die Bewegung bürgerlicher Ideologie verfallen ist, wenn sie erklärt, «dass die Menschen und Tiere ausgebeutet und unterdrückt werden, angeblich nur weil Speziesisten falsch denken oder sich falscher kultureller Repräsentationen, Symbole und Werte bedienen – ohne jedoch freilich den Grund für die Entstehung falschen Bewusstseins zu suchen».[393] An den Veranstaltungen und Diskussionen zeigt sich, dass es sich nach wie vor um eine sehr heterogene Bewegung handelt, dass «die» Tierbefreiungsbewegung ihr Anliegen bisher nicht einheitlich theoretisch fundieren kann – noch immer muss die Frage gestellt werden, welche die TAN im Jahr 2002 aufgeworfen hat, nämlich «ob es hierzulande überhaupt eine Tierrechts- bzw. Tierbefreiungsbewegung gibt oder gegeben hat».[394]

Als Konsequenz aus solchen theoretischen Reflexionen hat die TAN 2011 «einen Schritt aus der bestehenden Tierbefreiungsbewegung heraus gemacht, ohne mit ihr zu brechen»:[395] Im Gründungstext der neuen Gruppe, die sich – nach einem Aphorismus Horkheimers aus den 1930er Jahren[396] – *Assoziation Dämmerung* (AD) nennt, steht unter anderem: «Zu einer bewusst gestalteten – also nicht kapitalistischen – gesellschaftlichen Produktionsweise, die die Menschen und die Natur in ihrer wechselseitigen Abhängigkeit respektiert, gibt es keine Alternative. Auf theoretischer Ebene heißt das für uns, stärker an das revolutionäre, kämpferische Moment historisch-materialistischer Theorie anzuknüpfen, ohne das es eine kritische Theorie der Gesellschaft nie gegeben hätte.» Es gelte, gesellschaftliche

---

Natur zum Ziel hat, kann solch selbstbezogene Politik nicht dienen. Für sie besteht nicht nur die Gefahr, dass sie weiter im Gleichschritt mit der ‹autonomen Szene› auf dem Weg der Affirmation der herrschenden Verhältnisse marschiert, sondern auch, dass die Fähigkeit, kollektiv politisch zu handeln, zerstört wird und erfolgreiche Praxisansätze wie das Kampagnenkonzept vernachlässigt oder sogar aufgegeben werden.»

393 ORGANISATIONSTEAM 2009, 28.

394 TAN 2002, 6.

395 ASSOZIATION DÄMMERUNG 2011, 1.

396 Darin heißt es: «Je windiger es um notwendige Ideologien bestellt ist, mit desto grausameren Mitteln muß man sie schützen. Der Grad des Eifers und des Schreckens, mit denen wankende Götzen verteidigt werden, zeigt, wie weit die Dämmerung schon fortgeschritten ist» (HORKHEIMER 1987, 313).

Kämpfe um Mensch, Arbeit und Natur nicht länger als nur «irgendwie und teilweise ineinander übergehende zu denken», sondern sie auf ihren gemeinsamen Nenner zu bringen. Dann heißt es: »Politisch und theoretisch liegt genau darin die Chance, vom bloß subversiven Lebensentwurf zu einer praktischen Positionierung im gesellschaftlichen Gefüge zu kommen und von einer Szene zur politischen Bewegung zu werden.»[397]

4.4 Vegan for Profit: Der «Vegan-Hype» als Zäsur

Von unserer Stärke, wie sie in den 1990er- oder Anfang der Nullerjahre bestand, als eine radikale Bewegung die Befreiung der Tiere als politisches Projekt angeschoben hat, ist nicht mehr viel zu spüren.
Bündnis Marxismus und Tierbefreiung.

*V*eganismus, wie er seit den 1990er Jahren von Gruppen wie der VOR propagiert wird, findet nennenswerte Verbreitung und Akzeptanz zunächst lediglich im linksautonomen und subkulturellen Bereich. Dies ändert sich ziemlich schlagartig um das Jahr 2014 herum: Vegane Ernährung kommt im Mainstream an und etabliert sich zunehmend als ernstzunehmender Wirtschaftsfaktor – anders ausgedrückt: Der Kapitalismus beginnt, wie er es zuvor mit anderen gegenkulturellen Bewegungen schon erfolgreich getan hat, den Widerstand gegen Tierausbeutung ins System zu integrieren, ihn damit zu neutralisieren und gleichzeitig Profit aus ihm zu schlagen. Flexible Kapitalfraktionen entdecken die Entwicklung pflanzenbasierter Alternativprodukte als noch größtenteils unerschlossenen Zukunftsmarkt; Goldgräberstimmung kommt auf. Was als Strömung der linken Gegenkultur begonnen hat, wird zum neuen Marktsegment. Im modernen Industriekapitalismus drohen «selbst fortschrittliche Bewegungen in dem Maße in ihr Gegenteil umzuschlagen, wie sie die Spielregeln hinnehmen», heißt es schon im Essay *Repressive Toleranz* (1965) von Herbert Marcuse.[398] Maßgebliche Akteure der sogenannten veganen Bewegung sind nur allzu gerne

397 ASSOZIATION DÄMMERUNG 2011, 2.
398 MARCUSE 2004-8, 137.

bereit, sich auf dieses Spiel einzulassen. Die *Albert Schweitzer Stiftung* etwa berät *Vion* – zu diesem Zeitpunkt bei der Fleischvermarktung die Nummer zwei in Europa – 2013 beim Produktdesign der Marke «Vegetaria»; dass diese einem «Schlachtkonzern» gehört, ist für die Tierrechtsorganisation lediglich ein «Wermutstropfen».[399]

«Wer sich noch vor zehn Jahren für eine vegane Lebensweise entschloss, dem waren Spott und Argwohn sicher», erinnert sich John Lütten 2014 in einem Artikel mit dem Titel *Vegan for Profit*; was «vegan» überhaupt heißt, «das musste man in diversen WG-Küchen, Cafés und Restaurants erst mühsam erklären».[400] Seit Jahrzehnten stünden sich Tierrechts- und Tierbefreiungsaktivisten «die Beine in den Bauch, um Veganismus-Flyer zu verteilen», heißt es im Text *Vegan-Hype* (2015) der Antispeziesistischen Aktion Tübingen.[401] Nun machen Lebensmittelkonzerne die vegane Ernährung mit einem Schlag bekannt. Die autonomen Gruppen, deren politische Praxis oft nicht über Appelle an eine Änderung von Konsumgewohnheiten hinausreicht, werden durch diese Entwicklung überrumpelt und obsolet gemacht; eine «Antispe»-Gruppe nach der anderen löst sich auf. Die bürgerliche Presse macht hingegen einen «neuen Typus Veganer» aus. «Die neuen Veganer», freut sich *Die Zeit* im November 2013, «gehen nicht mit ihren politisch-moralischen Ansprüchen hausieren». Sogar für die «Radikalen» hat die liberale Wochenzeitung lobende Worte übrig: Ohne sie «gäbe es wahrscheinlich heute keine Ausdifferenzierung der Szene». Den «Vorkämpfern» sei es zu verdanken, dass die Anliegen von Veganern und Tierrechtlern hätten populär werden können, schließlich gelte: «Die Ideen der Grünen oder der Frauenrechtsbewegung gehören heute nur deswegen zum bildungsbürgerlichen Standardrepertoire, weil sie in ihrer Frühzeit nicht ungehört verhallten.»[402]

Die vegane Sparte wird als Wachstumsmarkt erkannt, und dazu braucht es Werbung, die in den Liberalismus passt. Kritik an Ausbeutung oder gar das Infragestellen der herrschenden Eigentumsverhältnisse hat hier natürlich nichts verloren. Propagiert wird ein entpolitisierter, mit Gesundheit, Jugend und Schlankheit assoziierter «Lifestyle», der mit einer Konsum-Mentalität,

---

399 albert-schweitzer-stiftung.de/aktuell/vegetaria-produkte-jetzt-vegan.

400 LÜTTEN 2014, 22.

401 ANTISPEZIESISTISCHE AKTION TÜBINGEN 2015, 3.

402 zeit.de/community/2013-11/veganismus-social-media-blogs.

die ständig neue Produkte verlangt, konform geht – mehr nicht. Dies ist exakt das Programm des Autors und Fitness-Models Attila Hildmann, der 2013 in Deutschland mehr Kochbücher verkauft als Jamie Oliver. Dass dieses «Marketing» ein paar «verbissene Veganer» stört, nimmt er «sehr gern in Kauf», und auf die Frage, ob auch er Fehler mache, fällt ihm lediglich ein: «Vielleicht hätte ich den Porsche wohl besser in Camouflage-Grün kaufen sollen.» Von Springers *Welt* wird man für solche Statements als «Provokateur» gefeiert.[403] Später wird dieser «Provokateur» zum Rechtsradikalen, der sich einem 2021 erlassenen Haftbefehl durch Ausreise in die Türkei entzieht. Kochbücher statt Flugblätter, grüne Klassenversöhnung, Marktgläubigkeit: «Der Lifestyle-Veganismus lenkt das Streben nach einem gesellschaftlichen Wandel in konformistische, marktförmige Bahnen und diskreditiert dabei auch noch jene, die der Tierausbeutung ernsthaft ein Ende bereiten wollen», fasst John Lütten zusammen – die Stigmatisierung «radikaler» Aktivisten sei ein fester Bestandteil seiner Marketingstrategie: «Aus der Konsumkritik der einen wird so der Wachstumsmarkt der anderen. Ein perfider Integrationsmechanismus, der fortschrittliche und subversive Forderungen um ihren potentiell gesellschaftskritischen Gehalt bringt und der soziale Bewegungen in Gut und Böse spaltet.»[404]

Der Tierbefreiungskongress 2016 ist nach den beiden Vorgängerkongressen und den Tierbefreiungstagen 2012 in Hamburg das erste größere Treffen der deutschsprachigen Tierrechts- und Tierbefreiungsbewegung nach Einsetzen des «Vegan-Hypes». Seinem Motto «Eine starke Bewegung» wird er nicht gerecht. Im Nachgang muss das Organisationsteam feststellen, «dass einige langjährige Aktive und etablierte Gruppen gefehlt haben». Was den politischen Klärungsprozess angeht, so knüpft der Kongress explizit nicht an die 2009 und 2010 geführten Diskussionen an: «Wir hatten uns im Vorfeld bewusst dafür entschieden, die Reflektion der eigenen Praxis und Strategien voran zu treiben und danach die Veranstaltungen ausgerichtet. Deshalb gab es weniger klassische Theorievorträge.»[405] Vertreter eines marxistischen Tierbefreiungsansatzes attestieren dem Kongress Theoriefeindschaft und Politikverschlossenheit und stellen einen Rückschritt

---

403 welt.de/vermischtes/article124747015/Veganer-Porsche-Fahrer-Provokateur.html.

404 LÜTTEN 2014, 22f.

405 ORGATEAM TBK 2016, 31f.

innerhalb der Bewegung fest: Eine Debatte über politische Differenzen sei ausdrücklich nicht erwünscht gewesen, noch nicht einmal die Unterschiede zwischen Tierbefreiung, Tierrechten und Tierschutz seien diskutiert worden. De facto habe «eine Öffnung ins bürgerliche Lager bei gleichzeitiger Limitierung der Möglichkeiten für linke Debatten» stattgefunden. In einem im Magazin *Tierbefreiung* abgedruckten Artikel sprechen sie von einem «Niedergang» der Bewegung, «ihrer sukzessiven Ablösung durch ein grün-veganes Unternehmertum, bio-vegane Verbraucherpolitik und liberale Human-Animal-Studies» – Dinge, welche «die bürgerliche Gesellschaft ‹bunter› machen, anstatt sie in Frage zu stellen und zu bekämpfen».[406]

Die Ausmaße dieses Niedergangs offenbaren sich in den darauffolgenden Jahren. 2020 und 2021 werden «Tierbefreiungsratschläge» durchgeführt, der erste im *Unabhängigen Jugendzentrum Kornstraße* in Hannover, der zweite in der Corona-Pandemie nur digital – beide Veranstaltungen mit jeweils nur etwa 70 Teilnehmern.[407] 2021 und 2023 finden sogenannte Tierrechtskongresse statt, beide im Leipziger alternativen Kulturzentrum *Conne Island*, einem Treffpunkt der von rechter Ideologie durchdrungenen «antideutschen» Szene. Beim ersten Kongress ist in den Vorträgen noch von «Tierbefreiung» und «Veganismus im Kapitalismus» die Rede, beim zweiten geht es nur noch um Dinge wie «Diversity und Veganismus», um «Speziesismus im Alltag» oder «vegane Hundeernährung».[408] Ebenfalls 2023 findet in Dresden im Rahmen der «Libertären Tage» ein «Antispe-Camp» statt, dessen Programm ausschließlich identitätspolitische Themen aufweist. Hier gibt es Vorträge und Workshops zu Themen wie «Gender-Perspektiven in der Tierausbeutung: Tierbefreiung und Queer-Feminismus» oder: «Wir fordern Intersektionalität! Warum Anti-Speziesismus nicht genug ist». Speziesismus wird dort lediglich auf der idealistischen Ebene kritisiert: «Diese Ideologie bestimmt menschliches Denken und Handeln an vielen Stellen mit und manifestiert sich auch in der Sprache», heißt es etwa.[409]

---

406 MUT 2016, 39f.

407 ORGATEAM 2020, 39, ORGATEAM 2021, 65.

408 Die Programmpunkte sind unter vegan-in-leipzig.de einsehbar. – Im Conne Island hat z.B. 2018 Thomas Maul gegen das angeblich «herrschende Linkskartell» gehetzt, Viktor Orban und die AfD hingegen gelobt.

409 talks.datenspuren.de/lita23/talk.

4.5 Was tun? Mit Lenin die Tiere befreien

Der historische Materialismus muss eine notwendige Voraussetzung des Antispeziesismus als radikale Theorie und revolutionäre Praxis werden.
Marco Maurizi.

Die Praxis der Tierbefreiungsbewegung ist effektiv antikapitalistisch – sie beschränkt sich ja keineswegs auf die individuelle Sphäre des Konsums, ihre Aktivitäten richten sich direkt gegen die ökonomische Basis der Ausbeutung, indem Konzerne, die von derselben profitieren, unter Druck gesetzt, angegriffen oder sabotiert werden. Was das angeht, kann diese Bewegung für so manche andere linke Strömung sogar inspirierend sein, denn ihre Methoden zeigen durchaus Wirkung, wie der enorme Repressionsapparat, welcher von Seiten des Staates und der Industrie gegen die vergleichsweise kleine Bewegung aufgefahren worden ist, deutlich macht. In anderen Ländern ist die Tierbefreiungsbewegung bereits seit geraumer Zeit ein Hauptfeld politischer Repression. Ihre Kriminalisierung nimmt Ausmaße an, die jeglichen Protest gegen die wirtschaftliche Vernutzung von Tieren mehr und mehr als terroristischen Akt bestimmen. Was in den 1920er Jahren als «Red Scare» gegen kommunistische und anarchistische Bewegungen begann, erfährt mit «Green Scare»[410] historische und politische Kontinuität: 2008 hat EUROPOL die Ökologiebewegungen in mehreren europäischen Ländern als «terroristische Gefahr» eingestuft; die US-amerikanische ALF wurde zum ersten Mal 1987 auf die FBI-Liste der zehn gefährlichsten inländischen terroristischen Gruppen gesetzt. 2006 wurde der *Animal Enterprise Terrorism Act* verfasst, der Gewalt und Gewaltandrohungen gegenüber Tier-

410 *Green Is the New Red: An Insider's Account of a Social Movement Under Siege* ist der Titel eines 2011 in San Franciso erschienenen Buches (POTTER 2011). Der Autor Will Potter befand sich im Juni 2012 auf Einladung der *Assoziation Dämmerung* auf Tournee durch insgesamt zehn Städte in Deutschland, Österreich und der Schweiz, um sein Buch vorzustellen und darauf aufmerksam zu machen, dass in den USA und zunehmend auch in Europa die Ökologie- und Tierbefreiungsbewegung ins Fadenkreuz der Staatsapparate und Chef-Etagen der Konzerne gerät (vgl. assoziation-daemmerung.de/tour).

nutzbetrieben als terroristischen Akt begreift. Der über ein Jahr andauernde Prozess in Österreich gegen zehn in der Tierrechts- und Tierbefreiungsbewegung aktive Personen, denen die Bildung einer kriminellen Organisation vorgeworfen worden war, endete im Mai 2011 zwar mit Freisprüchen – doch wovor bereits seit langem gewarnt wurde, hatte sich bestätigt: Genau wie der § 129 in der BRD wird der § 278 in Österreich dazu verwendet, politisch aktive Menschen zu überwachen und zu kriminalisieren.

Bei Tierbefreiung handelt es sich also, mit Marcuse gesprochen, um ein «umstürzlerisches Unternehmen».[411] Eine solche Praxis erfordert eine ihr korrelierende Theorie – insofern ist die Theoriearmut und -unsicherheit der Tierrechts- und Tierbefreiungsbewegung eine große Schwachstelle. Im Rahmen des Tierbefreiungskongresses 2009 wurde eine Podiumsdiskussion über die theoretischen Ansätze der Bewegung durchgeführt; auf dem Podium saßen Sven Wirth für einen poststrukturalistischen, Christian Müller für einen moralphilosophischen, Marco Maurizi für einen historisch-materialistischen und Melanie Bujok für einen «integrativen»[412] Ansatz. Sowohl an dieser Zusammensetzung, als auch anhand der Vortragsreihe *Theorie um Tierbefreiung,* die im November und Dezember 2010 in verschiedenen Städten der Schweiz veranstaltet wurde,[413] zeigt sich, dass es sich um eine sehr heterogene Bewegung – oder vielmehr: Szene – handelt, die es nicht vermocht hat, ihrem Anliegen ein gemeinsames theoretisches Fundament zu geben.

---

411 BUJOK 2011, 307. – Bujok zitiert aus *Der eindimensionale Mensch* (1964).

412 Sie argumentierte, nicht alle theoretischen Ansätze würden sich grundsätzlich ausschließen: «Die theoretischen Ansätze, die auf dieser Podiumsdiskussion vorgestellt werden, stellen nach der hier vertretenen Meinung Denkanstöße dar, die es selbstreflexiv zu kritisieren, weiterzuentwickeln und gegebenenfalls – dort wo es sinnvoll erscheint – zu integrieren gilt» (ORGANISATIONSTEAM 2009, 27).

413 Die Vorträge im Einzelnen: *Poststrukturalismus und Tierbefreiung* (Sven Wirth), *Marxismus und Tierbefreiung* (Marco Maurizi), *Die Mensch-Tier-Beziehung in der Kritischen Theorie Theodor W. Adornos und Max Horkheimers* (Marcel Sebastian), «*Männer mögen Tiere – am liebsten auf dem Grill!*» *Überlegungen zu einer feministischen Kritik an der Mensch-Tier-Beziehung* (Julia Gutjahr), *Unity-Of-Oppression, Intersektionalität und die Verwobenheit von Speziesismus mit menschenbezogenen Herrschaftsformen* (Andre Gamerschlag). – Vgl. TIERRECHTSGRUPPE ZÜRICH 2012.

Doch ohne revolutionäre Theorie kann es auch keine revolutionäre Bewegung geben. Eine Bewegung, die ihrem revolutionären Anspruch gerecht werden will, muss demnach eine sein, die sich «von der bürgerlich-liberalen Ideologie befreit und das Ziel der Befreiung der Tiere nicht mehr im moralischen, sondern im politischen, revolutionären Sinne verfolgt», wie Marco Maurizi in seinem Aufsatz *Marxismus und Tierbefreiung* (2007) feststellt.[414] Denn die wesentliche Grundlage der Tierausbeutung in der momentanen gesellschaftlichen Formation ist nicht speziesistische Ideologie oder der Mensch-Tier-Dualismus, sondern die kapitalistische Produktionsweise, und diese muss theoretisch verstanden, kritisiert und in der Praxis angegangen werden; sie lässt sich nicht einfach «dekonstruieren», wie es etwa poststrukturalistische Ansätze versuchen.[415] Das Sein bestimmt das Bewusstsein, nicht das Bewusstsein das Sein. Maurizi stellt klar: «Wir beuten Tiere nicht aus, weil wir sie für niedriger halten, sondern wir halten Tiere für niedriger, weil wir sie ausbeuten. Wenn man glaubt, dass die Ideen die Geschichte bestimmen, ist dies eben eine metaphysische Konzeption.»[416] Will man nicht ahistorisch und unwissenschaftlich argumentieren, so muss man Speziesismus historisch-materialistisch erklären. Maurizi ruft in Erinnerung, dass es sich beim Menschen nicht a priori um ein herrschendes und überlegenes Tier handelt – seine physische Unterlegenheit im Vergleich zu anderen Tieren zeigt sogar genau das Gegenteil. Vielmehr gilt: Der Mensch wird im Rahmen eines geschichtlichen Prozesses zum herrschenden Tier – und zwar als sich produzierendes gesellschaftliches Kollektiv.[417]

---

414 MAURIZI 2007, 97.

415 Diese bleiben nicht nur idealistisch, sondern bieten auch keine Erklärung, was genau den ideologischen Dualismus von Mensch und Tier eigentlich erzeugt; sie sind «letztendlich lediglich zu tautologischen Erklärungsmustern fähig: Der Speziesismus entspringe aus dem speziesistischen Diskurs» (MUT 2017, 20).

416 MAURIZI 2016, 90.

417 Marx hat einmal geschrieben: «Man kann die Menschen durch das Bewußtsein, durch die Religion, durch was man sonst will, von den Tieren unterscheiden. Sie selbst fangen an, sich von den Tieren zu unterscheiden, sobald sie anfangen, ihre Lebensmittel zu *produzieren,* ein Schritt, der durch ihre körperliche Organisation bedingt ist. Indem die Menschen ihre Lebensmittel produzieren, produzieren sie indirekt ihr materielles Leben selbst» (MEW 3, 21).

Dass zwischen dem Ausbeutungsverhältnis gegenüber den Tieren und anderen Formen der Unterdrückung in der menschlichen Gesellschaft Wechselwirkungen bestehen, dass sie sich gegenseitig bedingen und verstärken können, wurde in der Philosophie und in den Wissenschaften längst erkannt – wird Speziesismus aber idealistisch, also losgelöst von den materiellen gesellschaftlichen und historischen Bedingungen interpretiert, so kann er nach Maurizi diese nicht erklären. Weil der Mensch angefangen hat, Natur zu beherrschen, hat er sie herabgewürdigt. Die daraus folgende Selbstwahrnehmung als Träger eines der Natur überlegenen Geistes dient dann auch zur ideologischen Legitimation weiterer Herrschafts- und Unterdrückungsverhältnisse wie Sexismus und Rassismus, oder, anders ausgedrückt: Die Voraussetzung für Speziesismus, Sexismus und Rassismus sind die Umstände, welche zur Entstehung jener Anschauung geführt haben, die einen Gegensatz von Geist und Natur wahrnimmt. Herrschaft über die Natur ist schon von Aristoteles im Namen des Geistes gerechtfertigt worden – tatsächlich basiert sie auf der Herrschaft innerhalb der Gesellschaft, auf sozialen Hierarchien, auf Gewalt von Menschen, die an Menschen verübt wird. Wo metaphysischer Antispeziesismus nahe legt, den Speziesismus zum Wohle anderer Spezies fallen zu lassen, da er entgegen der Interessen der anderen Tiere lediglich die des Menschen verfolge, zeigt die historische Betrachtung, dass der Mensch selbst das erste Opfer des Speziesismus ist und er ihn nicht nur zum Wohl der anderen Tiere überwinden sollte, sondern auch zu seinem eigenen – oder, mit Maurizi gesprochen, «dass er ihn in seinem *und* dem Wohle der anderen Tiere überwinden sollte». In dieser Erkenntnis liegt die Grundlage einer künftigen historisch-materialistischen Theorie der Tierbefreiung, durch die wiederum auch der Marxismus «zu einem höheren, konsequenteren materialistischen Standpunkt» geführt wird.[418]

Um bisherige Ansätze, die zu einem großen Teil in bürgerlicher Ideologie verhaftet blieben, sozusagen vom Kopf auf die Füße zu stellen, gründete sich 2014 in Hamburg das Bündnis *Marxismus und Tierbefreiung* (MuT), ein Zusammenschluss von Aktiven aus der Tierbefreiungsbewegung und der kommunistischen Linken aus Deutschland und der Schweiz. Das Ziel: Ein

418 MAURIZI 2021, 34, 87.

Sozialismus, durch den die Arbeiterklasse, die Tiere und die Natur befreit werden. «Mit dem klassischen Marxismus können die mehrheitlich autonom-anarchistisch geprägten Tierbefreiungsaktivisten nicht viel anfangen», heißt es im *Thesenpapier* (2017) des Bündnisses, und: «Bei den Marxisten wiederum stehen die Tierbefreiungsaktivisten nicht hoch im Kurs: Sie werden oft als spleenige Kostverächter und bürgerliche Moralisten gesehen, die an unwichtigen Nebensächlichkeiten herumdoktern, anstatt sich den zentralen Fragen zu widmen.» Das Bündnis hingegen ist der Ansicht, dass die von Marx und Engels begründete historisch-materialistische Gesellschaftsanalyse und -kritik, die darauf gründende Politik und die Forderung, die Tiere von gesellschaftlich produziertem Leid zu befreien, notwendig zusammengehören: Die Forderung nach der Befreiung der Tiere bleibe moralistisch, wenn sie nicht danach fragt, unter welchen historisch spezifischen Bedingungen die Ausbeutung der Tiere eigentlich stattfindet und was entsprechend gesellschaftlich verändert werden muss, um sie zu beenden; gleichzeitig bleibe jede marxistische Gesellschaftskritik unvollständig, die nicht zur Kenntnis nimmt, dass die herrschenden Klassen in der Geschichte nicht nur die ausgebeuteten Klassen, sondern auch die Tiere und die Natur zu ihrem Vorteil ausgebeutet und unterdrückt haben. Bei allen Unterschieden haben also die Arbeiterklasse und die Tiere, so das Papier, «eine gemeinsame Geschichte, in der sie der herrschenden Klasse als Leidende, Erniedrigte, Geknechtete und Verlassene gemeinsam antagonistisch gegenüberstehen». Weiter heißt es: «Der Tierbefreiungsgedanke bleibt inkonsequent, wenn er sich der historisch-materialistischen Kritik der Gesellschaft versperrt. Genauso bleibt jedoch der Marxismus inkonsequent, wenn er sich weigert anzuerkennen, dass die Befreiung der Tiere heute zu marxistischer Theorie und Politik dazugehören muss.»[419]

Im Thesenpapier wird auch darauf hingewiesen, dass es in der Geschichte der Linken und der Arbeiterbewegung vereinzelt schon Ansätze gegeben hat, Marxismus und Tierbefreiung zu vereinen, die sich aber nicht durchgesetzt haben. Inzwischen aber habe der Widerspruch von Kapitalismus und Natur ein Ausmaß erreicht, das die Fortexistenz der menschlichen

---

419 MUT 2017, 4ff. – Alle Publikationen des Bündnisses sind unter mutb.org auch online einsehbar.

Gattung überhaupt bedrohe[420] – und die industrielle Tierproduktion habe einen bedeutenden Anteil daran. Objektiv sei die Ausbeutung der Tiere heute daher nicht nur unnötig, sondern irrational und antifortschrittlich: Sie sorge für einen massenhaften und steigenden Verbrauch von etwa Wasser oder Soja zur Erzeugung von Tierprodukten; die ökologischen Schäden durch Rodungen von Regenwäldern, monokulturellen Anbau oder Wasserverschmutzung seien bereits heute zum Teil irreparabel. «Wer also meint, die Fleischproduktion ignorieren oder sie sogar in einen sozialistischen Betrieb überführen zu können, sitzt jenem naiven und romantisierten Bild industrieller Lebensmittelproduktion auf, das die Lobbygruppen des Kapitals von ihr zeichnen. Der Umbau der Lebensmittel- und Fleischindustrie zu einer ökologisch nachhaltigen, veganen und gesellschaftlich geplanten Produktion wäre demgegenüber eine zeitgemäße sozialistische Forderung», so der Zusammenschluss. Zwar lasse sich aus der Kritik der politischen Ökonomie nicht schlussfolgern, dass Tiere in einer sozialistischen oder kommunistischen Gesellschaft automatisch befreit würden, allerdings seien der Kampf gegen die Herrschaft des Kapitals und dessen Enteignung eine notwendige Voraussetzung dafür, dass Menschen überhaupt dazu in die Lage versetzt werden, kollektiv die politische Entscheidung zu treffen, die Tiere zu befreien. MuT fordert deshalb: «Die Marxisten und die Tierbefreier sollten sich im Kampf für ein revolutionäres, wahrhaft zivilisatorisches Projekt zusammentun – die Befreiung von Mensch, Tier

420 Dass die Natur als Lebensgrundlage der Menschheit, als – neben der Arbeit – «Quelle allen Reichtums» (MEW 19, 15) erhalten und geschützt werden muss, war für Marx und Engels absolut klar. Christian Stache merkt dazu an: «Marx und Engels haben auch bereits früh – zum Beispiel in *Die Deutsche Ideologie* – erkannt, dass die Produktionsweisen einer Generation und deren Folgen für Mensch und Natur mit den Entwicklungspotenzialen nachfolgender Generationen in Beziehung stehen – ein Gedanke, der nahezu allen heutigen Nachhaltigkeitskonzeptionen zugrunde liegt (vgl. MEW 3: 43/45/72/423). Dass die Menschen auf die Natur – und entsprechend auch auf ihren Erhalt – angewiesen sind, war für sie vollkommen selbstverständlich […] Entsprechend war Engels und Marx ebenfalls schon früh bewusst, dass eine befreite Gesellschaft auch ein anderes Verhältnis zwischen Natur und Gesellschaft hervorbringen muss» (STACHE 2017, 411f.). Die Menschen sind, wie Marx betont, nicht Eigentümer der Erde, sondern «nur ihre Besitzer, ihre Nutznießer, und haben sie als boni patres familias den nachfolgenden Generationen verbessert zu hinterlassen» (MEW 25, 784).

und Natur.»[421] Nur durch einen entsprechenden Zusammenschluss sei perspektivisch die «Enteignung, Verstaatlichung und Konversion der Tierindustrie zu einer vernünftigen, d.h. demokratisch geplanten, von den Produzenten kontrollierten, nachhaltigen und bio-veganen Produktion» möglich, wie es das Bündnis in einem *Übergangsprogramm zur Befreiung der Tiere* (2023) fordert.[422]

Marxisten weist das Bündnis darauf hin, dass Lenin in seiner Schrift *Was tun?* (1902) die sozialistische Bewegung dazu ermunterte, «alle Erscheinungen der Unzufriedenheit auszunutzen» und auf «alle Erscheinungen der Willkür und Unterdrückung, wo sie auch auftreten mögen», zu reagieren, um an diesen «das Gesamtbild der kapitalistischen Ausbeutung zu zeigen». Mit Lenin finde man somit «ein Argument dafür, warum marxistische Linke ihre eigene, eine sozialistische Position in der Tierfrage» entwickeln müssen: Die wachsende Empörung über das Elend der Tiere und das Treiben der Fleischindustrie könne ein «Ausgangspunkt für die Agitation gegen den Kapitalismus» sein; überlasse man den Kampf gegen die Ausbeutung der Tiere bürgerlichen Kräften, gäbe man damit ein potentielles Feld der Agitation auf.[423] MuT schlägt vor, mit einer gemeinsamen «Offensive gegen die Fleischindustrie» zunächst aufs «Herz der Bestie» zu zielen.[424] Die Vorbehalte gegenüber Veganismus und der Tierrechts- und Tierbefreiungsbewegung seien zwar nach wie vor stark – allerdings sei, so das Bündnis 2021 in einem Interview, spätestens seit den Corona-Ausbrüchen in den Schlachtbetrieben auch vielen in der marxistischen Linken klar, dass sie eine Position zur Fleischindustrie entwickeln müssen.[425]

421 MUT 2017, 37f.
422 MUT 2023-2, 38.
423 MUT 2022, 20f.
424 MUT 2019, 7.
425 revoltmag.org/articles/klassenkampf-und-tierbefreiung-haben-objektiv-denselben-gegner-das-kapital.

4.6 Resümee

Die geistige Atmosphäre wird durch Zeitung, Rundfunk, Fernsehen und zahllose Mittel der Meinungsbildung bestimmt. Wie vermöchte die Stimme des einzelnen, der sich zum Sprecher der Tiere macht, gegen die massiven Interessen ihrer Herren sich durchzusetzen?
Max Horkheimer.

Die Schlaglichter, die dieses Buch auf Menschen und Bewegungen geworfen hat, welche die Forderung nach Befreiung nicht auf die eigene Spezies beschränkt haben, beleuchten eine Tatsache: Der Tierbefreiungsgedanke, der stets als Konsequenz, Fortsetzung und Erfüllung der auf den Menschen bezogenen emanzipatorischen Forderungen verstanden worden ist, ist genuin links; er hat seinen Ursprung in der Solidarität mit Tieren als ebenfalls Ausgebeutete. Weiterhin zeigen sie, dass der Kampf für Tierbefreiung stets auch ein Kampf für die Befreiung des Menschen war und er sich, wo er konsequent war, im Rahmen antikapitalistischer und sozialistischer Bestrebungen äußerte. Diese finden ihren konsequentesten Ausdruck in der Forderung, dem gesellschaftlich produzierten Leid überhaupt ein Ende zu setzen.

Eine der Vorbedingungen des kapitalistischen Systems, die Bildung einer Masse von Besitzlosen, die kein Land, aus dem sie Ertrag ziehen können, und nichts zu verkaufen haben außer ihrer Arbeitskraft, stand mit dem Aufstieg der Tierindustrie in engem Zusammenhang – und noch bis ins 19. und 20. Jahrhundert hinein forderte ein Teil der vegetarischen Bewegungen die kollektive Wiederaneignung und Vergesellschaftung privaten Landbesitzes. Schon im 17. Jahrhundert spielte das Zurückweisen des Verzehrs von Tierfleisch als Teil von Klassenkämpfen gegen die Herrschaft des Adels eine Rolle und wurde auch bereits als Akt der Solidarität mit den Unterdrückten begriffen sowie als Ausdruck des Bestrebens, eine Gesellschaft ganz ohne Ausbeutung zu schaffen. Im 18. Jahrhundert spielten Ansätze von Tierbefreiung und Vegetarismus eine wichtige Rolle in der Anti-Sklaverei-Bewegung. Die Ablehnung von Gewalt gegenüber gesellschaftlich unterdrückten Gruppen von Menschen konnte schon früh mit dem bewussten Verzicht auf die Gewalt gegenüber Tieren einhergehen, die bewusste Zurückweisung von Lebensmitteln und Rohstoffen, die durch Tiere oder aus ihren Körpern hergestellt werden, konnte als integrales Element emanzipatorischer und revolutionärer Theorie und Praxis dienen. Im Rahmen der bürgerlichen und proletarischen Revolutionen gab es immer auch Menschen, die, ihrer Zeit voraus, den Befreiungsgedanken konsequent zu Ende dachten und nicht nur Rechte für Tiere einforderten, sondern ein Gesellschaftssystem anstrebten, das Freiheit für alle gewähren sollte – auch für die Tiere. Über lange Zeit hinweg waren es eher Einzelpersonen oder kleine Gruppen von Menschen innerhalb progressiver Bewegungen, die visionäre Vorstöße in Richtung einer gesellschaftlichen Befreiung der Tiere gemacht haben. Exemplarisch für deren utopische Hoffnung steht der Ausruf der Revolutionärin Louise Michel: «Vielleicht wird die neue Menschheit statt des fauligen Fleisches, an das wir gewöhnt sind, chemische Verbindungen besitzen, die mehr Eisen und nahrhafte Grundstoffe enthalten als das Blut und das Fleisch, das wir verzehren. O ja, ich träume schon von der Zeit, da alle Brot haben werden, von der Zeit, da die Wissenschaft die Köchin der Menschheit sein wird.»[426]

Im 19. und frühen 20. Jahrhundert waren die gesellschaftlichen Bedingungen gegeben, unter denen sich, in enger Verbindung zu den anderen progressiven Strömungen der Zeit, langsam eine breitere soziale und politische Bewegung für die Tiere bilden konnte. In Teilen der Arbeiter-, der Frauen- und der Friedensbewegung spielte das Engagement für Tiere eine gewisse Rolle; Vereinigungen wie die *Humanitarian League* oder der *Bund für radikale Ethik* – Organisationen mit immerhin 550 beziehungsweise 850 Mitgliedern – waren der festen Überzeugung, dass die Emanzipation der Menschen in absehbarer Zeit auch die Befreiung der Tiere mit sich bringen würde. Diese Entwicklung erlebte einen tiefen Einschnitt durch die beiden Weltkriege: Während des Ersten Weltkriegs wurde in Ascona zwar noch die Gründung einer Gesellschaft zur Verbreitung des «social-antinationalen Vegetarismus» beschlossen, noch während des Zweiten Weltkriegs kämpfte der ISK im antifaschistischen Widerstand für einen Sozialismus, der auch Tiere als Ausgebeuteten zu ihrem Recht verhelfen sollte. Doch der neuen

426 MICHEL 1979, 96.

Bewegung, die sich ab den 1960er Jahren bildete, fehlte fast vollständig das Bewusstsein darüber, dass es bereits eine lange Tradition des Widerstands gegen die Ausbeutung von Tieren gab und vieles, was mühsam neu erarbeitet werden musste, längst gedacht und aufgeschrieben worden war.

Angesichts des Standes der Entwicklung der Produktivkräfte wären wir heute problemlos dazu in der Lage, die Utopie der Jahrhunderte zur gesamtgesellschaftlichen Wirklichkeit zu machen. Louise Michel wagte von der Zeit, in der alle satt werden würden, nur zu träumen; dass «keiner mehr hungern soll»[427] war noch für Adorno die zu erreichende Grundbedingung zur Verwirklichung der befreiten Gesellschaft. Dass die Möglichkeit zur Erfüllung dieser Bedingung heute objektiv gegeben ist, aber nicht wahrgenommen wird, beschämt das global vorherrschende kapitalistische System und seine Verteidiger. Beschämend ist auch das Verhalten derjenigen, die im Fahrwasser linker Strömungen die Bestrebungen zur Befreiung der Tiere nicht nur nicht anerkennen, sondern sogar bekämpfen. Sie denken, dass Tier- und Menschenbefreiung unterschiedliche oder gar gegensätzliche Ziele verfolgen oder dass die Erweiterung der Forderung nach Befreiung auf den Kreis aller leidensfähiger Wesen den Menschen in irgendeiner Art und Weise «abwerte» – dabei verkennen sie, dass, wenn die Herrschaft des Menschen über den Menschen der Beherrschung der inneren wie der äußeren Natur verschwistert ist, die Ausbeutung des Menschen und des Tieres derselben Strukturlogik unterliegen – so wie «die industrielle Verwertung der Tiere mit derselben Logik korrespondiert, die den alljährlichen Hungertod von Millionen Menschen in einer Welt ermöglicht, in der objektiv – gemessen am Entwicklungsstand der Produktionsmittel – kein einziger Mensch mehr Hungers zu sterben bräuchte», wie Moshe Zuckermann es auf den Punkt bringt.[428]

Wenn erkannt worden ist, dass Naturbeherrschung Menschenbeherrschung einschließt, so stellt sich die Frage danach, ob die Befreiung des Menschen nicht Priorität vor der Befreiung der Tiere habe, gar nicht mehr: Sie sind eins. Man kann sogar mit Horkheimer das Leiden der Tiere inmitten der menschlichen Gesellschaft als noch bedrückender empfinden als die Misere der Menschen: «Der Hunger der Menschen hat wenigstens die

427 ADORNO 2003-4, 178.
428 ZUCKERMANN 2007, 18.

Gabe, laut zu werden, die langen Züge aber, die in allen Kontinenten die Nächte und Tage hindurch zusammengepferchte, halbverschmachtende Tiere auf endlosen Fahrten in die Schlachthäuser liefern, die Laboratorien, in denen wir unsere Triumphe erzielen, kurz, das lautlose Grauen, das der Mensch zu dem schon bestehenden noch hinzufügt, und auf dem sich die ganze Zivilisation notwendig aufbaut, beschämt und rührt mich fast noch tiefer an als die Kämpfe der Menschen untereinander», schrieb er 1947 in einem Brief. Jedenfalls gilt: «Eigentlich ist ja die Solidarität, die wir mit den Menschen in Not fühlen dieselbe wie die mit dem Tier, in der Qual erweist sich ihre Identität und das Weh fließt zusammen.»[429]

Diese Identität zu verbergen ist die Funktion speziesistischer Ideologie. «Es gehört zum Mechanismus der Herrschaft, die Erkenntnis des Leidens, das sie produziert, zu verbieten»,[430] analysierte Adorno – deshalb gilt: «Das Bedürfnis, Leiden beredt werden zu lassen, ist Bedingung aller Wahrheit.»[431] Die moderne Tierrechts- und Tierbefreiungsbewegung hat damit begonnen, das Leiden der Tiere in der Gesellschaft sichtbar zu machen. Doch um ihre Befreiung zu erwirken, muss sie gegen massive ökonomische Interessen kämpfen. Deshalb braucht sie eine revolutionäre Theorie und Praxis. Wie die Tierbefreiungsbewegung notwendig antikapitalistisch sein muss, kann die antikapitalistische Linke die Forderung nach der Befreiung der Tiere nicht länger unbeachtet lassen. Zum Aufbau einer starken Bewegung, die ihrem Verlangen nach gesellschaftlicher Befreiung Ausdruck verleihen will, wären beide ideale Bündnispartner. Dazu muss die Tierbefreiungsbewegung aus dem Bann bürgerlicher Ideologie treten, und die Linke muss ihre Tierfeindlichkeit ablegen.

Auch die Natur wartet auf die Revolution – so Herbert Marcuse in *Konterrevolution und Revolte.*[432] «Selbst heute, in einer gewalttätigen, rassistischen und egoistischen Gesellschaft, ist das Aufkommen einer neuen Sensibilität gegenüber der Natur zu beobachten», stellt Marco Maurizi fest. Wenn der Antispeziesismus «der Vorbote dieser Sensibilität» ist, so macht dies Antispeziesisten zur Avantgarde «einer neuen Kultur der Frei-

429 HORKHEIMER 1996, 797.
430 ADORNO 2003-4, 70.
431 ADORNO 2003-6, 29.
432 MARCUSE 2004-9, 77.

heit, die das nichtmenschliche Leben einschließt».[433] Das vorliegende Buch soll dazu beitragen, Bewusstsein für eine solche Kultur zu schaffen. Es versteht sich als Angebot sowohl an die antikapitalistische und vor allem an die marxistische Linke, als auch an die bestehende und zukünftige Tierbefreiungsbewegung. Es zeigt: Soll der «Wolkenkratzer» gestürzt werden, müssen wir unten ansetzen – gemeinsam, durch den Aufbau einer starken revolutionären Bewegung. Schließlich sollten wir, die wir den Kapitalismus überwinden und eine neue Gesellschaft des Friedens und der Freiheit aufbauen wollen, nicht weniger anstreben als das, was Engels als «Versöhnung der Menschheit mit der Natur und mit sich selbst»[434] bezeichnet hat, als das, was Marx die «*wahrhafte* Auflösung des Widerstreites zwischen dem Menschen mit der Natur und mit dem Menschen» nannte[435] – den Kommunismus.

---

433 MAURIZI 2021, 188f.
434 MEW 1, 505.
435 MEW 40, 536.

Literaturverzeichnis

Adams, Carol J.: *Zum Verzehr bestimmt. Eine feministisch-vegetarische Theorie. Übersetzung aus dem Englischen von Susanna Harringer,* Wien, Mühlheim a.d. Ruhr 2002

Adorno, Theodor W.: Gesammelte Schriften Band 4: *Minima Moralia. Reflexionen aus dem beschädigten Leben,* Frankfurt am Main 2003

Adorno, Theodor W.: Gesammelte Schriften Band 6: *Negative Dialektik. Jargon der Eigentlichkeit,* Frankfurt am Main 2003

Adorno, Theodor W.: *Probleme der Moralphilosophie,* Frankfurt am Main 1996

Albrecht, Jörg: *Vom «Kohlrabi-Apostel» zum «Bionade-Biedermeier»: Zur kulturellen Dynamik alternativer Ernährung in Deutschland,* Baden-Baden 2022

Antispeziesistische Aktion Tübingen: *Der Vegan-Hype & Das Gespenst des Antispeziesismus lebt. Zwei Texte zur Tierbefreiung,* Moers 2015

Assoziation Dämmerung: *Gesellschaftstheorie, Ideologiekritik und Klassenkampf. Gründungstext der Assoziation Dämmerung,* Hamburg 2011

Baltzer, Eduard: *Vegetarismus und soziale Reform,* Osnabrück 1994

Baranzke, Heike, Gottwald, Franz-Theo, Ingensiep, Hans Werner (Hg.): *Leben – Töten – Essen. Anthropologische Dimensionen,* Stuttgart, Leipzig 2000

Barkas, Janet: *The Vegetable Passion. A History of the Vegetarian State of Mind,* London 1975

Barlösius, Eva: *Naturgemäße Lebensführung. Zur Geschichte der Lebensreform um die Jahrhundertwende,* Frankfurt/Main, New York 1997

Bartolf, Christian (Hg.): *Die erste Stufe. Tolstoi, Gandhi und die Ethik der vegetarischen Ernährung. Ein Beitrag zur praktischen Philosophie,* Berlin 1996

Blake, William: *The Complete Writings of William Blake. With variant readings edited by Geoffrey Keynes,* London 1966

Bonsai, Bodo: *Einleitung und Eine kurze historische Abhandlung zur Entstehung der Tierrechtsbewegung,* in: *Vegan Quo Vadis? Eine immanente Kritik an der Tierrechtsbewegung,* Lüdenscheid 1999, 3–6

Bowers, Rick: *Roger Crab: Opposition Hunger Artist in 1650s England,* in: *The Seventeenth Century* 1/2003, 93–112

Brang, Peter: *Ein unbekanntes Russland. Kulturgeschichte vegetarischer Lebensweisen von den Anfängen bis zur Gegenwart,* Köln 2002

Brecht, Bertolt: *Gesammelte Gedichte, Band 3,* Frankfurt am Main 1976

Brucker, Renate: *Für eine radikale Ethik. Die Tierrechtsbewegung in der ersten Hälfte des 20. Jahrhunderts,* in: Renate Brucker, Melanie Bujok, Birgit Mütherich (Hg.): *Das Mensch-Tier-Verhältnis. Eine sozialwissenschaftliche Einführung,* Wiesbaden 2015, 211–267

Brucker, Renate: *Tierrechte und Friedensbewegung. «Radikale Ethik» und gesellschaftlicher Fortschritt in der deutschen Geschichte,* in: Dorothee Brantz, Christof Mauch (Hg.): *Tierische Geschichte: Die Beziehung von Mensch und Tier in der Kultur der Moderne,* Paderborn 2010, 268–303

Bujok, Melanie: *Das Spektakel der Drachenbändiger. Reflexionen zur Inszenierung des tierlichen Opfers und der Repression gegen die Tierbefreiungsbewegung auf neoliberalen Marktplätzen,* in: Christof Mackinger, Birgit Pack (Hg.): *278a: Gemeint sind wir alle! Der Prozess gegen die Tierbefreiungs-Bewegung und seine Hintergründe,* Wien 2011, 291–312

Dierauer, Urs: *Vegetarismus und Tierschonung in der griechisch-römischen Antike (mit einem Ausblick aufs Alte Testament und frühe Christentum),* in: Manuela Linnemann, Claudia Schorcht (Hg.): *Vegetarismus. Zur Geschichte und Zukunft einer Lebensweise,* Erlangen 2001, 9–72

Douglass, Frederick: *Das Leben des Frederick Douglass als Sklave in Amerika, von ihm selbst erzählt. Aus dem amerikanischen Englisch von Dietlinde Haug,* Göttingen 1991

Douglass, Frederick: *Ein Stern weist nach Norden. Lebenserinnerungen. Übersetzt von Hans Herrfurth,* Berlin/DDR 1965

Dutschke, Rudi: *Die Widersprüche des Spätkapitalismus, die antiautoritären Studenten und ihr Verhältnis zur Dritten Welt,* in: Uwe Bergmann, Rudi Dutschke, Wofgang Lefevre u.a.: *Rebellion der Studenten oder: Die neue Opposition,* Hamburg 1968

Earth First! Germany (Hg.): *Instinkt – Erdbefreiung* 4/1994

Earth First! Germany (Hg.): *Instinkt – Erdbefreiung* 5–6/1995

Fichtenau, Heinrich: *Ketzer und Professoren. Häresie und Vernunftglaube im Hochmittelalter,* München 1992

Fiddes, Nick: *Fleisch. Symbol der Macht. Aus dem Englischen von Annemarie Telieps,* Frankfurt am Main 1993

Franke, Holger: *Leonard Nelson. Ein biographischer Beitrag unter besonderer Berücksichtigung seiner rechts- und staatsphilosophischen Arbeiten, 2. überarbeitete Auflage,* Ammersbek bei Hamburg 1997

Franzinelli, Emil: *Die moderne Tierbewegung. Der schützende Rahmen für Einzelbewegungen und deren Profile,* in: *Tierbefreiung* 76/2012, 5–17

Franzinelli, Emil: *Hauptsache für die Tiere? Wie unkritisch und unpolitisch dürfen die Tierrechtsbewegung und ihre Repräsentierenden sein?,* in: *Tierbefreiung* 67/2010, 4–10

Frischauer, Paul: *Leonardo da Vinci. Das Leben eines Genies,* Frankfurt/M., Berlin 1994

Geber, Eva (Hg.): *Louise Michel. Texte und Reden,* Wien 2019

Gebhardt, Manfred: *Max Hoelz – Wege und Irrwege eines Revolutionärs,* Berlin 1983

Geulen, Christian: *Geschichte des Rassismus,* München 2007

Gharpure, Narhar Kashinath: *Tierschutz, Vegetarismus und Konfession (eine religions-soziologische Untersuchung zum englischen 17. und 18. Jahrhundert),* München 1935

Godwin, William: *Political and Philosophical Writings of William Godwin, Volume 6: Essays. Edited by Mark Philp,* London 1993

Godwin, William: *Political and Philosophical Writings of William Godwin, Volume 7: Religious Writings with Index to the Political and Phi losophical Writings of Godwin. Edited by Mark Philp,* London 1993

Haferbeck, Edmund, Wieding, Frank: *Operation Tierbefreiung. Ein Plädoyer für radikale Tierrechtsaktionen,* Göttingen 1998

Hahn, Theodor: *Vegetarismus als Heilprinzip zur Lösung der sozialen Frage,* Osnabrück 1994

Haker, Carsten: *Das Mensch-Tier-Verhältnis in der Kritischen Theorie Adornos und Horkheimers,* in: TAN: *«Leiden beredt werden zu lassen, ist Bedingung aller Wahrheit». Reflexionen zum Mensch-Tier-Verhältnis,* Hamburg 1999, 54–78

Haker, Carsten: *Das Mensch-Tier-Verhältnis in der Kritischen Theorie Theodor W. Adornos und Max Horkheimers,* in: Susann Witt-Stahl (Hg.): *Das steinerne Herz der Unendlichkeit erweichen. Beiträge zu einer kritischen Theorie für die Befreiung der Tiere,* Aschaffenburg 2007, 20–49

Hammer, Walter: *Dokumente des Vegetarismus. Zwei Bände (Erster Band: 5. Auflage, Zweiter Band (Neue Dokumente des Vegetarismus): 1. Auflage),* Leipzig 1915

Harringer, Susanne: *Manche Tiere sind gleicher. Konzepte von Tierschonung, Tierbefreiung, Tierrecht und Tierverteidigung und ihr politischer Anspruch, 2. Auflage,* Wien und Mülheim a. d. Ruhr 2006

Hauser, Julia: *A Taste For Purity. An Entangled History of Vegetarianism,* New York 2024

Haussleiter, Johannes: *Der Vegetarismus in der Antike,* Berlin 1935

Heidemann, Paul (Hg.): *Vegetarischer Vorwärts. Monatsschrift für Gesellschaftsreform und Selbstreform* 1/1896

Henry-Hermann, Grete: *Die Überwindung des Zufalls. Kritische Betrachtungen zu Leonard Nelsons Begründung der Ethik als Wissenschaft,* Hamburg 1985

Herrmann, Bernhard: *Arbeiterschaft, Naturheilkunde und der Verband Volksgesundheit (1880–1918),* Frankfurt am Main, Bern, New York u.a. 1990

Hervé, Florence (Hg.): *Louise Michel oder: Die Liebe zur Revolution,* Berlin 2021

Heydorn, Heinz-Joachim (Hg.): *Leonard Nelson. Ausgewählte Schriften. Studienausgabe. Mit einem Vorwort zur Neuausgabe von Thomas Meyer,* Frankfurt am Main 1992

Hillgärtner, Rüdiger: *Bürgerlicher Individualismus und revolutionäre Moral: Percy Bysshe Shelley,* Darmstadt 1974

Hoensbroech, Paul von: *Das Papsttum in seiner sozial-kulturellen Wirksamkeit. Volksausgabe,* Leipzig 1904

Höhne, Helmut (Hg.): *Percy Bysshe Shelley. Ausgewählte Werke. Dichtung und Prosa,* Frankfurt am Main 1990

Hopton, Andrew (Hg.): *Roger Crab: The English hermite and Dagons-Downfall,* London 1990

Horkheimer, Max, Adorno, Theodor W.: *Dialektik der Aufklärung. Philosophische Fragmente,* Frankfurt am Main 1988

Horkheimer, Max: *Philosophische Frühschriften 1922–1932 (Gesammelte Schriften, Band 2),* Frankfurt am Main 1987

Horkheimer, Max: *Schriften 1931–1936 (Gesammelte Schriften Band 3),* Frankfurt am Main 1988

Horkheimer, Max: *«Zur Kritik der instrumentellen Vernunft» und «Notizen 1949–1969» (Gesammelte Schriften, Band 6),* Frankfurt am Main 1991

Horkheimer, Max: *Vorträge und Aufzeichnungen 1949–1973 (Gesammelte Schriften, Band 7),* Frankfurt am Main 1995

Horkheimer, Max: *Briefwechsel 1941–1948 (Gesammelte Schriften, Band 17),* Frankfurt am Main 1996

Hribal, Jason: *«Animals Are Part of the Working Class»: A Challenge to Labor History,* in: *Labor History* 4/2003, 435–453

Hribal, Jason: *Animals, Agency, and Class: Writing the History of Animals from Below,* in: *Human Ecology Review* 1/2007, 101–112

Iacobbo, Karen, Iacobbo, Michael: *Vegetarian America. A History,* Westport 2004

Joy, Melanie: *Warum wir Hunde lieben, Schweine essen und Kühe anziehen. Karnismus – eine Einführung. Aus dem Amerikanischen von Achim Stammberger,* Münster 2013

Kaplan, Helmut F.: *Gemeinsam für Tiere,* in: *Tierbefreiung* 5/1996, 3

Kestenholz, Salomé: *Die Gleichheit vor dem Schafott: Portraits französischer Revolutionärinnen,* Darmstadt 1988

Koeppen, Wolfgang (Hg.): *Percy Bysshe Shelley. Das brennende Herz,* München, Wien, Basel 1958

Krabbe, Wolfgang R.: *Gesellschaftsveränderung durch Lebensreform. Strukturmerkmale einer sozialreformerischen Bewegung im Deutschland der Industrialisierungsperiode,* Göttingen 1974

Kramer, Karin (Hg.): *Louise Michel: Ihr Leben, ihr Kampf, ihre Ideen,* Berlin 1976

Kuhn, Gabriel: *Straight Edge. Geschichte und Politik einer Bewegung,* Münster 2010

Laue, Anett: *Das sozialistische Tier. Auswirkungen der SED-Politik auf gesellschaftliche Mensch-Tier-Verhältnisse in der DDR (1949–1989),* Köln 2017

Lay, Benjamin: *All Slave-Keepers that Keep the Innocent in Bondage,* Philadelphia 1737

Lemke-Müller, Sabine: *Ethik des Widerstands. Der Kampf des Internationalen Sozialistischen Kampfbundes (ISK) gegen den Nationalsozialismus. Quellen und Texte zum Widerstand aus der Arbeiterbewegung 1933–1945,* Bonn 1996

Lenin, W.I.: *Werke (LW),* Berlin/DDR 1961ff.

Lennert, Gernot: *Die Diggers – eine frühkommunistische Bewegung in der englischen Revolution,* Grafenau-Döffingen 1986

Levenstein, Adolf: *Die Arbeiterfrage: Mit besonderer Berücksichtigung der sozialpsychologischen Seite des modernen Großbetriebs und der psycho-physischen Einwirkungen auf die Arbeiter,* München 1912

Link, Werner: *Die Geschichte des Internationalen Jugend-Bundes (IJB) und des Internationalen Sozialistischen Kampf-Bundes (ISK). Ein Beitrag zur Geschichte der Arbeiterbewegung in der Weimarer Republik und im Dritten Reich.* Dissertation, Meisenheim am Glan 1961

Linnemann, Manuela (Hg.): *Brüder – Bestien – Automaten. Das Tier im abendländischen Denken*, Erlangen 2000
Linse, Ulrich: *Zurück, o Mensch, zur Mutter Erde. Landkommunen in Deutschland 1890–1933*, München 1983
Linzey, Andrew: *Foreword: Veggie Pilgrim Fathers*, in: Karen Iacobbo, Michael Iaccobo: *Vegetarian America. A History*, Westport 2004, ix–xi
Lütten, John: *Vegan for Profit*, in: *Dem Schlachten ein Ende setzen. Marxismus und Tierbefreiung*, in: *antidotincl.* 19/2014, 22f.
Luttringer, Klaus: *Weit, weit... Arkadien: Über die Sehnsucht nach dem anderen Leben*, Würzburg 2000
Luxemburg, Rosa: *Gesammelte Briefe. 5 Bände*, Berlin 1982–1984
Luxemburg, Rosa: *Werke, Berlin 1970ff., Band 4, 6. überarbeitete Auflage*, Berlin 2000
Marcello-Müller, Monica (Hg.): *Frauenrechte sind Menschenrechte! Schriften der Lehrerin, Revolutionärin und Literatin Amalie Struve. Mit einem Geleitwort von Prof. Hans Feske*, Herbolzheim 2002
Marcuse, Herbert: *Aufsätze und Vorlesungen 1948–1969, Versuch über die Befreiung (Schriften, Band 8)*, Springe 2004
Marcuse, Herbert: *Konterrevolution und Revolte (Schriften, Band 9)*, Springe 2004
Marcuse, Herbert: *Triebstruktur und Gesellschaft. Ein philosophischer Beitrag zu Sigmund Freud (Schriften, Band 5)*, Springe 2004
Marxismus und Tierbefreiung (MuT): *Marxismus und Tierbefreiung – Thesenpapier*, Berlin 2017
Marxismus und Tierbefreiung (MuT): *Mit Lenin die Tiere befreien. Ein Diskussionsbeitrag zu «Was tun?»*, in: *Hammel & Sittich. Zirkular des Bündnis Marxismus und Tierbefreiung*, 1/2022, 18–27
Marxismus und Tierbefreiung (MuT): *Nieder mit eurer Tierausbeutung! Einleitendes zum Dichter Wladimir Majakowski und den Mensch-Tier-Elementen seiner kulturrevolutionären Poesie*, in: *Hammel & Sittich, Zirkular des Bündnis Marxismus und Tierbefreiung*, 4/2023-1, 53–58
Marxismus und Tierbefreiung (MuT): *Übergangsprogramm für die Befreiung der Tiere. Ein Diskussionsbeitrag zur Strategie der Tierbefreiungsbewegung als Teil der revolutionären Linken*, Berlin 2023-2
Marxismus und Tierbefreiung (MuT): *Warum wir eine Offensive gegen die Fleischindustrie brauchen*, Berlin 2019
Marxismus und Tierbefreiung (MuT): *Zwischen Bewegungsfetisch und rot-rot-grüner Tierschutzpolitik*, in: *Tierbefreiung* 93/2016, 38–40
Marx, Karl, Engels, Friedrich: *Marx-Engels-Werke (MEW)*, Berlin/DDR 1956ff.
Maurizi, Marco: *Beyond Nature. Animal Liberation, Marxism, and Critical Theory*, Leiden 2021
Maurizi, Marco: *Jenseits der Natur. Kritische Theorie, Marxismus und das Mensch-Tier-Verhältnis*, Raleigh 2016
Maurizi, Marco: *Marxismus und die Versklavung der Natur, in: Tierrechtsgruppe Zürich (Hg.): Theorie um Tierbefreiung. Der Reader zur Veranstaltungsreihe im Winter 2010/2011*, Zürich 2012, 22–43
Maurizi, Marco: *Marxismus und Tierbefreiung*, in: Susann Witt-Stahl (Hg.): *Das steinerne Herz der Unendlichkeit erweichen. Beiträge zu*

einer kritischen Theorie für die Befreiung der Tiere, Aschaffenburg 2007, 97–108

Meyer, Rolf: *Vom Umgang mit Tieren. Geschichte einer Nachbarschaft,* Jena 1985

Memmi, Albert: *Rassismus. Aus dem Französischen übersetzt von Udo Rennert,* Frankfurt am Main 1987

Michel, Louise: *Memoiren. Aus dem Französischen von Claude Acinde. Zweite verbesserte Auflage,* Münster 1979

Morton, Timothy: *Shelley and the Revolution in Taste. The Body and the Natural World,* Cambridge 1994

Nelson, Leonard: *Fortschritte und Rückschritte der Philosophie. Von Hume und Kant bis Hegel und Fries (Sämtliche Werke, Band 7),* Frankfurt am Main 1962

Nelson, Leonard: *Recht und Staat (Leonard Nelson: Gesammelte Schriften, Band 9),* Hamburg 1972

Nelson, Leonard: *System der Philosophischen Rechtslehre und Politik (Sämtliche Werke, Band 6),* Frankfurt am Main 1964

Offensive für Tierrechte (OFT) (Hg.): *Beasts of Burden. Kapitalismus – Tiere – Kommunismus,* Wien 2000

Ohl, Arndt Horst Theodor Heinrich: *Der Einfluß Jean-Jacques Rousseaus (1712–1778) auf die deutsche Naturheilbewegung des 19. Jahrhunderts.* Dissertation, Bochum 2005

Olenhusen, Irmtraud Götz von: *«Der Tag der Freiheit bleibt nicht aus». Amalie Struves Erinnerungen,* in: *Heftiges Feuer. Die Geschichte der badischen Revolution 1848, erzählt von Amalie und Gustav Struve,* Freiburg im Breisgau 1998, 9–18

Oppenheimer, Franz: *Erlebtes, Erstrebtes, Erreichtes. Lebenserinnerungen,* Düsseldorf 1964

Organisationsteam (Hg.): *Programmheft Tierbefreiungskongress 2009, 27.–30. August, Burg Lohra,* Großlohra 2009

Orgateam TBK 2016: *Tierbefreiungskongress 2016 – eine Nachbetrachtung,* in: *Tierbefreiung* 93/2016, 30–33

Orgateam Tierbefreiungsratschlag 2020: *Austausch und Vernetzung fördern. Der erste Bewegungsratschlag der Tierbefreiungsbewegung bot viel Raum für Diskussionen,* in: *Tierbefreiung* 107/2020 38-40

Orgateam des Ratschlags 2021: *Vernetzung in Zeiten der Pandemie. Der digitale Tierbefreiungsratschlag 2021,* in: *Tierbefreiung* 111/2021, 64f.

Oswald, John: *The Cry of Nature; or, an Appeal to Mercy and to Justice on Behalf of the Persecuted Animals,* Lewiston, Queenston, Lampeter 2000

Oz, Amos: *Eine Geschichte von Liebe und Finsternis. Aus dem Hebräischen von Ruth Achlama,* Frankfurt am Main 2004

Palmer, Boris: *Erst die Fakten, dann die Moral. Warum Politik mit der Wirklichkeit beginnen muss,* München 2019

Paul, Jobst: *Das «Tier»-Konstrukt – und die Geburt des Rassismus. Zur kulturellen Gegenwart eines vernichtenden Arguments,* Münster 2004

Pechmann, Alexander: *Mary Shelley. Leben und Werk,* Düsseldorf 2006

Petrus, Klaus: *Tierrechtsbewegung. Geschichte – Theorie – Aktivismus,* Münster 2013
Potter, Will: *Green is the New Red: A Insiders Account of a Social Movement Under Siege,* San Francisco 2011
Roscher, Mieke: *Ein Königreich für Tiere. Die Geschichte der britischen Tierrechtsbewegung,* Marburg 2009
Roscher, Mieke: *Votes for Women, Rights for Animals! Wahlrecht für Frauen, Rechte für Tiere. Über den teils militanten Kampf der britischen Suffragetten für Tiere und Frauen vor 100 Jahren,* in: *Tierbefreiung* 47/2005, 12–15
Rosen, Aiyana: *Vom moralischen Aufschrei gegen Tierversuche zu radikaler Gesellschaftskritik. Zur Bedeutung von Framing-Prozessen in der entstehenden Tierrechtsbewegung in der BRD 1980–1995,* in: Chimaira – Arbeitskreis für Human-Animal-Studies (Hg.): *Human-Animal Studies. Über die gesellschaftliche Natur von Mensch-Tier-Verhältnissen,* Bielefeld 2011, 279–334
Rousseau, Jean-Jacques: *Diskurs über die Ungleichheit. Discours sur l Linégalité. Kritische Ausgabe des integralen Textes,* Paderborn, München, Wien u.a. 1984
Rousseau, Jean-Jacques: *Émil oder Über die Erziehung. Vollständige Ausgabe. In neuer deutscher Fassung besorgt von Ludwig Schmidts. 11. Auflage,* Paderborn, München, Wien u.a. 1993
Rückert, Ulrike: *Der König und sein Richter,* in: *Geo Epoche* 49/2011, 142–159
Rude, Matthias: *«Im Punk geht es um Freiheit – für Menschen und Tiere». Tierbefreiung in Punk und Hardcore,* in: *Melodie und Rhythmus* 2/2015, 34f.
Rude, Matthias: *Speziesismus als herrschende Ideologie,* in: Arianna Ferrari, Klaus Petrus (Hg.): *Lexikon der Mensch-Tier-Beziehungen,* Bielefeld 2015, 320f.
Ruhrgebietsinfo: *Stellungnahme der Redaktion zur Veganen Offensive Ruhr,* in: *Ruhrgebietsinfo* 8/1991, 40
Ruschig, Ulrich: *Die Befreiung der Natur. Zum Verhältnis von Natur und Freiheit bei Herbert Marcuse,* Köln 2020
Ryder, Richard D.: *Animal Revolution. Changing Attitudes towards Speciesism,* Oxford 2000
Saito, Kohei: *Natur gegen Kapital. Marx' Ökologie in seiner unvollendeten Kritik des Kapitalismus,* Frankfurt am Main 2016
Salt, Henry S.: *Animals' Rights. Considered in Relation to Social Progress,* Pennsylvania 1980
Schilfert, Gerhard: *Die englische Revolution 1640–1649,* Berlin/DDR 1989
Schröder, Hans-Christoph: *Die Revolutionen Englands im 17. Jahrhundert,* Frankfurt a.M. 1986
Schumaker, Paul: *The Political Theory Reader, Malden,* Oxford 2010
Schütte, Walter: *Kurzer Lebenslauf Magnus Schwantjes,* in: Magnus Schwantje: *Gesammelte Werke, Band 1: Vegetarismus,* München 1976, 10–23
Schwandt, Michael: *Kritische Theorie. Eine Einführung. 2., durchgesehene Auflage,* Stuttgart 2010
Schwantje, Magnus: *Das Recht zur Gewaltanwendung. Erweiterte zweite Auflage,* Göttingen, Hamburg 1950

Schwantje, Magnus: *Gesammelte Werke, Band 1: Vegetarismus,* München 1976
Sebastian, Marcel, Gutjahr, Julia: *Das Mensch-Tier-Verhältnis in der Kritischen Theorie der Frankfurter Schule,* in: Pfau-Effinger, Birgit, Buschka, Sonja (Hg.): *Gesellschaft und Tiere: Soziologische Analysen zu einem ambivalenten Verhältnis,* Wiesbaden 2013, 97–119
Seidel, Stefan: *Leiden im Verborgenen. Das Schicksal der Tiere in der DDR,* in: *Tierbefreiung* 55/2007, 4–8
Shelley, Mary: *Frankenstein oder Der moderne Prometheus. Aus dem Englischen von Karl Bruno Leder und Gerd Leetz,* Hildesheim 2000
Shelley, Percy Bysshe: *Ausgewählte Werke. Dichtung und Prosa,* Frankfurt am Main 1990
Shelley, Percy Bysshe: *The Complete Poetry of Percy Bysshe Shelley. Volume 2,* Baltimore, London 2004
Singer, Peter: *Animal Liberation. Die Befreiung der Tiere. Deutsch von Claudia Schorcht,* Reinbek bei Hamburg 1996
Singer, Peter: Preface, in: Henry S. Salt: *Animals' Rights. Considered in Relation to Social Progress,* Pennsylvania 1980, v–x
Skriver, Carl Anders: *Die vergessenen Anfänge der Schöpfung und des Christentums,* Lübeck-Travemünde 1977
Skriver, Carl Anders: *Über Ursprung, Schicksal und Ziel des Vegetarismus,* in: Der Vegetarier 5/1985, 195–200
Spencer, Colin: *The Heretic's Feast. A History of Vegetarianism,* Hannover, London 1995
Springer, Robert: *Enkarpa. Culturgeschichte der Menschheit im Lichte der pythagoräischen Lehre,* Hannover 1884
Stache, Christian: *Cultural Class Struggle for Animalist Socialism. Featuring Vladimir Mayakovsky,* in: Politics and Animals, 9/2023-1, 1–24
Stache, Christian: «*Die Tierhölle in der menschlichen Gesellschaft*». *Umrisse zu einer Kritik der Ausbeutung von Tieren und der Herrschaft über sie in kapitalistischen Gesellschaften,* in: Hans-Georg Bensch, Sabine Hollewedde, Ulrich Ruschig (Hg.): *Kapital und Natur: Ein Widerspruch – nicht auflösbar, profitabel gemacht, die Erde zerstörend,* Köln 2023-2, 48–66
Stache, Christian: *Für die Befreiung der Animalität. Warum der Sozialismus auch die Tierausbeutung beenden muss (Interview mit Marco Maurizi),* in: *Melodie und Rhythmus 4/2021,* 58
Stache, Christian: *Kapitalismus und Naturzerstörung. Zur kritischen Theorie des gesellschaftlichen Naturverhältnisses,* Opladen, Berlin, Toronto 2017
Stadtblatt Münster: *Toter Jäger, guter Jäger? Ein Interview mit VertreterInnen der Veganen Offensive Ruhrgebiet,* in: Stadtblatt Münster 3/1992, 22
Starobinski, Jean: *Rousseau. Eine Welt von Widerständen. Aus dem Französischen von Ulrich Raulff,* Frankfurt a.M. 1993
Stock, Marianne: *Tierschutz in der DDR.* Dissertation, Berlin 2014
Stolzenberg, Günther: *Tolstoi, Gandhi, Shaw, Schweitzer: Harmonie und Frieden mit der Natur,* Göttingen 1992
Struve, Gustav: *Pflanzenkost, die Grundlage einer neuen Weltanschauung,* Stuttgart 1869

Stuart, Tristram: *The Bloodless Revolution. Radical Vegetarians and the Discovery of India*, London 2006
Sunstein, Emily W.: *A Different Face. The Life of Mary Wollstonecraft*, New York 1975
Tandecki, Daniela: *Tigerbrand: Das unbequeme Genie William Blake*, Frankfurt am Main 1997
Tannahill, Reay: *Kulturgeschichte des Essens. Von der letzten Eiszeit bis heute. Aus dem Englischen übertragen von Joachim A. Frank*, Wien 1973
Teuteberg, Hans-Jürgen: *Zur Sozialgeschichte des Vegetarismus*, in: *Vierteljahrschrift für Sozial- und Wirtschaftsgeschichte*, 81/1994, 33–65
Thomas, Keith: *Man and the Natural World. Changing Attitudes in England 1500–1800*, London 1983
Tierrechts-Aktion-Nord (TAN): *«My Brother's Keeper». Zur Tierrechtsbewegung – Meinungen, Gedanken, Erfahrungen*, Hamburg 2002
Tierrechts-Aktion-Nord (TAN): *Ein Diskussionsversuch zum Begriff «Tier-KZ»*, in: *vegan info. Forum für TierrechtlerInnen* 9/1996, 19–21
Tierrechts-Aktion-Nord (TAN): *Euthanasie und Tierrechte am Beispiel Peter Singer*, Hamburg 1997
Tierrechts-Aktion-Nord (TAN): *Selbstverständnis*, Hamburg 1993
Tierrechtsgruppe Zürich (Hg.): *Theorie um Tierbefreiung. Der Reader zur Veranstaltungsreihe im Winter 2010/2011*, Zürich 2012
Tierrechtsradio: *Die Geschichte der Tierrechtsbewegung*, in: *TATblatt. Schwerpunktnummer* 140-141-142-143/2000, 37–41
Tolstoi, Leo: *Das Reich Gottes ist inwendig in Euch, oder das Christentum als eine neue Lebensauffassung, nicht als eine mystische Lehre. Von dem Verfasser genehmigte Ausgabe von Raphael Löwenfeld*, Jena 1911
Tolstoi, Leo, Wichmann, Clara, Reclus, Elisée, Schwantje, Magnus u.a.: *Das Schlachten beenden! Zur Kritik der Gewalt an Tieren. Anarchistische, feministische, pazifistische und linkssozialistische Traditionen*, Heidelberg 2010
Torres, Bob: *Making A Killing: The Political Economy of Animal Rights*, Oakland, Edinburgh, West Virginia 2007
Traverso, Enzo: *Moderne und Gewalt. Eine europäische Genealogie des Nazi-Terrors. Aus dem Französischen von Paul B. Kleiser*, Stuttgart 2003
Tullner, Mathias: *Gustav von Struve. Streiter für die Republik*, in: Helmut Bleiber, Walter Schmidt, Rolf Weber: *Männer der Revolution von 1848, Band 2*, Berlin/DDR 1987, 245–271
Vegane Aktion Ruhrgebiet (VAR): *Sklaven der Manege. Dressuren, Tierquälerei, Brot und Spiele*, Dortmund 1991
Vegane Offensive Ruhrgebiet (VOR): *Einige treten auf Ameisen – An dere trampeln auf Ihnen herum. Eine Stellungnahme*, in: *Ruhrgebietsinfo* 3/1991-1
Vegane Offensive Ruhrgebiet (VOR): *VOR. Vegane Offensive Ruhrgebiet*, Dortmund 1991-2
Viebrock, Helmut: *Die Geburt des Mythos aus dem Geiste der Rebellion. William Blakes visionäre Dichtung «Europe. A Prophecy» (1794)*, Stuttgart 1994

Viehmann, Klaus und GenossInnen: *Drei zu Eins,* Berlin 1991
Vorbereitungsgruppe (Hg.): *Abschlußreader der Tierrechtswoche,* Hamburg 1995
Vorholt, Udo: *Die Sowjetunion im Urteil des sozialdemokratischen Exils 1933 bis 1945. Eine Studie des Exilparteivorstandes der SPD, des Internationalen Sozialistischen Kampfbundes, der Sozialistischen Arbeiterpartei und der Gruppe Neu Beginnen,* Frankfurt am Main 1991
Wagner, Christoph: *Lichtwärts! Lebensreform, Jugendbewegung und Wandervogel – die ersten Ökos im Südwesten (1880–1940),* Ubstadt-Weiher 2022
Walden, Sina, Bulla, Gisela: *Endzeit für Tiere. Ein Aufruf zu ihrer Befreiung. Überarbeitete und erweiterte Neuausgabe,* Reinbek bei Hamburg 1992
Wedemeyer-Kolwe, Bernd: *Aufbruch. Die Lebensreform in Deutschland,* Darmstadt 2017
Witt-Stahl, Susann: *Der Speziesismus und seine Verflochtenheit mit herrschenden Ideologien. Anmerkungen und Verdächtigungen,* in: Tierrechts Aktion Nord (TAN) (Hg.): *«Leiden beredt werden zu lassen, ist Bedingung aller Wahrheit». Reflexionen zum Mensch-Tier-Verhältnis,* Hamburg 1999, 45–52
Witt-Stahl, Susann: *Die Frankfurter Schule: Solidarität mit den quälbaren Körpern,* in: *Tierbefreiung* 25/1999, 14f.
Witt-Stahl, Susann: *Editorial,* in: Dieselbe (Hg.): *Das steinerne Herz der Unendlichkeit erweichen. Beiträge zu einer kritischen Theorie für die Befreiung der Tiere,* Aschaffenburg 2007, 7–13
Witt-Stahl, Susann: *Höchste Zeit,* in: Albino: *Natura Libera,* Bielefeld 2012, 10
Witt-Stahl, Susann: *Leonard Nelson: Gerechtigkeit für die Allerwehrlosesten,* in: *Tierbefreiung* 24/1999, 22f.
Wolf, Friedrich: *Die Natur als Arzt und Helfer,* Halle (Saale) 2003
Wollstonecraft, Mary: *Original Stories. With Five Illustrations by William Blake,* London 1906
Wollstonecraft, Mary: *Zur Verteidigung der Frauenrechte. Übersetzt von Petra Altschuh-Riederer,* Aachen 2008
Zetkin, Clara: *Louise Michel nach ihren Memoiren,* in: *Die neue Zeit,* 5/1886, 210–221, 6/1886, 270–285
Zuckermann, Moshe: *Vorwort: Mensch und Tier. Anmerkungen zur Zivilisationstragik,* in: Susann Witt-Stahl (Hg.): *Das steinerne Herz der Unendlichkeit erweichen. Beiträge zu einer kritischen Theorie für die Befreiung der Tiere,* Aschaffenburg 2007, 14–19

Michael Schwandt

Kritische Theorie

Eine Einführung

theorie.org, 8. Auflage, 240 Seiten, 15,00 EUR, kart., ISBN 3-89657-664-X

Der Band liefert eine Einführung in die Kritische Theorie, für die keine besonderen Vorkenntnisse nötig sind. Es wird erstmals der Versuch einer Bilanz der Kritischen Theorie zu Beginn des 21. Jahrhunderts unternommen – das Dilemma politischen Engagements in der Gegenwart immer im Blick.

Der Autor zeichnet die Geburt der Frankfurter Schule infolge der Krise des Marxismus nach, positioniert diese im Verhältnis zu orthodoxem Marxismus und bürgerlicher Wissenschaft und erklärt zentrale Begriffe wie etwa instrumentelle Vernunft, autoritärer Charakter und Dialektik der Aufklärung.

Daran anknüpfend stellt er die Spannweite möglicher Antworten der Kritischen Theorie auf das Praxisproblem heraus: Wie soll, wie kann sich politisch verhalten, wer diese Welt aus tiefstem Herzen ändern will, aber erkennen muss, dass die Chancen dazu verschwindend gering sind? Dieser Frage wird anhand einer Gegenüberstellung der Positionen von Adorno und Marcuse nachgegangen, die wegen ihres ganz unterschiedlichen Bezuges auf die politischen Bewegungen ihrer Zeit oft als Antipoden wahrgenommen wurden.

Ralf Hoffrogge

Sozialismus und Arbeiterbewegung in Deutschland und Österreich

Von den Anfängen bis 1914

theorie.org, 2., erweiterte Auflage, 240 Seiten, 15,00 EUR, kart., ISBN 3-89657-691-7

Diese Einführung liefert einen historischen Überblick über die sozialistische Arbeiterbewegung vor dem Ersten Weltkrieg. Der Schwerpunkt liegt auf Deutschland und Österreich, aber Fragen zu Internationalismus, Kolonialismus und Migration nehmen breiten Raum ein.

Colin Goldner

Lebenslänglich hinter Gittern

Die Wahrheit über Gorilla, Orang Utan & Co in deutschen Zoos

491 Seiten, Abbildungen, kartoniert, Euro 24.-

ISBN 978-3-86569-112-5

In 38 deutschen Zoos werden Große Menschenaffen zur Schau gestellt. Dort, so wird behauptet, könnten wir Menschen unsere nächsten Verwandten – Schimpansen, Bonobos, Gorillas und Orang Utans – beobachten und verstehen lernen. Doch die Realität sieht anders aus. Colin Goldner hat während seiner mehrmonatigen Recherchen in den einzelnen Zoos teils katastrophale Haltungsbedingungen angetroffen, wie er mit einer Vielzahl an Fotos belegt. Selbst in Zoos, die sich ernsthaft um Verbesserungen bemühen, leiden die Tiere unter dem extremen Mangel an Platz, an Rückzugsmöglichkeiten, an Beschäftigungsanreizen; viele zeigen Symptome massiver psychischer Störungen.

Colin Goldner

Tiergefängnis Zoo

Ein Schwarzbuch

407 Seiten, über 200 Fotos, Klappenbroschur, Euro 28.-

ISBN 978-3-86569-382-2

Für viele sind mit dem Satz „Wir gehen in den Zoo“ Kindheitserinnerungen verbunden: ein Familienausflug zu exotischen Tieren. Die Lebensverhältnisse der zur Schau gestellten Tiere hatten dabei die wenigsten im Blick.
Colin Goldners Schwarzbuch zur Institution Zoo gibt einen Überblick, was alles schief läuft in deutschen Zoos. Dabei geht es von Missmanagement und Tierquälerei durch Gedankenlosigkeit bis hin zu den grundsätzlichen Fragen, ob akzeptable Haltungsbedingungen vorstellbar sind und ob es ethisch überhaupt zu rechtfertigen ist, Tiere zu Unterhaltungszwecken gefangenzuhalten.

Alibri Verlag, Fon (06021) 62 62 560, www.alibri.de